Hans Endres:
Das spirituelle Menschenbild
und seine Verwirklichung im täglichen Leben

Mit 20 Abbildungen

Inhalt

Vorwort 7

TEIL 1

Der Mensch im Kosmos

Der Sinn des Menschseins 11
Menschsein bedeutet Menschwerden 20
Die dreifache Speise des Menschen 24
Karma 39
Heilung – Heil – Heiligung 42
»Einweihung« für den modernen Menschen 48
Die neun Geburten der Menschenseele 63
Kennzeichen des Vollendeten 85

TEIL 2

Religiosität als allgemeinmenschliches Wesensmerkmal

»Hinter den Religionen liegt die Religion« (Schiller) . . . 97
Leben in sieben Bewußtseinsbereichen 114
Die sieben Chakras und die sieben Sakramente 129

Christliche Feste in esoterischer Sicht:
   Advent 158
   Weihnachten 163
   Ostern 166
   Himmelfahrt 171
   Pfingsten 176

Yoga: Anjochen und Einswerden 184
   Der achtfache Pfad des Patanjali 184
   Der integrale Yoga des Aurobindo 191

Die acht Urzeichen des I Ging 194

TEIL 3

Universelle Meditation

Meditation als Mittel der Menschwerdung 203

Einstimmung in die Meditation 225

Die Quintessenz der Meditation 227

Kontemplations-Beispiele:
   Das Gebet des Franz von Assisi 229
   Das Gebet des erwachten Menschen 230
   Rose Gottes 232
   Vision der Siebenheit 235
   Die sieben Stufen der Synthese 239
   Glaubensbekenntnis 241

Der Dreischritt der meditativen Erfahrung 243
   I Natur 243
   II Kosmos 252
   III Ewigkeit 256

Die esoterische Symbolik des Wassermann-Zeitalters . . 260
Worterläuterungen 285

Vorwort

Dieses Buch enthält die Quintessenz der Seminare, die ich seit fast 50 Jahren halte, nachdem ich – schon in einer Esoteriker-Familie aufgewachsen – noch während des Studiums meinen Meister traf und in seiner Gruppe vier Jahre strengster Schulung verbrachte, ehe ich mein Studium mit Promotion und Habilitation abschloß. Seitdem wirke ich in meinem Beruf als akademischer Wissenschaftler (allerdings auch dort als einer der Pioniere der PSI-Forschung und transpersonalen Psychologie) und zugleich meiner Berufung gemäß als sehr unbürgerlicher Vermittler des New-Age-Bewußtseins in Wort und Schrift.
Seit einigen Jahren arbeitet Adele Fischer-Kirstein mit mir zusammen, so daß wir nun die Seminare teils gemeinsam, teils in parallelem Einsatz durchführen. Sie ist dadurch am Inhalt des Buches beteiligt und hat darüber hinaus als Mitautorin auch zu dessen vorliegender Form wesentlich beigetragen, wofür ich mich hier besonders bedanken möchte. Mein Dank gilt weiterhin den verschiedenen Zeichnern für ihre verständnisvolle Unterstützung und allen Freunden für ihre rege Anteilnahme.
Während z. B. der Kassetten-Set »Methode Dr. Endres zur Steigerung der Lebensqualität« mit dem zugehörigen Buch »Das Beste aus dem Leben machen« eine systematisch aufgebaute »Lebensschule« darstellt und sowohl »Numerologie« als auch »Menschenkenntnis« regelrechte Lehrbücher sind, handelt es sich bei diesem Buch, wie gesagt, mehr um eine aphoristische Folge von Seminarniederschriften. Dennoch fehlt auch darin nicht die Systematik einer klaren Konzeption. Wenn einige Wiederholungen vorkommen, so sind diese beabsichtigt, denn es handelt sich um besonders wichtige

Punkte, die jeweils in einem anderen Zusammenhang erneut an Bedeutung gewinnen.

Das Buch enthält in sehr konzentrierter Form eine derartige Fülle wesentlicher Informationen, daß man um so mehr darin entdecken wird, je öfter man es liest. Es ist immerhin die Frucht eines langen, durch alle Höhen und Tiefen gegangenen Lebens, in dem äußere Erfolge nie in erster Linie erstrebt wurden, sich vielmehr als Folge der inneren Erfüllung von selbst einstellten.

Und es wird wohl auch noch nicht die letzte Frucht gewesen sein.

Heidelberg, im Sommer 1987   Dr. habil. Hans Endres

Teil 1

Der Mensch im Kosmos

Der Sinn des Menschseins

Der Weg nach Innen zum Dienst im Außen

Der Weg nach Innen wird in allen Religionen, in allen Weisheitslehren gelehrt und geübt. Was aber wird meistens darunter verstanden? Nur eine Abkehr vom Äußeren, weil dieses verachtet und als minderwertig betrachtet wird. Es wird als Schein angesehen, als Täuschung sogar, als Verirrung und Irrweg, als »irdisches Jammertal« oder »Gefängnis der Seele« und was wir sonst alles an negativen Betrachtungsweisen des Äußeren kennen. Es wird schließlich sogar darauf hingewiesen, daß wir uns in einer gefallenen Schöpfung, in einem finsteren Zeitalter befinden und daß der Herr dieser Welt nicht Gott, sondern der Teufel sei. Es wird also ein strenger Gegensatz konstruiert zwischen dem Weg nach Innen und dem, was man für das Äußere hält.
Tatsächlich ist damit jedoch die Veräußerlichung gemeint, also der extreme Gegensatz zur Verinnerlichung, wodurch der Mensch in eine völlige Verdunkelung seines Bewußtseins, in eine entwurzelte Verflachung seines Gefühlslebens und in eine entnervende Zersplitterung seines Willens geraten ist. Die katastrophale Folge ist eine maßlose Selbstsucht mit entsprechender Verhärtung und Entartung in einer bösartigen Vernichtungstendenz sowohl der gesamten Natur als auch sich selber gegenüber (mit der Konsequenz, daß die Menschheit kurz vor dem eigenen Selbstmord steht). Der Kampf aller gegen alle, die radikale Negation, die totale Abwendung von allem Wesentlichen – das ist eine schreckliche Tatsache, der wir heute gegenüberstehen. Aber ist das das Äußere? Nein: Es ist nur eine folgenschwere Mißdeutung und Verzerrung des Äußeren!

Vielleicht ist all dies mit eine Folge davon, daß man den Weg nach Innen verkehrt betrachtet und verkehrt gesucht hat, eben in der Abkehr vom Außen, ja sogar in der Mißachtung des Äußeren. Gerade der fromme Mensch – ob das nun der Hindu, der Buddhist oder der Christ ist – meint oft irrigerweise, man könne nur fromm sein, wenn man sich vom Äußeren abwendet, wenn man sich zurückzieht aus der Welt, wenn man die Hälfte des eigenen Seins, nämlich die körperliche und die vitale, verleugnet. Weil man so die Materie für böse ansieht, hat man sie wirklich dem Bösen überlassen, denn dadurch sind in der Tat die Materie und die Welt weitgehend böse geworden.

Demgegenüber ist also die grundsätzliche Einsicht notwendig, daß beide Extreme verkehrt sind: die Selbstsucht und die Weltflucht. Wenn auch die Verhaftung und Fixierung in der Materie ein Übel sind, so sind die Verleugnung oder gar Verachtung der Materie ebenso verkehrt und entsprechen nicht der göttlichen Sendung des Menschen, der ja ausdrücklich den Auftrag bekommen hat, die Erde zu bebauen. Es werden daher sehr richtig von Rudolf Steiner und anderen Esoterikern beide Extreme als Erscheinungsform des Bösen bezeichnet: die Verhärtung in der Materie als Satan, die Auflösung der Materie als Luzifer. Und das ist vielleicht sogar die gefährlichste Täuschung, denn Luzifer heißt ja auf deutsch »Lichtträger«. Er scheint also das Richtige zu sein, ist aber in Wirklichkeit das Verkehrte. Dem »gewöhnlichen« Teufel, dem Satan, merkt man ja deutlich an, was er darstellt und beabsichtigt, aber dem schillernden Verführer, dem Verwirrer des Intellekts – Luzifer – sieht man es nicht so rasch an, denn er hat alle Mittel der Verfälschung und Verdrehung selbst höchster Dinge zur Verfügung, so daß gerade in der heutigen Situation alles das, was ursprünglich gut und richtig und segensreich für die Menschheit ist, wie z. B. die Medizin, die Kunst, die Technik, ja sogar die Religion, von Luzifer durchdrungen und mißbraucht wird.

Darum eben genügt es heute nicht mehr, einfach nur fromm zu sein oder nur den Weg nach Innen zu suchen, um alles in

Ordnung bringen zu können. O nein, der Weg nach Innen ist genauso gefährlich wie der Weg im Äußeren – wie die tausend Sekten, Zirkel und Vereinigungen, die es heute in dieser Richtung gibt, sehr deutlich beweisen. Damit also können und dürfen wir uns nicht begnügen, denn heute wird mehr gefordert. Wir müssen heute beide Erscheinungsformen des »Bösen« zunächst einmal erkennen und dann eben versuchen, das einzig Notwendige zu tun, nämlich die Mitte zu finden zwischen beiden Extremen, den »Weg auf des Messers Schneide«, wie er in der Esoterik genannt wird. So schmal ist in der Tat das Richtige zwischen dem Verkehrten! Oder ein anderes Beispiel: Die Waage zu halten, das ist bekanntlich das schwerste, dieses labile Gleichgewicht halten zu können zwischen den extremen Verkehrtheiten. Darin besteht schon äußerlich das gesunde Leben gegenüber dem ungesunden, denn Krankheit ist immer Gleichgewichtsstörung: Unter- oder Überfunktion in jedem Bereich. Das also wird vom Menschen gefordert. Und eben weil es so schwer ist, ist der Mensch die »Krone der Schöpfung«, wenn er diese schwerste Aufgabe tatsächlich erfüllt, gewissermaßen das »Zünglein an der Waage« in der Schöpfung überhaupt darzustellen.

Maß und Mitte sind immer das Kennzeichen des Rechten gegenüber dem Verkehrten. Jedes Abweichen von der rechten Mitte, jedes Übertreiben oder Unterlassen ist das Verkehrte. Darum heißt unser Thema: Der Weg nach Innen zum Dienst am Außen. Der Weg nach Innen entgegen dem Äußeren ist nicht nur falsch, sondern ist die schlimmste Waffe des »Bösen«, gerade weil er zunächst richtig erscheint. Es geht nicht darum, daß wir versuchen, vom »Bösen« erlöst zu werden, denn das wird uns nie gelingen. Der Mensch ist vielmehr dazu geschaffen, daß er mithilft, das »Böse« überhaupt zu erlösen, indem er es nicht fürchtet, ohne ihm zu verfallen. Dieser messerscharfe Pfad zwischen den Extremen, das ist der Auftrag des Menschen.

Man kann es auch ganz modern ausdrücken: Ein magnetisches oder elektrisches Kraftfeld entsteht zwischen zwei Polen, dem negativen und dem positiven. Der Mensch ist ebenso ein Kraftfeld, und zwar das größte und stärkste Kraftfeld, ausgespannt zwischen den Polen des Geistes und der Materie, des Himmels und der Erde. Aber er ist nur dann ein solches Kraftfeld, wenn beide Pole gleich stark bleiben. Wenn ein Pol ausfällt, ist das Kraftfeld unwirksam. Deswegen haben gerade die »guten« Menschen, die den Weg nach Innen überbetonen und das Äußere vernachlässigen, im allgemeinen so wenig Kraft. Hätten sie mehr Kraft, wäre das »Böse« ja schon überwunden. Die Kraftlosigkeit so vieler frommer und edler Menschen kommt eben daher, daß sie den Pol der Materie verleugnen oder mißachten und dadurch schwächen. Natürlich gilt das gleiche auch für alle, die diesen Pol überbetonen, die ganz im Äußeren aufgehen und das Innere vernachlässigen, wie es heute ja noch so oft der Fall ist. Das kann sowieso niemals gutgehen, denn der Kampf aller gegen alle, der sich daraus entwickeln muß, wird ja gerade das Äußere selbst zerstören, so daß diese Menschen schließlich sich selbst gegenseitig vernichten. Darüber besteht also unter spirituell bewußten Menschen ohnehin kein Zweifel, daß das Verhaftetsein im Äußeren keinen Bestand haben kann. Aber das andere zu wissen, das ist eben gerade für uns wichtig: daß der Weg nach Innen niemals auf Kosten des Außen gehen darf, sondern eben umgekehrt, daß er zum Dienst im Äußeren führen muß.

Nur der Mensch, der diese ungeheure Spannweite ertragen und aushalten kann zwischen dem Spirituellen und dem Materiellen, zwischen dem Pol des Himmlischen und dem des Irdischen, ist der Mensch, wie er von Gott gedacht und gewollt ist. Nur dieser kann tatsächlich die Erde bebauen in dem Sinne, wie es sein göttlicher Auftrag ist. Wir sollten daher den Weg nach Innen so auffassen, daß wir dadurch unser ganzes psycho-physisches Kraftfeld verstärken, daß wir dadurch die Spannweite unseres Menschseins erhöhen, indem wir den Weg nach Innen gehen und gleichzeitig im Außen bleiben. Gewiß, das ist besonders schwer, denn Spannung beansprucht, Spannung reißt sogar, doch auch das Reißen müssen wir aushalten, wir dürfen nur nicht zerreißen, und dafür sorgt der Gottesfunke in uns, unser ICH BIN, wenn wir fest und unerschütterlich in IHM gegründet bleiben. Es ist tatsächlich eine Zerreißprobe, wie wir sie auch in der Technik kennen, etwa bei Material, das einerseits die größte Beanspruchung auszuhalten hat, dem man auf der anderen Seite aber auch am meisten anvertraut, z. B. das Material für Flugzeugmotoren oder Raketentriebwerke. Da kann nur das allerdauerhafteste Material verwendet werden, und deswegen wird es vorher entsprechenden Zerreißproben ausgesetzt. Alles andere Material ist ja nicht verloren, das wird an anderer Stelle gebraucht, nur nicht da, wo die höchste Beanspruchung gefordert wird. Der Mensch ist nun einmal das Wesen, von dem Gott die allerhöchste Beanspruchung fordert, und infolgedessen muß er es sich auch gefallen lassen, daß er ständig solchen Zerreißproben ausgesetzt wird, wenn er wirklich Mensch werden will.

Es steht uns durchaus frei, zunächst den Zerreißproben des Menschseins auszuweichen, und zwar auf beiderlei Weisen, wie wir gehört haben: indem wir so lange in der Materie verhaftet bleiben, bis wir durch sogenannte »Schicksalsschläge« aus dieser Trägheit aufgeschreckt werden, oder indem wir versuchen, uns der Materie zu entziehen. Das ist dann trotz aller Verzichte immer noch der leichtere Weg, gerade darum aber auch die größere Versuchung, nämlich die Flucht vor der irdischen Aufgabe. Darum gibt es gegenwärtig nur verhältnismäßig wenige Menschen, die diese ungeheure Spannung aushalten und diese ständige Zerreißprobe verkraften. Aber das sind die Menschen, auf die es ankommt, denn sie sind die einzigen, die den göttlichen Auftrag der Bebauung der Erde erfüllen können. Gerade in der heutigen Zeit ist es ja am allernotwendigsten, daß solche Menschen in größerer Zahl als bisher auf der Erde wirken, weil ja die Kraft der Materie in viel stärkerem Maße wirksam ist als früher: Man braucht nur die Atomkraft zu nennen, die stärkste Kraft, die überhaupt bisher auf Erden entbunden worden ist. Ihr muß nun eine entsprechend starke spirituelle Kraft gegenüberstehen, sonst wird die Atomkraft tatsächlich die Erde vernichten. Wenn eine mindestens ebenso starke spirituelle Kraft aktiviert werden kann, wird diese die Atomkraft meistern. Deswegen ist es in der Menschheitsgeschichte seit dem Untergang von Atlantis noch niemals so dringend gewesen wie heute, daß möglichst viele Menschen ein entsprechend starkes spirituelles Kraftfeld darstellen.

Wir können also die Forderung der Gegenwart so formulieren: Wir sollen den Weg nach Innen gehen mit aller nur möglichen Intensität, d. h. durchaus all das tun, was die Religionen und Weisheitslehren gebieten. Wir sollen tagtäglich alle verfügbare Energie dafür verwenden, aber – wie gesagt – zugleich auch ebenso intensiv im Äußeren wirken, gerade mit der Kraft, die wir aus dem Inneren gewinnen. Der Intensität unseres Weges nach Innen muß die Extensität, die Ausweitung unseres Wirkens im Äußeren, entsprechen: durchaus Vertiefung, Konzentration, Verinnerlichung im größtmöglichen Maße, aber ebenso entsprechend Weitung, Expansion, immer umfassendere Wirksamkeit gerade im Außen. Dies hat gerade der Christus Jesus immer wieder betont, und er selbst hat niemals das Äußere mißachtet oder gar den Dienst im Äußeren vernachlässigt. Das haben nur seine größten Feinde getan, die Pharisäer: Sie haben andere für sich arbeiten lassen und selber nur in den sogenannten »höheren Sphären« gelebt. Deswegen haben sie Jesus so sehr gehaßt, weil er gezeigt hat, daß das der verkehrte Weg nach Innen ist. Jesus bietet demgegenüber das größte Beispiel dafür, wie Innen und Außen in vollkommener Weise in Einklang gebracht werden können und wie der Mensch die Kraft zu diesem Dienen bekommen kann. In vielen Gleichnissen weist er darauf hin. Erinnern wir uns z. B. an das Gleichnis vom Sauerteig. Was tut der Sauerteig? Er hat die Kraft der Erhebung und Weitung in sich, aber er fliegt damit nicht davon, sondern er begibt sich gerade mit dieser Kraft ganz tief in die schwere Masse des übrigen Teiges hinein, er opfert sich gewissermaßen für diesen, und dadurch eben erfüllt er seine Aufgabe, den ganzen Teig zu heben, zu weiten, zu lockern. Das also ist die Aufgabe des Menschen: mit seiner Erhebungskraft nicht irgendwohin zu entfliehen, sondern sie eben hier und jetzt zu beweisen – der Kraft der Schwere, allem Bedrückenden und Niederziehenden gegenüber.

Oder das Gleichnis vom Salz: »Ihr seid das Salz der Erde.« Was tut das Salz? Es bewahrt sich nicht selbst, sondern es begibt sich hinein in die Masse. Es löst sich sogar darin auf, es verliert sich sogar scheinbar ganz und gar, und dennoch behält es gerade dadurch seine Kraft im Ganzen: Dadurch, daß das einzelne Salzkorn sich opfert, überträgt es seine Kraft dem Ganzen. Auch das ist also die Aufgabe des Menschen: als einzelner ganz und gar aufzugehen in seinem Dienst für das Ganze und gerade dadurch das Ganze mit der Kraft seines Wesens zu erfüllen und zu durchdringen.

Oder das Gleichnis vom Weinstock: Der Weinstock bewahrt seine Kraft nicht für sich im Stock, sondern er gibt sie in die Reben, in die Trauben, die dann geerntet werden. Ein Weinstock, der nicht seine ganze Kraft in seine Früchte senden würde, wäre kein brauchbarer Weinstock. Und so ist es auch beim Menschen: »An ihren Früchten werdet ihr sie erkennen.« So wie ein Mensch die Kraft des Inneren zu beweisen vermag, in dem Maße hat er seinen Auftrag als Mensch erfüllt.

Auch Gleichnisse aus der modernen Technik können wir den genannten hinzufügen. Etwa der Kran: Die Hebekraft, die in dem Hebewerkzeug wirksam wird, ist für sich allein sinnlos. Sie wird ja erst dann sinnvoll, wenn eine Last damit verknüpft wird, die zu heben ist. So ist auch die Kraft des inneren Aufschwungs für sich als solche nutzlos. Sie wird erst dann dem göttlichen Auftrag gerecht, wenn wir die Schwere der Materie, die ganze Unzulänglichkeit und »Sündhaftigkeit« unseres irdischen Daseins damit verbinden, um sie dadurch heben zu können. Je schwerer dabei die Last ist, desto enger und haltbarer muß die Verbindung zwischen beiden sein, sonst reißt bekanntlich die Kette. Auch das vergessen meistens die frommen Menschen, daß sie sich um so mehr hineinknien und hineinopfern müssen in die Materie, je höher sie diese heben wollen. Darum ist ja auch der Christus Jesus hingegangen zu den Kranken und Sündern, zu den Verachteten und Ausgestoßenen, was ihm wiederum von den Pharisäern zum Vorwurf gemacht wurde, denn diese haben sich sorgfältig ferngehalten von allem »Unreinen«.

So verwechseln auch heute noch die meisten Menschen das Sichaufgeben mit dem Sichentziehen. Das gerade ist aber nicht gemeint. Nur den eigenen Egoismus sollen wir aufgeben, aber um so mehr uns drangeben, uns hingeben an das Geforderte. Wir sollen wirken, soviel wir überhaupt wirken können im Äußeren, aber ohne uns daran zu verlieren, ohne Anhaften und ohne Lohnerwartung, wie es in der Bhagavadgita heißt und wie es Jesus gelehrt hat. Also nicht, um »einen besseren Platz im Himmel zu gewinnen«, nicht um »unser Karma zu verbessern«, denn das ist ja alles verfeinerter Egoismus und darum um so gefährlicher. Vielmehr soll all unser Tun und Lassen zu gar nichts anderem dienen, als den göttlichen Auftrag zu erfüllen. Früher hat man gesagt »zur Ehre Gottes«, um damit auszudrücken, daß es ohne Selbstsucht, ohne Lohnerwartung geschehen soll.

Der Wille Gottes ist, daß das »Böse« erlöst werde, daß die Erde verwandelt werde durch die Kraft des Menschen, der allein beides zu verbinden vermag: Himmlisches und Irdisches, Spirituelles und Materielles, ja, der selbst die Verbindung darstellt zwischen der Aufschwungkraft des Göttlichen und der Schwere des Materiellen. Er allein trägt beides in sich, und er allein ist daher berufen, diesen göttlichen Auftrag der Erhebung und Verwandlung der Materie zu bewirken. Es kommt ganz und gar nicht darauf an, daß wir vom Übel erlöst werden, sondern einzig und allein darauf, in welchem Maße wir selbst beitragen zur Erlösung des Übels überhaupt.

Wir können den Sinn des Menschseins nicht deutlicher zusammenfassen als in dem alten Rosenkreuzerspruch: »Den Weg sehen – den Weg gehen – zum Weg werden.« Den Weg erkennen, das ist die erste Stufe: die innere Schau, die Einsicht, die fortschreitende Erkenntnis. Das zweite ist, den Weg zu gehen: Das ist die Konsequenz der Erkenntnis im Tun, das ist die Ergänzung der Schau durch die Tat, das ist die Aktivität, die dem Empfangen entspricht. Aber beides zusammen führt zum dritten und Letzten: zum Weg-Werden, d. h. selbst so sein, wie der göttliche Schöpfungsgedanke den Menschen will. So steht es am Anfang der Schöpfungsgeschichte: »Gott schuf den Menschen sich zum Ebenbilde.« Und so hat auch Jesus es vom Menschen gefordert: »Ihr aber sollt vollkommen sein, wie euer Vater in den Himmeln vollkommen ist.« Das ist also der göttliche Auftrag und das irdische Entwicklungsziel des Menschen. Vollkommenheit schließt nichts aus, sondern alles ein: das Innere und das Äußere, das Obere und das Untere, so wie die Sonne scheint über »Gut und Böse« – auch das hat Jesus gesagt: Die Sonne braucht sich keine Mühe zu geben zu scheinen, sondern sie scheint von selbst für alle, weil sie eben Sonne ist. Und genauso soll der vollendete Mensch sein: mühelos und unermüdlich strahlend, leuchtend, erwärmend, weil er zum Ebenbild Gottes geworden ist und daher gar nicht mehr anders kann.

Menschsein bedeutet Menschwerden

Der Abstand zwischen Wesen und Erscheinung unterscheidet den Menschen von allen anderen Lebensformen: Eine Katze oder Spinne bleibt von Beginn bis Ende ihres Lebens eine vollkommene Katze oder Spinne, ebenso eine Rose oder Brennessel. Es gibt keine »guten« oder »schlechten« Tiere oder Pflanzen, denn alle Einzelexemplare sind gleichwertige Ausdrucksformen der jeweiligen Gattungsseelen, die aufgrund der veranlagten Instinkte die Idealform bzw. das optimale Verhalten der Gattung gegen alle äußeren Widerstände durchzusetzen versuchen.
Beim Menschen ist das grundsätzlich anders: Er ist keineswegs »weiterentwickelter Affe« (wenn, dann eher ein entarteter!), sondern eine Mutation, d. h. eine völlige Neuschöpfung auf der Basis der gemeinsamen Vorfahren (Primaten). Der Mensch unterscheidet sich also ebenso wesentlich vom Tier wie dieses von der Pflanze! Das völlig Neue dabei ist eben der Übergang der Gattungsseele in die Einzelseele, d. h. die Übertragung der Freiheit und Verantwortlichkeit der immateriellen gemeinsamen Schöpfungsidee (Entelechie) auf das verkörperte Einzelindividuum (Autonomie). Der Mensch hat also keine Seele, sondern er *ist* eine Seele.
Allerdings ist die Autonomie erkauft durch den Verlust der Instinkte, denn zwingende Instinkte und freier Wille schließen sich ebenso aus wie Feuer und Wasser. Darum besitzt der Mensch keinen natürlichen Schutz mehr und ist in seiner Instinktlosigkeit jeder Art von Irrtum und Fehlverhalten, Widernatürlichkeit und Geistesblindheit preisgegeben. Er wäre daher gar nicht lebensfähig, wenn er nicht anstatt der fehlenden Instinkte etwas anderes mitbekommen hätte: Intuition und Kreativität, Lernfähigkeit und Willenskraft. Der er-

kenntnisgesteuerte menschliche Wille ist überhaupt die stärkste Energie auf Erden und allein imstande, die sonst wild wuchernde und zerstörend wirkende Triebenergie zu bändigen bzw. zu zähmen (so wie aus wilden Bestien die Haustiere als beste Freunde und Helfer des Menschen entstanden) und zu sublimieren, d. h. weit über die natürlichen Gegebenheiten hinaus zu veredeln und zu überhöhen. So bedeutet universelle Intuition die Überhöhung des partiellen Intellekts – neuschaffende Kreativität die Überhöhung der anpassungsfähigen Mobilität – synthetische Vernunft die Überhöhung des analytischen Verstandes – praktische Weisheit die Überhöhung des theoretischen Wissens – grenzenlose spirituelle Liebeskraft die Überhöhung sowohl der physischen Sexualität als auch der psychischen Sentimentalität.

Aber – und das ist der große Haken bei der Geschichte – das alles ist nur veranlagt, nicht verfügbar, nur latent, nicht automatisch funktionierend! Daher ist ein neugeborenes Menschenkind nicht nur das hilfloseste Geschöpf, sondern auch das unvollkommenste, das sich ohne ständige Fremd- und Selbsterziehung, verknüpft mit gewaltiger Willenskraft, überhaupt nicht zum normalen Menschen entwickeln kann. Und was ist ein »normaler Mensch«? Eben der »Norm Mensch« entsprechend, d. h. die »Schöpfungsidee Mensch« als »Ebenbild Gottes« verkörpernd. Genaugenommen ist also erst der Heilige, Vollkommene der normale Mensch, der – modern ausgedrückt – das in jeder menschlichen Erbanlage einprogrammierte Entwicklungsziel der Gattung Mensch tatsächlich erreicht hat. Erst der Vollendete (in dem die menschliche Evolution vollkommen zu Ende geführt wurde) ist demnach wahrhaft Mensch. Alle anderen sind eigentlich mehr oder weniger unfertige »Zwischenprodukte« in der Evolution zwischen dem Tier (das sie nicht sein können) und dem vollendeten Menschen (den sie noch nicht erreicht haben).

Nicht der Mensch ist also zum »schlimmsten Raubtier« auf der Erde geworden, das sich anschickt, nicht nur sich selbst, sondern auch noch den ganzen Planeten zu zerstören. Es ist vielmehr die *Unmenschlichkeit* jener entwicklungsgeschichtlichen Zwischenstufen, die man am besten mit den Sauriern vergleichen kann, denn sie werden unweigerlich – weil für die Evolution nicht mehr tragbar – auch deren Schicksal teilen, wenn nicht noch rechtzeitig genügend Noch-nicht-Menschen zu vollbewußten Menschen werden, um den Untergang aufhalten zu können (was bei den armen Sauriern ja nicht möglich war).

Darum ist die spirituelle Menschwerdung kaum jemals dringlicher gewesen als jetzt – aber sie ist auch der Notwendigkeit entsprechend noch niemals so gehäuft und beschleunigt möglich geworden wie in dieser »Zeitwende«. Ja, sie ist jederzeit für jeden möglich, denn – drastisch gesprochen – es besteht zwischen einem »Kriminellen« und einem Vollendeten kein essentieller, sondern nur ein gradueller Unterschied: Ersterer steht am Anfang der menschlichen Evolution, letzterer hat sie zu Ende geführt. Und wir alle befinden uns irgendwo dazwischen auf dem Weg der Menschwerdung mit der einzigen Lebensaufgabe, uns täglich ein wenig mehr dem Entwicklungsziel der Vollkommenheit anzunähern.

Diese Einsicht hat zweierlei praktische Konsequenzen:

Einerseits ist auch der schlimmste »Untermensch« oder gar »Unmensch« nur ein besonders hilfsbedürftiger »Noch-nicht-Mensch«, gewissermaßen ein spiritueller »Säugling«, für den die »älteren Geschwister« verantwortlich sind und dessen Menschwerdung sie in jeder Weise zu unterstützen haben.

Andererseits dürfen wir uns nicht in falscher Bescheidenheit – die in Wirklichkeit nur Bequemlichkeit ist – selbst begrenzen durch die Meinung: »Bei mir ist es noch ein langer Weg bis zur Vollkommenheit, ich brauche dafür noch viele Inkarnationen.« Wir dürfen und sollen vielmehr stets mit der Möglichkeit vollbewußter Menschwerdung (Erweckung, Erleuchtung, heiligmachende Gnade, Samadhi, Satori) rechnen, denn es gab und gibt in der Heilsgeschichte unzählige Beispiele einer solchen völlig unerwarteten und überraschenden

Wandlung vom »Sünder« (d. h. »Abgesonderten«, in der Täuschung des Getrenntseins Lebenden) zum »Heiligen« (d. h. seines Selbst bewußt Gewordenen als »kleine Ganzheit innerhalb des Großen-Ganzen«). Für Christen ist wohl am eindrucksvollsten der eine Schächer am Kreuz – also ein Schwerverbrecher –, zu dem Jesus sagen konnte: »Heute noch bist du mit mir im Paradies.« Und die geradezu klassische Schilderung einer plötzlichen Erleuchtung mit allen dafür typischen Einzelheiten ist die Wandlung des »Saulus« zum »Paulus« vor Damaskus, also zu einem innerlich völlig neuen Menschen bei äußerlich unverändert erscheinender Persönlichkeit.

Daß wirklich jede in Mensch*form* verkörperte Seele zum vollkommenen Mensch*sein* bestimmt ist, hat Jesus deutlich genug gesagt: »Ihr aber sollt vollkommen sein, wie euer Vater in den Himmeln vollkommen ist!« Ebenso erklärte Buddha, daß in jedem Menschen die Vollkommenheit genauso enthalten ist wie in jedem Samenkorn die ganze Pflanze. Rückert hat es so ausgedrückt: »Vor jedem steht ein Bild des, was er werden soll, solang er das nicht ist, ist nicht sein Friede voll.«

Die dreifache Speise des Menschen

1

Der erste Lebensbereich des Menschen (von außen gesehen) ist seine *physische Existenz,* deren Erhaltung die Nahrungsaufnahme dient. Doch ist die Meinung, die Nahrung diene dem Aufbau der Zellen, nur zur Hälfte richtig. Die andere Hälfte wird meistens vergessen, daß nämlich damit zugleich auch der Abbau unserer Zellen verursacht wird. Denn wir müssen ja die Nahrung verwerten und verarbeiten, wodurch die Zellen auch beansprucht und verbraucht werden. Diese Tatsache hat einmal ein Arzt sehr richtig ausgedrückt: »Der Mensch beginnt bereits zu sterben im Moment seines Geborenwerdens.« Wir sterben also genauso von dem, was wir zu uns nehmen, wie wir davon leben, so daß in Wirklichkeit ein ständiger Austausch der aufgenommenen und wieder ausgeschiedenen Substanzen geschieht, den wir sehr richtig *Stoffwechsel* nennen. Wechsel bzw. Wandlung des Stoffes: Das ist demnach der eigentliche Sinn der leiblichen Ernährung.
Und warum soll denn diese Wandlung des Stoffes sich vollziehen? Alles, was wir zu uns nehmen, was wir uns einverleiben, wird dadurch tatsächlich Bestandteil unseres Leibes. Es wird Materie aus mineralischer, pflanzlicher und tierischer Substanz in menschliche Substanz verwandelt und insofern – modern ausgedrückt – höher schwingend als die Substanz, die sie vorher darstellte. Denn wenn der Mensch wirklich Mensch geworden ist (siehe das Kapitel »Die neun Geburten der Menschenseele«), dann ist er das höchstorganisierte Wesen der Erde, dessen Materie infolgedessen auch die höchste Schwingung hat. Der eigentliche Sinn der körperlichen Nahrungsaufnahme ist also, daß wir Materie niedriger Schwin-

gung in Materie höherer Schwingung verwandeln und damit gewissermaßen einen alchemischen Prozeß vollziehen. Wer meint, wir müßten etwa besonders gesund essen, und dabei nur an seine eigene Gesundheit denkt, der ist eigentlich ein Egoist und hat den wahren Sinn seines Menschseins im allgemeinen und seiner leiblichen Ernährung im besonderen überhaupt noch nicht begriffen.

Der göttliche Auftrag an den Menschen, die Erde zu bebauen, ist ja nicht so zu verstehen, er solle im materiellen Sinne »Ackerbau und Viehzucht betreiben«. Damit ist vielmehr die geistige Aufgabe gemeint, zuerst die Materie des eigenen Körpers immer mehr zu veredeln und dann die gesamte Natur zu sublimieren, d. h. in eine höhere Entwicklungsphase emporzuheben. Infolgedessen sollten wir unsere gesamten Lebensverhältnisse vernunftgemäßer gestalten und nicht bloß darüber streiten, ob man etwa tote Tiere essen oder nur von lebenden Tieren zu sich nehmen darf. Das ist gegenüber der großen Problematik völlig unwichtig, ja es ist eigentlich ein Ausweichen vor der wirklichen Aufgabe des Menschseins. Denn diese Aufgabe besteht, wie gesagt, darin, daß wir alles Leben, das wir zu uns nehmen, zu verantworten haben. Eine Pflanze ist genauso ein Lebewesen wie ein Tier. Ein konsequenter ethischer Vegetarier dürfte infolgedessen auch keine Pflanzen mehr essen, weil sie, wie wir heute wissen, nicht anders empfinden als Tiere. Wir haben uns nur bisher mit Pflanzen nicht verständigen können, weil sie nicht schreien. Nachdem wir nun aber mittels feiner Apparate und Computer auch die Sprache der Pflanzen zu verstehen gelernt haben, wissen wir, daß die Pflanzen leben und lieben, Lust und Leid verspüren – genau wie wir. Übrigens könnten wir auch schon längst keine Pflanzen mehr essen, wenn nicht die verschiedensten Arten von Ungeziefer – also Tiere – getötet würden.

Niemand, der überhaupt noch etwas essen muß, kann demnach von sich behaupten, er trage nicht mehr dazu bei, daß andere Lebewesen darunter leiden müssen. Niemand kann sich hier von der Verantwortung freisprechen, die er als

Mensch dem Gesamtleben gegenüber hat: nämlich alles, was man zu sich nimmt, in Materie höherer Schwingung zu verwandeln. Wenn man das nicht tut oder nicht tun kann, eben dann »liegt es schwer im Magen«, dann bleibt es unbekömmlich, ganz egal, um welche Art von Materie es sich handelt. Insofern ist der Satz völlig richtig: »Das Gericht, das wir essen, das wird uns gleichzeitig zum Gericht«, denn es kommt weniger darauf an, *was* wir essen, als vielmehr darauf, *wie* wir essen, d. h. in welcher Gesinnung, in welchem Bewußtsein. So ist auch das Wort Jesu aufzufassen: »Sie werden Gifte essen, und sie werden ihnen nicht schaden.« Denn es kann ein vollendeter Mensch sogar Zyankali essen, ohne daß es ihm schadet, weil er eben die geistige Intensität aufbringt, das Gift sofort zu absorbieren bzw aufzulösen. Beim unvollendeten Menschen aber wird der Organismus durch jede Substanz geschädigt, die er nicht spirituell zu verwandeln bzw. zu verwerten vermag.

Darum sollten wir in Zukunft, wenn wir überhaupt etwas essen und trinken, automatisch an das denken, was ich eben anzudeuten versuchte: daß dies ein höchst bedeutungsvoller alchemischer Prozeß ist, den wir da einleiten. Wenn wir auch nur annähernd ein solches Bewußtsein hätten, daß wir ganz automatisch bei jedem Schluck und jedem Bissen uns dieser Tatsache bewußt wären, dann gäbe es überhaupt keine Stoffwechselkrankheiten mehr, denn jegliche Stoffwechselstörung ist nur die notwendige Folge davon, daß wir noch nicht in entsprechend geistbewußter Weise Nahrung aufnehmen.

Das Tischgebet soll an die spirituelle Bedeutung des materiellen Mahles erinnern. Wenn wir aber nur äußerlich beten: »Komm, Herr Jesu, sei unser Gast« und dabei innerlich an das Gegenteil denken, indem wir uns etwa über das Essen ärgern, das da auf dem Tisch steht – dann ist das bestimmt kein richtiges Gebet, und dann sollte man es lieber ganz bleibenlassen. Es sollte vielmehr, wie eben schon gesagt, ein automatisches Gebet mit jeder Nahrungsaufnahme verknüpft sein, und zwar ein Gebet in dem Sinne, wie wir es in dem Kapitel »›Einweihung‹ für den modernen Menschen« kennenlernen

werden, nämlich richtig betont »*gebet*«. Wir sollten uns also bei jedem Bissen und jedem Schluck bewußt werden, daß wir für das, was wir zu uns nehmen, etwas zu geben haben, nämlich menschliches Bewußtsein, denn nur durch dieses erhöhte Bewußtsein können wir unsere Gesamtschwingung erhöhen und damit auch die aufgenommene Materie in höhere Schwingung bringen. Das ist es also, was die Gesamtnatur vom Menschen fordert, weil nur der Mensch das tun kann. Und deswegen müssen wir krank werden, wenn wir diese unsere Aufgabe nicht erfüllen, ebenso wie wir gesund bleiben in dem Maße, in dem wir dieses tun.
Um die Menschen ständig an diese eigentliche Bedeutung der Nahrungsaufnahme zu erinnern, gibt es in jeder Religion das Heilige Mahl. Und gerade im Christentum kennt man daher das Heilige Mahl in der besonders beziehungsreichen Symbolik von Brot und Wein. Es heißt nicht »Körner und Traubensaft«, sondern tatsächlich »Brot und Wein«, weil das die Symbole der beiden einzigen alchemischen Verwandlungsprozesse in unserem Organismus sind. Der rasche Verwandlungsprozeß ist die Verbrennung bzw. Erhitzung (Körner zu Brot), der langsame Prozeß ist die Verwesung bzw. Vergärung (Saft zu Wein). Beides ist gleich bedeutsam und gleich wichtig, und deswegen gibt es auch die entsprechenden Bestattungsmethoden des zurückgelassenen Körpers: Man kann ihn verbrennen, und man kann ihn in der Erde verwesen lassen. Beides entspricht also der Alchemie unseres Stoffwechsels, denn diese ist einerseits Verbrennung durch die Atmung, andererseits Verwesung durch die Darmflora. Beide Verwandlungsprozesse laufen ständig parallel und eben um so reibungsloser und schlackenfreier, je richtiger wir leben. Das entscheidende dabei ist aber, daß sie nicht nur im Körper ablaufen, sondern daß wir sie in unserem Bewußtsein mitvollziehen, daß wir uns immer darauf konzentrieren, wenn wir etwas essen und trinken.
Wir wissen nun, daß wir in Zukunft um so gesünder bleiben und unsere Nahrung uns um so mehr bekommen wird, je besser wir uns dieser Tatsache ständig bewußt bleiben und nie

mehr in gedankenloser Weise Nahrung aufnehmen. Vielmehr können wir gerade in diesem Bewußtsein die Nahrung erst richtig genießen, während jede Art von bloßem Gaumenkitzel in Wirklichkeit nur eine Ersatzbefriedigung für mangelnde spirituelle Genußfähigkeit ist. Das ist nämlich auch so eine irrige Meinung, daß man meint, ein Mensch könne sich höher entwickeln, wenn er gar nicht mehr genießt. Ganz im Gegenteil, dann versauert und verkümmert er, anstatt sich höher zu entwickeln. Ein Heiliger ist keineswegs ein Trauerkloß, sondern er ist ein Mensch, der so intensiven Lebensgenuß erleben kann, wie wir es uns überhaupt noch nicht leisten können, ohne der Materie zu verfallen, denn der Vollendete hat ja das entsprechende Bewußtsein, um jeden Genuß total vergeistigen, d. h. von materiellen Belastungen befreien und in reine Daseinsfreude verwandeln zu können. In der deutschen Sprache haben wir das schöne Wort »Begeisterung« dafür, das im Griechischen noch deutlicher »Enthusiasmus« (Gotterfülltheit) heißt. Genuß wird demnach immer erst dann schädlich, wenn er zum Ersatz wird für mangelnde wirkliche Freudefähigkeit. Deswegen kann eigentlich erst ein vollendeter Mensch unbeschadet »das Leben in vollen Zügen genießen« und ungetrübte Lebensfreude erfahren (wir nennen diesen Zustand »Glückseligkeit«, der Inder »Seins-Erkenntnis-Seligkeit«), während dies jedem, der es vorher versucht, um so schlechter bekommt, je materieverhafteter und geistesblinder er ist.

Wir können demnach die Qualität unseres Bewußtseins auch an der Qualität unseres Lebensgenusses messen, denn jeder richtige Genuß tut wohl – vorher, dabei und hinterher. Jeder verkehrte Genuß tut dagegen überhaupt nicht wohl: Vorher nicht, weil er ja nur eine Ersatzbefriedigung für die eigentliche Lebensfreude darstellt, derer man nicht fähig ist. Dabei nicht, weil er mangels vernünftiger Steuerung den Organismus schädigt, auch wenn wir dies nicht gleich bemerken. Hinterher nicht, weil dann unvermeidlich der »Kater« oder »Katzenjammer«, also Ekel und Überdruß folgen. Nur das, was uns wahrhaft wohltut, das ist sowohl spirituell als auch natürlich richtig, nur müssen wir oft erst wieder lernen, richtig zu empfinden, was uns rundum und restlos wohltut. Darum ein guter Rat: Wer inzwischen das feine Reaktionsvermögen eines gesunden kindlichen Organismus verloren hat, der sollte sein natürliches Körpergefühl in bezug auf den inneren Organismus wiederherstellen, um wieder unmittelbar spüren zu können, ob den einzelnen Organen das wohltut oder schadet, was man zu sich nimmt oder gerade tut.

Das kann man dadurch am besten erreichen, daß man den verbildeten Organismus durch eine gründliche Fastenkur zunächst einmal stillegt. Dies ist übrigens auch der Grund, warum es in allen Religionen nicht nur das Heilige Mahl gibt, sondern auch das Fasten, denn wir wissen ja heute, daß Heilfasten eines der besten Mittel ist, um die Gesundheit zu erhalten. Um einen bereits geschädigten Organismus wieder in Ordnung zu bekommen, bedarf es allerdings des totalen Fastens. Dies sollte jedoch unter ärztlicher Aufsicht durchgeführt werden, zumal man ja auch bei totalem Fasten nicht ruhen, sondern durchaus tätig sein soll. Dann muß man aber genau wissen bzw. kontrollieren lassen, wieviel man sich zumuten darf. Auch an das totale Fasten gewöhnt man sich leichter, je länger es dauert und je klareres Bewußtsein man dadurch entwickelt hat. Erst nach solch radikalem Fasten, durch das der Organismus von allem befreit wurde, was nicht dazugehört und nicht hineingehört, kann der Aufbau wieder ganz von vorne anfangen, und man bekommt dann tatsächlich wieder das gesunde Körpergefühl des Kindes. Dann wird auf einmal eine Zigarette ganz von selber nicht mehr schmecken, weil man die Wirkung des Giftes auf den Organismus unmittelbar spürt. Und auch an jedes andere Genußmittel wird man sich erst langsam wieder gewöhnen müssen, weil ja der Organismus selbst gar kein Bedürfnis nach solchen Giften hat, sondern nur der Gaumen bzw. unsere Einbildung. Und so wird man auch bei jeder Art von Nahrung sofort deutlich spüren, wie sie dem Organismus bekommt. Deswegen sollten wir nicht irgendwelchen theoretischen Ernährungslehren folgen, denn erstens sind sie meistens zu einseitig und oft sogar fanatisch, und zweitens beanspruchen sie generelle Gültigkeit, berücksichtigen also nicht die verschiedenartigen Reaktionen des individuellen Organismus. Da aber jeder von uns ein einmaliges und einzigartiges Individuum ist, können auch nur wir selbst praktisch herausfinden, was uns tatsächlich am besten bekommt.

Wir haben es schon gehört, daß man durch spirituelles Bewußtsein sogar Gifte wirksam kompensieren kann. Das müssen wir sogar täglich immer mehr tun, denn sonst dürften wir unter den heutigen Lebensbedingungen überhaupt kein Essen mehr anrühren. Wenn wir aber mit vollem Bewußtsein unsere Ernährung als alchemischen Prozeß empfinden, dann spüren wir zwar das Gift in der Nahrung sehr viel deutlicher als einer, der seine Nahrung gedankenlos hinunterschlingt, doch können wir es zugleich so intensiv absorbieren bzw. auflösen, daß wir keinen Schaden zu nehmen brauchen, wenn wir dabei einfach noch intensiver »beten«, d. h. uns noch deutlicher bewußt werden, was wir dabei wirklich tun: ein Mahl einnehmen als Vermählung von Geist und Materie.

Solange wir einen physischen Körper tragen, sind in ihm Geist und Materie unzertrennlich verbunden. Ein spirituelles Geistbewußtsein, das den physischen Körper nicht voll und ganz miteinbezieht, ist eine gefährliche Illusion. Denn der verkörperte Gottesfunke will seinen Körper ja nicht verlassen, sondern veredeln, nicht schwächen und hemmen, sondern so verstärken und vervollkommnen, daß ein optimal funktionierendes Instrument zur Meisterung der Materie daraus entsteht.

Das Endziel der physischen Entwicklung des menschlichen Körpers ist die »Verklärung«, d. h. die totale Vergeistigung. Daß es schon immer Vollendete gegeben hat, die überhaupt keiner Nahrung bedurften, das ist somit eigentlich die logische Konsequenz aus dem, was hier deutlich zu machen versucht wurde. Dieser alchemische Verwandlungsprozeß der Ernährung bedarf bei fortschreitender Vergeistigung immer weniger kompakter Materie und schließlich nur noch feinstofflicher. Er wird zunächst mit den in Luft und Wasser enthaltenen Spurenelementen vollzogen, bis schließlich der verklärte Leib als das Ziel des gesamten Verwandlungsprozesses erreicht ist. Darum erscheint ein solcher Leib als strahlende Lichtgestalt, wenn er überhaupt für das natürliche Auge sichtbar wird. Die Träger eines solchen verklärten Körpers können das »überhelle Licht« aber auch so weit abblenden, daß sie von Menschen mit gewöhnlichen Körpern nicht zu unterscheiden sind, d. h., sie können zur Erfüllung ihrer irdischen Aufgabe jede beliebige Gestalt annehmen.

Ob dieses Entwicklungsziel durch besonders intensives Erkenntnisstreben und Geist-Erleben relativ rasch erreicht wird und dann eines Tages ganz plötzlich eintritt (wie die Verwandlung des Saulus in Paulus) oder ob es, wie bei den meisten Menschen, erst in einem langen Reifungsprozeß durch viele Inkarnationen hindurch allmählich geschieht –, es ist und bleibt der eigentliche Sinn jeglicher Ernährung. Und auch wir werden diesem Ziele um so rascher näher kommen, je liebevoller wir uns bei jedem Mahl mit der aufgenommenen Materie vermählen und je höher unsere eigene Schwingung ist, in die wir unsere Nahrung dann verwandeln können.

Das Gesagte sei zusammengefaßt in dem Gedicht von Christian Morgenstern »Die Fußwaschung«, in dem sehr eindrucksvoll dargestellt wird, was Ernährung eigentlich bedeutet:

Ich danke dir, du stummer Stein,
und neige mich zu dir hernieder:
Ich schulde dir mein Pflanzensein.

Ich danke euch, ihr Grund und Flor,
und bücke mich zu euch hernieder:
Ihr halft zum Tiere mir empor.

Ich danke euch, Stein, Kraut und Tier,
und beuge mich zu euch hernieder:
Ihr halft mir alle drei zu Mir.

Wir danken dir, du Menschenkind,
und lassen fromm uns vor dir nieder:
Weil dadurch, daß du bist, wir sind.

Es dankt aus aller Gottheit Ein-
und aller Gottheit Vielheit wieder.
In Dank verschlingt sich alles Sein.

2

Der zweite Bereich, in dem wir uns ernähren müssen, ist der *psychische Bereich.* Wir haben nämlich noch einen feinstofflichen Körper, der den festen physischen Körper als Fluidum oder Aura umgibt bzw. durchdringt. Man nennt ihn auch *Schwingungsleib,* weil er von Schwingung lebt: Positive Schwingung ernährt ihn, negative Schwingung vergiftet ihn. Wir stehen ständig im Schwingungsaustausch mit dem Gesamtleben auf der Erde und darüber hinaus mit dem gesamten Kosmos. Die physische Nahrung wird durch den körperlichen Stoffwechsel aufgenommen, die psychische Nahrung wird durch unsere seelische *Einstellung* aufgenommen. Es ist wie bei einem Rundfunkempfänger: Die Wellen sämtlicher Sendungen schwirren ständig durch den Raum, wir können davon aber nur diejenigen empfangen, auf die wir unseren Apparat einstellen. Genauso ist es auch bei uns selbst: Alles ist ständig voll von Schwingungen, doch wir empfangen unmittelbar nur die Schwingung bzw. wir schwingen mit der Schwingung mit, auf die wir uns jeweils einstellen. Infolgedessen ist es klar, daß unsere Einstellung in erster Linie entscheidend ist für Gesundheit und Krankheit. Denn stellen wir uns auf die negativen Schwingungen ein, empfangen wir auch solche, die unser Gemüt vergiften und dadurch auch den Körper krank machen. Dies verdeutlichen wir in unserer Sprache durch den treffenden Ausdruck »Kränkung«, der keine bloße Redensart ist, sondern wirklich wörtlich zutrifft: Bereits durch jeden unguten Gedanken, nicht etwa erst durch jedes ungute Wort, machen wir einander krank, weil Gedanken wiederum Gefühle bewirken, die Schwingungen erzeugen. Und diese Schwingungen übertragen sich auf unsere Umgebung, auf Menschen, Tiere und Pflanzen, und rufen wieder entsprechende Schwingungsreaktionen hervor.

Das ist also die zweite Ursache, die uns krank macht. Die erste ist, wie wir gehört haben, verkehrtes Bewußtsein in bezug auf die physische Ernährung. Die zweite Ursache ist ständige gegenseitige Kränkung: So wie die physische Welt vergiftet ist durch Umweltverschmutzung, ist die psychische Welt vergiftet durch Innenweltverschmutzung, weil wir immer noch negativ denken und fühlen, der eine mehr, der andere weniger, und uns dadurch innerlich beschmutzen. Infolgedessen kränkeln wir ständig an irgend etwas, denn weil wir selber noch so häufig negativ senden, sind wir natürlich erst recht empfänglich für die negativen Sendungen aller anderen und leben so ständig in einem zerstörenden Schwingungsfeld. Rundfunk und Fernsehen, Zeitungen und Zeitschriften, Weltwirtschaft und Politik – überall überwiegt das Negative, so daß praktisch fast nur negative Gefühle erzeugt werden, die teils in Depressionen, teils in Aggressionen enden und die wir alle tagtäglich zu verkraften haben. Man kann angesichts dieser Tatsache eigentlich nur bewundern, was für einen robusten Organismus der Mensch hat, daß er das alles immer noch aushält. Allerdings scheint die Grenze der Belastbarkeit allmählich erreicht zu sein, so daß es höchste Zeit wird, uns ebenso wie im Körperlichen auch im Gemüt gesund zu ernähren.

Wie wir in der körperlichen Ernährung eine erhöhte Verantwortung bekommen durch das Bewußtsein, was Nahrungsaufnahme wirklich bedeutet, müssen wir auch in der Gemütsernährung unsere gesamte Einstellung neu orientieren: Wir sollten ständig dessen eingedenk bleiben, daß wir nicht nur unser eigenes Ergehen bestimmen durch die Schwingung, in der wir leben, sondern daß wir genauso in bezug auf unsere ganze Umwelt dafür verantwortlich sind, ob wir sie durch negative Schwingung vergiften oder umgekehrt durch konsequente positive Schwingung heilsam und heilend wirken.

Auch hier ist die deutsche Sprache wieder sehr treffend: Die Heilung des Körpers hängt ab vom Heil der Seele, denn »heil sein« heißt soviel wie ganz, unversehrt sein. Unheil ist das Gegenteil: Spaltung, Zersplitterung, Zerstörung. Infolgedessen bedeutet Heil: Zuerst die Einheitlichkeit und Ganzheit des eigenen Selbst zu bewahren bzw. wiederherzustellen und dann ebenso auf die gesamte Umgebung ausgleichend, ganzmachend, verbindend, befriedend zu wirken (siehe das Kapitel »Heilung – Heil – Heiligung«).

Deswegen ist in jeder Religion wiederum das Heilige Mahl nicht nur in der Beziehung bedeutsam, daß es ein Symbol darstellt für den alchemischen Verwandlungsprozeß der physischen Ernährung, sondern es ist gleichzeitig ein Symbol für die richtige mitmenschliche Beziehung, denn es soll ja die Teilnehmer im gemeinsamen weihevollen Erleben besonders eng verbinden und den tiefen Frieden einer gleichgesinnten Gemeinschaft schaffen.

Doch es gibt auch außerhalb des religiösen Bereiches nachahmenswerte Beispiele: So ist es in England absolut verpönt, irgendein Tischgespräch zu führen, das einen anderen verletzen oder aufregen könnte. Man kommt gar nicht dazu, weil es weiterhin zur guten englischen Tischsitte gehört, daß man nie selber um etwas bittet, sondern nur nimmt, was einem angeboten wird. Man muß daher ständig gegenseitig aufpassen, ob irgend jemandem etwas fehlt. Das ist also ein ausgezeichnetes Beispiel, wie wir eigentlich immer miteinander umgehen sollten: Es würde uns allen sicherlich schon sehr viel besser gehen, wenn wir uns nicht nur beim Essen, sondern überhaupt nicht mehr gegenseitig aufregen würden und wenn wir nicht nur bei Tisch, sondern ständig darauf achten würden, was die anderen vielleicht brauchen und wie wir sie unterstützen können.

Wir erinnern uns: In diesem Sinne eingenommen, wird ein Mahl zunächst zur Vermählung mit der aufgenommenen Materie, indem sich Stoff mit Stoff liebend verbindet und so »in Dank verschlingt sich alles Sein«. Die Natur dankt uns, weil sie durch uns veredelt werden kann, und wir danken der Natur, weil sie wieder zu unserer Veredlung uns verhilft. Durch die richtige Einstellung wird dann das Mahl aber auch zur geistigen Vermählung der beteiligten Menschen, indem sie zu einer gemeinsamen Liebesschwingung sich verbinden und so nicht nur körperlich gesättigt, sondern auch insgesamt regeneriert werden.

Einem empfindsamen Menschen verschlägt es ohnehin den Appetit, wenn er entweder selbst in negativer Stimmung ist oder zu Leuten kommt, die negativ gestimmt sind. Darum sollten wir auch zu Hause darauf achten, daß jede Mahlzeit in körperlicher Ruhe und seelischer Harmonie eingenommen wird. Also nicht mehr die Gelegenheit des Zusammenseins beim Essen dazu benützen, Familienkrach auszutragen, sondern umgekehrt sich gegenseitig beruhigen, bestätigen und erfreuen. Auch irgendwelche Erziehungsmaßnahmen bei Tisch sind fehl am Platze, weil sie Ärger verursachen und nicht gerade zum gegenseitigen Wohlbefinden beitragen. Tischsitten trainieren sollte man also möglichst nicht bei den gemeinsamen Mahlzeiten, sondern zuerst einmal sozusagen auf Probe, damit es dann beim gemeinsamen Essen klappt. Da man beim Essen fröhlich und unbeschwert sein sollte, darf natürlich auch nicht der Mann den beruflichen Ärger und die Frau den Ärger der Erziehung und Haushaltsführung erzählen. Entweder schweigt man, oder man besinnt sich auf Erfreuliches, möglichst Erheiterndes, denn Lachen ist gesund, besonders aber beim Essen. Lachen fördert nämlich nicht nur die Verdauung und kräftigt das Zwerchfellatmen, sondern es bedeutet auch seelische Energieaufladung. Denn Unruhe, Ärger und Aufregung kosten Energie, ein Mahl aber, das uns in jeder Hinsicht wohl bekommt, erfrischt und erfreut, das spendet Energie für Körper und Gemüt.

3

Der entscheidende Bereich, von dem alle anderen Bereiche abhängen, ist der dritte, der *spirituelle* Bereich. Da ernähren wir uns mit unserer *Aufmerksamkeit,* denn worauf wir gedanklich unsere Aufmerksamkeit richten, das ernährt unser Bewußtsein. Darum heißt es mit Recht: »Der Mensch lebt nicht vom Brot allein, sondern von jedem Wort, das aus dem Munde Gottes kommt«. Symbolisch gesprochen, also aus dem Ewigen, aus dem Kosmisch-Ganzen. »Wort« steht hier ebenfalls symbolisch für Gedanken bzw. Bewußtsein überhaupt. Infolgedessen sind unsere Gedanken beim Essen tatsächlich entscheidend für die Bekömmlichkeit der Nahrung in den beiden anderen Bereichen von Körper und Gemüt, denn sie sind die geistige Speise, durch die der ganze Vorgang erst zu einem vollbewußten Mahl im vorhin beschriebenen Sinne werden kann. Jegliches geistlose Geschwätz oder gar negatives Gerede über andere beim Essen ist also das Gegenteil von menschenwürdiger Ernährung. Da sollte man besser schweigen, wenn einem nichts Gescheiteres einfällt. Wir wollen also künftig sorgsam darauf achten, daß beim Essen nur solche Gespräche geführt werden, die der Bewußtseinssteigerung dienen.

Wir sollen ruhig etwas von dem sakramentalen Charakter des Heiligen Mahles dabei verspüren, denn jedes Sakrament ist ja eine symbolische Handlung, die irgendeinen Lebensbereich besonders hervorheben und in uns das Bewußtsein wecken will, wie dieser Lebensbereich eigentlich im Geiste erlebt werden sollte (siehe Kapitel »Die sieben Chakras und die sieben Sakramente«).

Das Sakrament des Heiligen Mahles ist, wie wir eben gesehen haben, ein Symbol dessen, wie wir eigentlich immer leben sollten und wie ein Vollendeter auch tatsächlich immer lebt – nämlich bei jeder Nahrungsaufnahme der dreifachen Speise uns bewußt sein: alchemischer Prozeß der Schwingungserhöhung in bezug auf die Materie, harmonischer Einklang der gleichgestimmten Gemeinschaft in bezug auf das Gemüt, das

»Wort Gottes«, d. h. das immer klarere Bewußtwerden des Ewigen in bezug auf die Seele.
Von dieser spirituellen Nahrung leben wir im Grunde überhaupt, denn kein Mensch würde dieses abgesonderte Bewußtsein in diesem isolierten Körper jemals aushalten können, wenn wir nicht allnächtlich im Tiefschlaf wieder mit dem Bewußtsein in das Ewige eintauchen, mit der Seele im universellen Leben des Kosmos aufgehen und die natürlichen Funktionen des Körpers auf ein Mindestmaß reduzieren könnten. Daß wir leider nichts mehr davon wissen, wenn wir aufwachen, ist die Folge unserer Bewußtseinsblindheit und körperlichen Unvollkommenheit. Der vollkommene Mensch lebt tatsächlich in der Kontinuität des Bewußtseins, d. h., er lebt ständig im vollen Bewußtsein des Ewigen, und deswegen braucht er weder zu schlafen noch zu essen, weil er schon hier in Raum und Zeit restlos ins ewige Leben eingegangen ist. Auch wenn wir noch nicht so weit sind, so können wir doch das Bewußtsein, in das wir im Tiefschlaf eintauchen, auch während des Wachseins wenigstens ein paarmal am Tag aufblitzen spüren. Dies nennt man *Intuition*. Das Bewußtsein also, im Ewigen zu leben und im Wesen selbst ewig zu sein, das ist die wirksamste Nahrung, die es überhaupt gibt. Ein einziger erleuchteter Blitz dieses Bewußtseins sättigt uns für lange Zeit, so daß wir überhaupt kein Bedürfnis mehr nach materieller Nahrung haben. Dann können wir besser verstehen, was diejenigen Menschen ernährt, die körperlich gar keiner Nahrung mehr bedürfen, weil sie ständig in diesem Bewußtsein leben.
Ich selbst lebe nur noch deswegen, weil ich schon solche Gedanken wirksam werden lassen konnte, als der Körper bereits am Verhungern war. Das kann aber jeder, denn jeder von uns lebt im Ewigen und ist in seinem Wesen ewig. Es geht nur darum, sich dessen immer klarer und kontinuierlicher bewußt zu werden. Man kann das ganz einfach technisch mit den Steckkontakten in der Wand vergleichen: Der elektrische Strom fließt überall in der Leitung, und es geht nur darum, den Steckkontakt zu finden und sein Gerät an den allgemei-

nen Stromkreis anzuschließen. So ist die Ewigkeit überall, und ich muß eben nur den persönlichen Kontakt finden, der mein individuelles Leben mit dem universellen ewigen Leben verbindet, dann kann ich mich tagtäglich entsprechend »aufladen« lassen.

Wir alle haben sicherlich zumindest eine Vorahnung dieser reinen Geistesnahrung erfahren, wenn schon bei starker intellektueller Beanspruchung der körperliche Hunger entsprechend nachließ und gar bei echter Begeisterung oder intensivem Gebet, gleichbedeutend mit Meditation, überhaupt kein Bedürfnis nach körperlicher Nahrungsaufnahme mehr bestand. Deswegen ist das Fasten, so gesehen, eigentlich gar nichts Besonderes, sondern die natürliche Begleiterscheinung rein spiritueller Ernährung. Da aber jeder von uns ein Individuum, also einmalig und einzigartig ist, braucht auch jeder einzelne seinen ganz persönlichen Kontakt zum Universellen, um seinen ureigensten Weg zu Gott, zum Ewigen zu finden.

Und das eben ist Meditation: die vollbewußte Verbindung mit dem Ewigen, die persönliche Erfahrung des Absoluten, Universellen, Göttlichen im Wesenskern.

Karma

Man sollte Karma nicht als »Gesetz von Ursache und Wirkung« bezeichnen, denn wenn damit in mechanistischem Sinne der zwingende automatische Ablauf von Aktion und Reaktion, Impuls und Reflex gemeint ist, dann wäre der Mensch nur eine Maschine und der Kosmos nichts als ein riesiger Mechanismus. Dann gäbe es keinen Platz für menschliche Freiheit und göttliche Gnade. Doch daß gerade das nicht der Fall ist, daß vielmehr der Kosmos ein lebendiger Organismus sein muß, in dem es überhaupt nichts »Totes« gibt, das hat sogar die moderne Naturwissenschaft wiederentdeckt, nachdem in allen Religionen und Weisheitslehren der Menschheit der »lebendige Gott« und das »ewige Leben« längst bekannt waren. Darum ist die Welt auch nicht aus dem sogenannten »Urknall« entstanden, sondern aus der Urzeugung des schöpferischen Gottesgeistes mit der liebenden Weltseele.
Karma ist also nicht eine starre, unerbittlich ablaufende und daher exakt berechenbare »Wirkungskette«, sondern die lebendige, flexible und daher immer unberechenbar bleibende Verknüpfung von Saat und Ernte. Wir säen ständig mit unseren Gedanken und ernten notwendigerweise die Früchte in unserem Ergehen. Ja, unser ganzes irdisches Leben ist wiederum die Saat für das, was wir in der nächsten Existenzform ernten. Zwar stimmt natürlich grundsätzlich die theoretische Feststellung »wie die Saat, so die Ernte«, doch in der Praxis des Lebens kann es auch ganz anders kommen (worauf schon Jesus im Gleichnis vom Sämann hinweist): Das beste Saatgut nützt nichts, wenn der Boden schlecht oder ausgelaugt ist oder wenn es durch falsche Behandlung verdorben wurde. Und selbst wenn bereits eine gute Ernte zu erwarten ist, kann

ein einziges Unwetter alles zunichte machen. Andererseits kann auch umgekehrt bei ganz gewöhnlichem Saatgut die Ernte alle Erwartungen übertreffen und überreich ausfallen. Darum weiß jeder Bauer, daß »Gottes Gedanken größer sind als die Gedanken der Menschen«, daß man also eine gute Ernte nicht »exakt« vorausplanen kann, sondern den »Erntesegen« erhoffen und erbitten muß. Schon die Aussaat ist daher eine heilige Handlung, die größter Sorgfalt und ehrfurchtsvoller Gesinnung bedarf. Und dann, nachdem der Mensch sein Bestmögliches getan hat, hängt es immer noch von der »Gnade Gottes« ab, wie die Ernte schließlich ausfällt, weshalb Bittprozessionen durch die Felder und am Ende der gebührende Erntedank ebenso selbstverständlich zum bäuerlichen Leben gehören wie die Aussaat.

Genauso verhält es sich mit dem Karma: Das menschliche Saatgut sind die Gene, die Vererbungsträger. Doch diese sind ja keine Zufallsprodukte, sondern werden von der sich verkörpernden Seele im Zeugungsakt in die Erde gesenkt, um damit ihre individuelle Bestimmung erfüllen zu können, die sie vorher aufgrund ihrer Einsicht in den Plan der Evolution freiwillig gewählt hat. Wir haben ja bereits gehört, daß jede menschliche Erscheinungsform die Schöpfungsidee »Mensch« als »Ebenbild Gottes« im Erbgut in sich trägt, so wie in jedem Samenkorn das Idealbild der betreffenden Pflanze enthalten ist, das sich dann gegen alle äußeren Widerstände durchzusetzen sucht. Ebenso will sich also die uns »einprogrammierte« Vollendung im Leben manifestieren, so daß es unsere einzige Lebensaufgabe ist, ein immer bewußterer Mensch oder immer bewußter Mensch zu werden. Karma ist demnach nichts anderes als dieser Entwicklungsweg zur Vollendung: Je weiter wir noch vom Entwicklungsziel entfernt sind, desto zwingender und beschwerlicher erscheint er – je mehr wir uns dem Ziele annähern, desto freier und leichter wird er. Zwar werden objektiv die Anforderungen immer größer, doch subjektiv wachsen auch die Kraft und Einsicht entsprechend.

So aufgefaßt, ist der indische Begriff »Karma« eigentlich iden-

tisch mit dem christlichen Begriff »Gnade«. Denn gerade darin besteht ja die Gnade Gottes, daß er uns nicht nur zur Göttlichkeit berufen hat, sondern jeden einzelnen von uns durch sein Karma auch mit unbedingter Sicherheit zu diesem Ziele führt. Es gibt also im Grunde ebensowenig ein »schlechtes Karma« im Leben, wie es eigentlich »schlechte Noten« in der Schule gibt: Diese signalisieren ja nur, wie weit der Schüler noch vom Erreichen des »Klassenziels« entfernt ist, und genauso zeigt das Karma haarscharf den individuellen Abstand vom generellen Menschheitsziel der Vollendung. Das bedeutet ganz praktisch: Auch Krankheit und Not, Unglück und Verlust sind im Grunde Auswirkungen der göttlichen Gnade, die wir nicht beklagen, sondern in Dankbarkeit hinnehmen sollten als deutliche Warnzeichen dafür, daß wir vom rechten Wege abgekommen sind, oder als Warnlampen in unserem Auto, die rechtzeitig auf einen drohenden Defekt aufmerksam machen wollen. Krankheit ist doch nichts anderes als das verstärkte Bemühen des Organismus um Gesundheit, die Notlage nötigt uns zu vermehrter Anstrengung um Wohlergehen. Unglück ist so lange notwendig, bis wir das wahre dauerhafte Glück gefunden haben, und jeder Verlust bedeutet das Abfallen des uns nicht Zugehörigen oder nicht mehr Gemäßen, um das für uns Wichtigere und Wesentlichere gewinnen zu können.
So gibt es in der Tat nichts, wofür wir nicht von Herzen dankbar sein können, und darum gibt es letztlich auch nur ein einziges wirkliches Gebet: das Dankgebet, das Halleluja, das wir jederzeit schon auf Erden singen können, wenn wir aus der selbstgeschaffenen »Hölle« furchtbarer Gottesferne und Geistesblindheit in das »Himmelreich« wunderbarer Gotteserfahrung und persönlicher Erleuchtung gelangt sind. Das besagt der Spruch des Angelus Silesius:

> Du mußt die Nacht mit neuen Augen sehen,
> dann kannst du immerdar im Lichte stehen!

Heilung – Heil – Heiligung

Heilung von Körper und Gemüt durch das Heil der Seele aus der Heiligung im Geiste

Paracelsus, einer der größten Ärzte der Menschheit, sagte: »Alle Krankheit wurzelt im Geiste.« Dabei meinte er mit Geist nicht – wie heute üblich – Intellekt, verstandesmäßiges Denken, sondern im ursprünglichen Sinne Geist Gottes, höchstes Bewußtsein, so daß also die eigentliche Wurzel aller Krankheit eine Verkennung des Geistes bzw. ein verkehrtes Bewußtsein ist.
Folgerichtig ist dann *Heilung* gleichbedeutend mit Berichtigung der Verkehrtheit und richtiger Erkenntnis.
Verkehrtes Bewußtsein entsteht zunächst aus *Unwissenheit*, und diese wiederum entweder aus Mangel an Information überhaupt oder aus Fehlinformation, die nochmals eine doppelte Ursache hat: entweder absichtliches Vorenthalten richtiger Information (z. B. irreführende Werbung für Genußgifte) oder unzureichendes Teilwissen (Spezialisierung). Da es unter den gegenwärtigen politischen, wirtschaftlichen, gesellschaftlichen und persönlichen Lebensumständen kaum möglich ist, wirklich vollständige und wahrheitsgetreue Informationen zu bekommen, ist die allgemeine Unwissenheit nicht nur bei den »Massen«, sondern auch bei den sogenannten »Gebildeten« unwahrscheinlich groß. Insbesondere wirkt sich die einseitige Überbewertung des technisch-naturwissenschaftlichen Denkens gegenüber dem biologischen und psychologischen – vom philosophisch-religiösen ganz zu schweigen – immer verheerender aus, denn das ist die Ursache dafür, daß gerade diejenigen, die eigentlich heilen sollen und wollen, tatsächlich oft mehr schaden als nützen.

Das verkehrte Bewußtsein stammt jedoch nicht nur aus intellektueller Unwissenheit (unzulängliches Wissen), sondern vor allem auch aus spiritueller Blindheit oder *Verblendung* (Mangel an Weisheit), derzufolge die Menschen sich mit dem körperbezogenen Fühlen und Denken (Gemüt) identifizieren und so die Verbindung zu ihrem wahren Selbst, zur Seele und deren universellem Bewußtsein, vergessen haben. Daraus resultiert die »soziale Krankheit« des Egoismus, unter der wir alle mehr oder weniger leiden, und als notwendige Folge die ganze Vielfalt psychosomatischer Erkankungen, denn die Belastung einer innerlich völlig isolierten Existenz und entsprechend gestörter äußerer Kontakte hält auch der gesündeste Organismus auf die Dauer nicht aus.
Im Grunde ist somit jede körperliche Krankheit, wenn nicht karmisch (Erbkrankheiten oder angeborene Leiden), dann psychosomatisch, d. h. durch falsches Denken und negative Gefühle, verursacht (sonst müßten wir ja dauernd krank sein, weil die äußeren Krankheitsursachen ständig weiterbestehen), denn normalerweise besitzt bzw. entwickelt unser Organismus genügend Abwehrkräfte, um mit jeglicher Krankheitsursache fertig werden zu können. Wir können also nicht einmal einen Schnupfen bekommen, wenn wir nicht zuerst im Gemüt »verschnupft« sind oder uns sonst in irgendeiner Weise unvernünftig verhalten!
Auf diesen Zusammenhang weist unsere Sprache deutlich genug hin: Wenn wir von Kränkung sprechen, meinen wir damit Beeinträchtigung des Selbstwertgefühls, also eine Verletzung im Gemüt. Wörtlich bedeutet kränken jedoch krank machen: schwärzen gleich schwarz machen, trüben gleich trüb machen usw. – und genau das ist tatsächlich der Fall. Jegliche negative Gemütseinwirkung ist zugleich eine Schädigung des Gesamtorganismus und somit eine primäre Krankheitsursache. Wenn wir dieses theoretische Wissen – von der Erziehung angefangen bis zum täglichen Umgang miteinander – wirklich praktisch anwenden würden, dann hätten wir damit allein schon mehr für die allgemeine Gesundheit getan als mit allen äußeren Heilmitteln und Heilmethoden zusammen!

Solange das Grundübel eines verkehrten Bewußtseins nicht behoben ist, kann von Heilung im eigentlichen Sinne überhaupt nicht die Rede sein. Da kann auch die fortgeschrittenste ärztliche Kunst bestenfalls Symptome beseitigen, keinesfalls aber die »große Gesundheit« (Nietzsche) an Leib und Gemüt bewirken. Infolgedessen wirken sich heute die verschiedenartigsten Neurosen, nervösen Störungen, Kreislaufbeschwerden, vegetative Dystonie, Herzinfarkt, Aids, Krebs, Alkoholismus, Drogenmißbrauch usw. insgesamt noch viel verheerender aus als die mittelalterlichen Seuchen!
Aus dem Dargelegten ergibt sich, daß wirkliche Heilung nur durch das *Heil der Seele* möglich ist! »Heil« bedeutet in der deutschen Sprache »ganz und ungeteilt« (so sagt man z. B. von einem Gefäß, es sei heil, solange es ganz ist). Man muß also vom »Unheil« des getrennten, abgesonderten Ego-Bewußtseins wieder in das »Heil« des ganzen und ungeteilten Seelen-Bewußtseins gelangen. Nur so bekommt auch der religiöse Begriff »Seelenheil« eine nicht bloß jenseitsbezogene, irrationale, sondern unmittelbar diesseitige und realistische Bedeutung: von der Zerstreuung, Zersplitterung, Gegensätzlichkeit, Zerstrittenheit und Entzweiung zur Sammlung, Verbindung, Vereinigung, Versöhnung und Einheitlichkeit. Das also kann auch körperlich heilen, was zuerst heilsam für das Gemüt ist, indem es die gestörte Einheit und Ganzheit wiederherstellt.
Dabei geht es wiederum um einen *zweifachen Ganzheitsbezug:* die Ganzheit der individualisierten Seele in sich und das Einbezogensein in das große Ganze der Weltseele. Wer uneins in sich selber ist, kann nicht wirklich gesund sein. Die Gegensätzlichkeit zwischen Denken und Fühlen, zwischen bewußten Absichten und unterbewußten Tendenzen, der Kampf zwischen entgegengesetzten Neigungen, zwischen Wille und Widerwille, zwischen Gewissenhaftigkeit und Triebhaftigkeit, die Kluft zwischen Theorie und Praxis, zwischen Kennen und Können – das alles macht unser Gemüt zu einem zerstörerischen Schlachtfeld anstatt einer ruhevollen Stätte des Friedens, wo allein Gesundheit auf die Dauer gedeihen kann.

Noch wichtiger als alle physischen Gesundheitsmaßnahmen ist also gründliche Psychohygiene (am besten mit »Gemütswäsche« zu übersetzen), denn noch schlimmer als die zunehmende »Umweltverschmutzung« wirkt sich die tiefgreifende »Innenweltverschmutzung« aus, die durch falsche Gedanken, negative Gefühle, ungezügelte Triebe und impulsives, kopfloses Tun verursacht wird und schließlich den »Seelenspiegel« unseres Gemüts mit einer so dicken »Schmutzkruste« überzieht, daß sich das »reine Bildnis« der Gottebenbildlichkeit nicht mehr darin spiegeln kann.

Genauso wie wir uns so rasch und gründlich wie möglich waschen, sobald wir uns äußerlich beschmutzt haben, sollten wir uns also auch innerlich reinigen, indem wir unsere Aufmerksamkeit von der unheilvollen Zersplitterung und Zerstreuung des Gemüts abziehen und uns mit voller, ungeteilter Aufmerksamkeit (Konzentration) dem einigenden und die Ganzheit wiederherstellenden Heil der Seele zuwenden. Und ebendies bedeutet wörtlich *meditieren* (meditari: aus der Mitte den Umkreis ermessen), d. h. also in unserer Wesensmitte, im wahren Selbst, ruhen und von da aus den »geistigen Zirkelschlag« vollziehen, der in immer weiter werdenden konzentrischen Kreisen den »Horizont« unseres Bewußtseins umschreibt, bis schließlich nach dem letztmöglichen Kreis der Zirkel ins Unendliche weist: Das Individualbewußtsein ist vollkommen aufgegangen im höchsten Bewußtsein des Göttlich-Ganzen (siehe Teil 3).

Das Grundübel der abgesonderten Teilexistenz ist endgültig zu überwinden durch die Gewißheit der Teilhaberschaft am Göttlichen, mit dem die Seele in all ihrer zeitweiligen Identifizierung mit Gemüt und Körper stets wesensgleich bleibt.

Und das eben bedeutet *Religion* im eigentlichen Sinne: Rückbeziehung, Wiederverbindung mit dem göttlichen Urgrund. Also als kleines Ganzes aufgehen im großen Ganzen – das heißt »Seelenheil« im wahrsten Sinne des Wortes!

Damit sind wir bereits beim dritten und letzten Aspekt der Gesundheit angelangt: *Heiligung im Geiste*. Schon im gewöhnlichen Sprachgebrauch bedeutet irgendeine Handlung

»heiligen«: sie in selbstloser, hingebungsvoller Weise tun, während alles durch selbstsüchtige, egoistische Gesinnung »entheiligt« wird. Diese Tatsache hat Eckhart in einer seiner Predigten wohl am radikalsten ausgedrückt: »Wenn du in der rechten Gesinnung (der »Gottunmittelbarkeit«) an einen Stein stößest, tust du mehr, als wenn du in selbstischer Gesinnung das Sakrament nimmst!«

Man kann auch sagen: Alles, was aus unverantwortlichen, oberflächlichen, kurzsichtigen, eng begrenzten Motiven heraus getan wird, das wird eben dadurch »entheiligt«, wohingegen unser Tun durch Verantwortlichkeit, Gründlichkeit, Gewissenhaftigkeit und erweiterten »Horizont« in eine höhere Bewußtseinsebene gehoben, also »geheiligt« wird. Die theologische Bezeichnung dafür lautet »sub specie aeternitatis« (»unter dem Aspekt der Ewigkeit«).

Das gilt nicht nur für unser Tun, sondern für unsere gesamte irdische Existenz. Solange wir uns mit unserer vergänglichen Erscheinungsform identifizieren und all ihre Unzulänglichkeit für »natürlich« halten, sind wir im »Traum der Sterblichkeit« befangen und leiden am Grundübel, aus dem erst Leid, Not, Krankheit und alle anderen Übel entstehen – nämlich am »Herausgefallensein« aus dem göttlichen Bewußtsein, am »Verlorensein« in abgesonderter Vereinzelung (christlich: »Erbsünde«). Erst wenn wir also zur Erkenntnis unseres wahren Wesens als »unsterbliche Seele«, als »ewiger Gottesfunke« erwachen und damit aus der »Verfremdung« wieder »heimkehren ins Vaterhaus«, sind wir endgültig geheilt und können an Leib und Gemüt gesunden.

Darum mahnten sowohl die Propheten als auch Jesus immer wieder zum *Umdenken,* zum Gesinnungswandel (d. h. nämlich »metanoia« wörtlich – und nicht »Buße«, wie fälschlich übersetzt wurde). Dazu gehören auch Einkehr und nötigenfalls Umkehr, denn um überhaupt feststellen zu können, daß wir uns auf einem Irrweg befinden, müssen wir zunächst einmal innehalten und uns besinnen. Und wenn wir den Irrtum erkannt haben, werden wir schleunigst umkehren und den rechten Weg suchen, denn ebenso wenig wie man in zwei entgegengesetzte Richtungen zugleich gehen kann, kann man zugleich gottbewußt und materieverhaftet sein. »Ihr könnet nicht zwei Herren dienen, ihr könnet nicht Gott dienen und dem Mammon.«

Damit hat Jesus nicht etwa zur Weltflucht aufgerufen, sondern eindeutig folgendes gemeint: Zwar können und sollen wir mit all unseren Fähigkeiten und mit allen uns anvertrauten Mitteln in der Welt wirken und mit der Materie in bestmöglicher Weise sinnvoll umgehen, aber wir dürfen uns nicht davon beherrschen lassen, dürfen nicht darin aufgehen oder gar unser Lebensziel darin erblicken. *Dienen* – d. h. uns rückhaltlos hingeben, mit ungeteilter Aufmerksamkeit tun, mit aller Kraft erstreben, ganz und gar darin aufgehen und als einziges Lebensziel erkennen – können und sollen wir eben nur dem Ewigen und Göttlichen in uns selbst und in allem, womit wir uns befassen.

Diesen Grundsatz hat wiederum Jesus am einfachsten und deutlichsten so formuliert: »Strebet zuerst nach dem Reiche Gottes (Göttlich-Ganzen) und seiner Gerechtigkeit (Gesetzmäßigkeit), so wird euch alles andere zufallen.« Daß dies in der Tat sowohl für jegliches menschliche Handeln im allgemeinen gilt als auch insbesondere die wirksamste Gesundheitsregel für Leib, Gemüt und Seele im Geiste ist, das wird jeder bestätigen können, der einmal begonnen hat, nach dieser Regel zu leben.

»Einweihung«
für den modernen Menschen

»Einweihung« kann etwas ganz Profanes sein: Man kann eine Straße oder Brücke, ein Haus oder Auto einweihen, man kann aber auch in eine Kunst oder ein Handwerk oder irgendeine Fertigkeit eingeweiht werden. Man nimmt also immer etwas Neues in Besitz oder Gebrauch.
Und ebendas bedeutet »Einweihung« auch im esoterischen Sinne: Wir werden damit ein neuer Mensch und beginnen ein neues Leben.
Einweihung ist der entscheidende Schritt zu einer vollständigen Transformation unseres Wesens, zu einer inneren Umkehr und Weiterwanderung in einer völlig neuen Richtung. Immer muß zuerst das alte, eng begrenzte Bewußtsein »sterben«, damit dann ein neues, umfassenderes Bewußtsein »geboren« werden kann. (Goethe: »Stirb und werde!« – Jesus: »Wer *sein* Leben verliert um meinetwillen, wird *das* Leben gewinnen.«)

Der treffendste Ausdruck für dieses radikale Wandlungserlebnis ist infolgedessen die *»Neugeburt im Geiste«*, denn man kann die Einweihung tatsächlich am besten mit der körperlichen Geburt vergleichen:

So wie bei dieser unsere bisherige Existenzform sich geändert hat, obwohl wir an sich das gleiche Wesen geblieben sind, so ist es auch bei dieser zweiten, geistigen Geburt im Bewußtsein. So wie wir bei der körperlichen Geburt heraustraten aus einem Zustand der Unselbständigkeit in einen Zustand der Selbständigkeit, so wie wir hier ein neues Bewußtsein gewannen und unsere ganze Lebensgrundlage sich änderte – wir bekamen eine andere Atmung und eine andere Ernährung –, so geschieht es tatsächlich auch bei der geistigen Geburt: Es wird alles anders, es ändert sich innerlich die gesamte Existenz, obwohl man vielleicht zunächst äußerlich gar nichts davon bemerkt.

Doch was geht das den modernen Menschen an? Es scheint doch all dem zu widersprechen, was wir heute tun und wie wir heute leben. Viele meinen daher: Das ist höchstens eine Sache kleiner Zirkel von Leuten, die nicht viel zu tun haben und die nicht »im Existenzkampf stehen«, wie man so schön sagt.

Demgegenüber soll nun gezeigt werden, daß dieses Ereignis nach wie vor höchst aktuell ist und jeden einzelnen von uns genauso betrifft wie die körperliche Geburt, durch die er hier in äußerer Menschenform erschienen ist. Denn wir alle sind, spirituell gesehen, noch Embryonen, also bestenfalls werdende Menschen, ehe wir nicht diese geistige Geburt zu unserem wahren Selbst erlebt haben, in der wir die engen räumlich-zeitlichen Bewußtseinsgrenzen sprengen und eingehen in eine neue Existenzform mit unbegrenztem kosmischem Bewußtsein. Erst dann sind wir Mensch im vollen Sinne des Wortes geworden.

In früheren Zeiten war dieses Ereignis der Einweihung auch ein realer körperlicher Prozeß, durch den die Menschen »leibhaftig« zu spüren bekamen, daß es sich hier tatsächlich auch körperlich um eine Neugeburt nach einem vorhergegangenen Sterben handelt. Man lese etwa das wundervolle Buch »Die großen Eingeweihten« von Edouard Schuré oder erlebe nochmals Mozarts »Zauberflöte« als ein Einweihungsdrama. Es waren nämlich in jedem der vier Elemente lebensgefährliche Proben zu bestehen: In der Erde wurde man begraben, im Wasser wurde man ertränkt (früher wurde die Taufe tatsächlich so vollzogen, daß man so lange untergetaucht wurde, bis man das Bewußtsein verlor). Die Luft wurde entzogen, also der Erstickungstod erlebt, indem man entweder in einen Sarkophag eingeschlossen oder giftigen Gasen aus Erdspalten ausgesetzt wurde. Bei der Feuerprobe ging man entweder über glühende Kohlen oder mußte eine sonstige Hitzeeinwirkung überstehen. Stets war also der Preis der Einweihung der volle Einsatz des Lebens. Wer dazu nicht bereit war, der war von vornherein unwürdig, die Einweihung zu erlangen.

Heute sind zwar diese Proben nicht mehr in der ursprünglichen, lebensgefährlichen Form zu bestehen, doch existieren sie nach wie vor in symbolischer Weise:
Die »Erdprobe« bedeutet, mit Materie im allgemeinen und mit Geld im besonderen richtig umgehen zu können. Die »Wasserprobe« bedeutet, in der »Sturmflut« von Gefühlen nicht unterzugehen, sondern wie Jesus »dem Sturme gebieten« und »auf dem Wasser wandeln« zu können.
Die »Luftprobe« bedeutet, im Wirrwarr der Gedanken, die pausenlos unser Gehirn durchziehen, Ordnung halten und uns in höhere Bewußtseinsbereiche erheben (symbolisch »fliegen«) zu können. Die »Feuerprobe« bedeutet, die Willenskraft, die stärkste Energie auf Erden, ebenso meistern zu können, wie wir seither das Feuer gemeistert haben und künftig die Atomenergie meistern müssen.

Die radikalen Methoden waren seinerzeit durchaus angebracht, denn dadurch konnten immer nur verhältnismäßig wenige und wirklich auserlesene Menschen zur Einweihung gelangen. Sie hatten dann das reale Erlebnis der körperlichen Neugeburt und der Unsterblichkeit ihres geistigen Wesens, denn sie hatten ja den Sieg über den Tod leibhaftig erfahren. Das ist es, was heute den meisten Menschen leider fehlt, wenn sie nicht gerade das Glück hatten, im Krieg oder in einer Katastrophe, bei einem Unglücksfall oder einer schweren Krankheit tatsächlich schon die Todesschwelle überschritten zu haben und wieder ins Leben zurückgekehrt zu sein.
Doch auch ohne dieses reale Erlebnis gibt es eine Möglichkeit, im Bewußtsein, in der schöpferischen Phantasie, das Sterben und Neugeborenwerden nachzuvollziehen: in der tiefen Meditation, also in einem Bewußtseinszustand, der uns

hinaushebt über das oberflächliche Alltagsdenken und Alltagsfühlen und uns hineinführt in den Urgrund des Seins. Das aber ist auch heute noch unabdingbare Notwendigkeit: diese entscheidende Wende tatsächlich zu erleben, so daß sich dadurch wirklich alles ändert, wie eben bei der körperlichen Geburt (siehe Teil 3).

Was ändert sich da im einzelnen? Es ändert sich zunächst unsere Lage: Als Embryo liegt man auf dem Kopf, als geborener Mensch lernt man, auf den Füßen zu stehen. Genau das gleiche ist hier im Bewußtsein der Fall: Es kehrt sich das ganze Leben um. Der bekannteste Ausdruck dafür, den sowohl die Propheten als auch Christus gebrauchten, lautet – wie schon erwähnt – »Metanoia«, also wörtlich »Umdenken«. Die übliche Übersetzung »Buße« trifft den Kern der Sache nicht, denn es handelt sich eben nicht um eine negative Gefühlsregung, vielmehr um einen durchaus positiven Bewußtseinsvorgang: die radikale Umkehr unserer Lebenseinstellung, so daß fortan alles, was bisher wichtig erschien – Beruf, Vergnügen, Lust- und Gewinnstreben –, völlig unwichtig wird. Und das, was bisher weniger wichtig erschien, was man vielleicht theoretisch noch wichtig genommen, aber höchstens am Sonntagvormittag einmal praktiziert hatte, das wird nun das einzig Wichtige, der eigentliche Lebensinhalt.

Wie sich durch die körperliche Geburt die Atmung ändert, so auch hier: Man merkt es in dem ruhig und tief, lang und stetig gewordenen Atem, daß sich im Bewußtsein eine Wandlung vollzogen hat, die bis in den Körper hinein wirksam wird. Auch wir kennen den Ausdruck: »Er hat den längeren Atem«, doch weiß kaum jemand, was das in Wirklichkeit bedeutet, weil eben erst die Geistgeburt den wahrhaft »großen Atem« bewirkt.

Durch die körperliche Geburt ändert sich auch die Ernährung. Nach der Geistgeburt ist es ebenso; denn man weiß nun, daß man sich nicht ernährt, um davon etwa den Stoffwechsel aufrechtzuerhalten, sondern daß für den erwachten Menschen die Ernährung ein alchemischer Prozeß ist: die Verwandlung von Materie niederen Schwingungsgrades in Materie höheren Schwingungsgrades. Und nur wenn der Mensch diese Sublimierung der Materie bewußt zu vollziehen vermag, kann er von seiner Ernährung wirklich leben, anstatt davon allmählich zu sterben (siehe das Kapitel »Die dreifache Speise des Menschen«).

Doch befassen wir uns weiter mit dem Bewußtseinswandel der Einweihung. In der körperlichen Geburt tritt man aus dem Mutterleib heraus in eine neue selbständige Existenz mit eigenständigem Ichbewußtsein. Und genau das ist auch das Kennzeichen der geistigen Geburt, daß man zu sich selbst erwacht, d. h. sein wahres Selbst erkennt: seine einmalige und einzigartige Individualität, deretwegen man überhaupt in dieser menschlichen Erscheinungsform auf die Erde gekommen ist (siehe das Kapitel »Die neun Geburten der Menschenseele«).
Diese wesentliche Selbst-Bewußtwerdung bedingt weiterhin, daß man sich dann nicht mehr irgendwo anhängen oder irgendwo verkriechen kann. Man ist nicht mehr im »Mutterleib« irgendeiner äußeren Gemeinschaft oder gar »Anhänger« irgendeines Menschen, von dem man sich »ziehen« läßt, sondern man ist ur-ewig-all-ein in der Ewigkeit. Man kann auf nichts und niemanden mehr Verantwortung abwälzen und niemandem mehr die Aufgaben übertragen, die man einzig und allein selbst zu erfüllen hat. Das mag zunächst furchtbar erscheinen, aber allmählich merkt man, wie wunderbar es ist. Es geht uns hier wiederum genauso wie dem neugeborenen Säugling: Offenbar ist es gar nicht schön, aus dem warmen, schützenden Mutterleib heraus in die harte, bedrängende Welt gestoßen zu werden; denn nicht umsonst brüllt jeder Säugling erst einmal aus Leibeskräften. Aber das ist ja gerade der Sinn unseres Lebens, daß wir nicht nur lernen sollen, es zu bewältigen, sondern daß dies sogar immer mehr Freude machen, Befriedigung verleihen und schließlich das wahre Glück bescheren soll: das Glück der Selbsterkenntnis und Selbsterfüllung.
Durch die körperliche Geburt wird man nicht nur ein selb-

ständiges Individuum, sondern man wird auch unausweichlich in die mitmenschliche Gemeinschaft hineingeboren. Man muß also lernen, mit den Mitmenschen zu leben und mit ihnen mehr oder weniger gut auszukommen. Durch die spirituelle Geburt wird man in eine noch größere und innigere Gemeinschaft hineingeboren, die man esoterisch die »Gemeinschaft der Seligen« nennt, also die Gemeinschaft jener verkörperten und unverkörperten Seelen, die bereits zum allumfassenden Bewußtsein gelangt sind.
Dadurch aber gewinne ich auch zu den Mitmenschen eine neue Einstellung. Ich erlebe sie nicht mehr als fremde, andersartige Erscheinungsformen, sondern als Menschenwesen, die im Grunde mir gleich sind, denn das gleiche Selbst, das mein eigenes wahres Selbst ist, das ist auch das wahre eigentliche Selbst in jedem Mitmenschen. Im *Wesenskern* sind wir letztlich alle identisch, so daß alle Unterschiede, alle Gegensätzlichkeiten, alle Feindschaften sich nur an der Oberfläche austoben: Sie sind gewissermaßen nichts anderes als »Hautkrankheiten« am Leib der Menschheit.
Wer diese Wesenseinheit wirklich einmal erfahren hat, erfüllt damit erst die notwendige Voraussetzung, um zu der von Jesus geforderten Feindesliebe überhaupt fähig zu sein – denn wie kann ich einen Feind lieben, solange ich ihn als Feind betrachte? Ich kann doch erst damit beginnen, wenn ich merke: Das ist in Wirklichkeit gar nicht mein Feind, sondern ein im Wesen mit mir identischer Mensch, so daß die Feindschaft sich nur auf die Oberfläche, auf die »Haut« bezieht.
Die richtige Übersetzung des Jesus-Wortes lautet also nicht: »Du sollst deinen Nächsten lieben wie dich selbst«, denn das könnte man mit Egoismus verwechseln, weil die meisten Menschen sich selbst noch im verkehrten egoistischen Sinne lieben. Es heißt vielmehr: »Du sollst deinen Nächsten lieben als dein Selbst«; denn das einzige, was an mir liebenswert ist, ist doch nicht diese mehr oder weniger unzulängliche Erscheinungsform, sondern mein Wesenskern, mein wahres, göttliches Selbst. Und genau das gleiche wahre Selbst ist in jedem Mitmenschen vorhanden und gleich liebenswert, wenn ich es

nur einmal als das gleiche erlebe. Darum ist die Befreiung vom Egoismus und die allgemeine Menschenliebe, die aus der Gottesliebe erwächst und die Liebe zur Kreatur mit einschließt, ein untrügliches Kennzeichen des Eingeweihtseins.
Der Vergleich mit der körperlichen Geburt gilt aber auch in der Hinsicht, daß kein anderer Mensch mich einweihen kann, sondern daß die Einweihung meine ureigene, persönliche Angelegenheit ist. Es kann sich auch kein anderer für mich gebären lassen, das muß und kann nur ich selbst erleben. Deswegen mißtrauen Sie, lieber Leser, allen Versprechungen, die Ihnen eine Einweihung verheißen. Wenn gar irgendwelche »geistige Schulungen« mit der »Einweihung« abschließen, wie die höhere Schule mit dem Abitur, so ist das fern der geistigen Realität! Das einzige, was man kann und darf: »Geburtshelfer« sein, also die Geburt einleiten und vielleicht eine schwere Geburt erleichtern helfen. Aber die Geburt selbst muß jeder für sich allein erfahren.
Einweihen kann also niemals ein Mensch, sondern nur der »*Heilige Geist*«*!* Einweihung ist die Begegnung mit dem Geist Gottes in sich selbst. Das bedeutet aber auch, daß dieses »Pfingst-Erlebnis« weder durch einen anderen Menschen vermittelt werden kann, noch daß man imstande ist, es willkürlich selbst herbeizuführen. Man hat also nicht etwa einen Anspruch darauf, und man kann es schon gar nicht selbst erzwingen, wie manche sehr gefährliche Lehren es uns glauben machen wollen. Schon mancher ist auf diese Weise im Irrenhaus gelandet, anstatt eingeweiht zu werden! Wir müssen vielmehr wissen, daß die Einweihung wieder wie die körperliche Geburt etwas ist, was an uns *geschieht*. Wir können uns nicht selbst gebären, sondern wir werden geboren, wenn die richtige Zeit dafür gekommen ist. Gerade wenn wir alles getan haben, was wir von uns aus tun konnten, um der Wirkung des Heiligen Geistes die Bahn zu bereiten und für die Einweihung würdig zu werden, dann haben wir in Demut abzuwarten, wann und wie die Geistgeburt geschieht.
Das bedeutet aber keineswegs, daß wir uns nun untätig hinsetzen und warten sollten, bis uns die gebratenen Tauben in

den Mund fliegen, sondern daß wir die Pflichten unseres Alltags, die Aufgaben unserer irdischen Existenz nach bestem Wissen und Gewissen zu erfüllen haben. Wer also meint, er sei »zu etwas Höherem berufen« und habe daher dieses und jenes »nicht mehr nötig«, denn er sei ja nun schon »ein Mensch mit höherem Bewußtsein«, der ist dem geistigen Hochmut verfallen. Dieser aber bedeutet wohl das schwerste Hindernis für die Einweihung, denn nicht umsonst heißt es: »Hochmut kommt vor dem Fall.« Wenn also auch wir ab und zu mal wieder herunter müssen von der eingebildeten »Höhe« des Bewußtseins und vielleicht sogar rigoros in die »Tiefe« der Realität gestoßen werden, dann sollten wir nicht jammern und klagen, sondern froh darüber sein, daß wir die Gefahr luziferischer Verblendung noch rechtzeitig gezeigt bekommen haben und wieder neu anfangen dürfen! Darum immer ganz bescheiden bleiben, das jeweils Nächstliegende tun, die alltäglichen Pflichten ernst nehmen und ja nicht meinen, für irgend etwas wäre man schon zu hoch oder zu fein: Das ist der richtige Weg, den alle großen Eingeweihten selbst gegangen sind und ihren Nachfolgern gezeigt haben.

Wenn man weiß, daß die Einweihung nur das spirituelle Geborenwerden durch verschiedene »Geburten« hindurch bedeutet, dann wird man erst recht demütig werden, weil man ja die Begrenztheit und Unzulänglichkeit der irdischen Menschenform um so schmerzlicher erfährt, je deutlicher man schon das Idealbild der Schöpfungsidee »Mensch« schauen durfte.

Darum mahnt uns Jesus: »Richtet nicht, denn so wie ihr richtet, werden ihr gerichtet.« So ist es in der Tat: Ist mein Bewußtsein, mit dem ich andere richte, ein negatives, überhebliches, feindliches, dann werde auch ich automatisch ebenso von den anderen beurteilt und erwecke das gleiche negative Echo. Richten ist daher ursprünglich gar nicht im Sinne des Verurteilens oder gar Bestrafens gemeint, sondern bedeutet: ausrichten, geraderichten, die Richtung finden und zeigen. Dieses positive Richtungsweisen nimmt uns kein Mitmensch übel, vielmehr ist jeder dankbar dafür, wenn es in diesem

Sinne des Helfens und Unterstützens geschieht anstatt in der Überheblichkeit des Belehren- oder Bekehren-Wollens.
Gerade die sogenannten einfachen Menschen, die theoretisch das Wort »Einweihung« überhaupt noch nie gehört haben, merken meistens sehr schnell, mit wem sie es praktisch zu tun haben. Wie die Kinder beachten sie weniger das, *was* man sagt, sie reagieren vielmehr sehr feinfühlig darauf, *wie* man sich dabei verhält und aus welcher Quelle das Gesagte stammt – also »wes Geistes Kind« man ist. Wenn wir wirklich innerlich demütig sind, dann werden gerade Kinder und einfache Menschen uns nicht ablehnen, sondern im Gegenteil froh sein, in uns einen zuverlässigen »Wegweiser« zu finden, der ihnen die richtige Richtung zeigt.
Das gilt insbesondere auch für die jungen, heranwachsenden Menschen. Man beklagt sich heute so viel darüber, daß die Jugend so aufsässig sei, keine Ehrfurcht vor dem Alter mehr habe, jegliche Autorität ablehnen und dergleichen mehr.
Wenn man allerdings nichts anderes zu bieten hat, als daß man alt geworden ist – das ist nun wirklich kein besonderes Verdienst –, oder wenn man sich bloß darauf etwas einbildet, was man gelernt hat oder besitzt, dann kann man damit heute keinem jungen Menschen mehr imponieren. Auch wenn diese jungen Menschen selbst theoretisch gar nichts von esoterischen Dingen wissen wollen, so haben sie doch im allgemeinen einen sehr feinen praktischen Sinn dafür, ob ihnen ein Mensch begegnet, der wenigstens schon begonnen hat, sich zu dem zu entwickeln, was Menschsein wirklich bedeutet, oder ob ihnen nur ein verkörperter Begriff oder Paragraph entgegentritt.
Darum ist es ein weiteres Kennzeichen des Eingeweihtseins, daß man nicht um seine Autorität besorgt zu sein braucht, denn die selbstverständliche Ausstrahlung der geistbewußten Persönlichkeit spürt jeder Mensch um so deutlicher, je ursprünglicher und unverbildeter er selbst ist. Der Esoteriker weiß, daß diese Ausstrahlung gleichbedeutend ist mit der »Aura«, in deren Form, Farbe und Reichweite der spirituelle Reifegrad unverkennbar zum Ausdruck kommt. Wenn uns

eine solch überzeugende Persönlichkeitswirkung nicht immer gelingen sollte, dürfen wir also nicht anderen die Schuld geben, denn dann strahlen wir eben selbst noch zuwenig! Wenn gar jemand meint, das innerlich Erworbene irgendwie äußerlich zur Schau tragen zu müssen, dann kann es sich höchstens um theoretisch Angelerntes, nicht aber um praktisch selbst Erfahrenes handeln. Man sollte daher besonders vorsichtig sein, wenn jemand weiße Gewänder mit goldenen Symbolen trägt oder ähnliche »geistige Rangabzeichen« benützt. Ein wirklich Eingeweihter bedarf derartiger Dinge nicht. Im Gegenteil, er versucht nach außen hin so unscheinbar wie möglich zu erscheinen, weil er ja allen Menschen helfen möchte und infolgedessen versucht sich dem Bewußtsein eines jeden anzupassen. Jeder, der etwa beruflich mit Kindern zu tun hat, weiß, wie sehr man sich ihnen anpassen muß, damit sie überhaupt richtig lernen können und nicht verbildet, sondern ihrem Wesen gemäß gebildet werden. Das ist bei uns Erwachsenen genauso: Je unerwachter und unbewußter ein Mensch ist, desto mehr muß man sich ihm anpassen und sich um ihn bemühen, weil man praktisch bei ihm noch nichts voraussetzen und von ihm auch nichts verlangen kann. Dieses Sich-zum-anderen-hilfreich-Hinabbeugen ist also wieder das Gegenteil von hochmütigem Sich-Erheben. Je unscheinbarer und unauffälliger also jemand nach außen hin auftritt, desto höher dürfte sein innerer Bewußtseins- und Reifegrad sein, wenn dennoch der Gesamteindruck seiner Persönlichkeit überzeugend wirkt.

Es sind überhaupt nicht die großen Gesten, sondern scheinbar ganz alltägliche Dinge, die den Eingeweihten kennzeichnen. Für uns moderne Menschen besonders deutlich ist hier das Verhältnis von Zeit und Ewigkeit in Gebet und Arbeit: Beten ist die Beziehung zum Ewigen, Arbeiten ist die Beziehung zum Räumlich-Zeitlichen. Das Wort »ora et labora« (»bete und arbeite«) bedeutet also die Synthese von Ewigem und Zeitlichem, die dem Menschen als Auftrag gegeben ist. Das »und« dazwischen ist kein trennendes, das zwei verschiedene Tätigkeiten unterscheiden soll, es ist vielmehr ein verbindendes, das die Gleichzeitigkeit und Gleichartigkeit beider Vorgänge ausdrückt. So wie Herzschlag und Atmung zugleich ablaufen und sich gegenseitig bedingen, so besteht auch zwischen Gebet und Arbeit eine vollständige Wechselwirkung, ja letztlich eine vollkommene Identität.

Dabei steht die Arbeit des Betens stets an erster Stelle, denn Beten heißt nicht bitten und betteln oder gar bloß gewohnheitsmäßig angelernte Formeln hersagen. Wir brauchen wiederum nur »Gebet« anders als gewohnt zu betonen, dann heißt es »gebet«! Das also ist wirklich Beten, wenn man sein eng begrenztes Persönlichkeitsbewußtsein aufgibt und sich ganz und gar hingibt an das allumfassende Bewußtsein des Ewigen. Das aber ist tatsächlich die schwerste Arbeit, die es gibt; denn jede andere Arbeit beansprucht im allgemeinen nicht den ganzen Menschen, sondern nur einen Teil von uns. Aber wenn »Gebet« wirklich »geben« sein soll, dann fordert es uns ganz und gar, dann kostet es eine gewaltige Anstrengung, all unsere Wünsche und Ängste zu vergessen, unsere Gefühle und Triebe zu zügeln, unsere vielfältigen Gedanken zu kontrollieren oder gar auszuschalten und unseren Eigenwillen aufzugeben. Ja, wir sollten uns sogar innerlich ganz leer machen von allem Irdischen und versuchen, uns total auf das Göttliche, Ewige, Absolute einzustellen – sozusagen ein leeres Gefäß, eine empfangsbereite Gralsschale zu werden, in die der Geist und die Kraft Gottes eingehen können.

Der kleinste Rest von Egoismus oder von Ressentiments den Mitmenschen gegenüber verhindert das vollkommene Leerwerden und damit das vollkommene Gebet. Da mögen wir stundenlang mit den Lippen beten oder auch stundenlang dasitzen und meditieren: Dieser kleinste Rest verhindert die totale Versenkung und die restlose Einswerdung. Wer jemals versucht hat, wirklich zu beten und wirklich zu meditieren, der weiß aus eigener Erfahrung, daß es keine Arbeit gibt, die schwerer ist! Und eben deswegen ist und bleibt sie auch die Hauptaufgabe unseres Lebens.

Versuchen wir doch diese Aufgabe ebenso intensiv und unermüdlich zu erfüllen, wie wir als Kind gehen und sprechen lernten: also möglichst oft unseren Egoismus zu überwinden und uns ganz und gar hinzugeben an das Höchste und Letzte, was wir in unserem Bewußtsein zu erkennen und anzuerkennen vermögen. *Wie* wir das nennen, ist völlig unwesentlich, denn es gibt tausend Namen für das Eine. Aber *daß* wir beständig versuchen, dieses Eine immer klarer, immer unmittelbarer und selbstverständlicher in uns zu erfahren, darauf kommt es an.

Die andere Seite aber ist ganz genauso wichtig, daß nämlich Arbeit nur dann wirklich Arbeit ist, wenn sie gleichzeitig Gebet ist. Diese Erkenntnis haben wir heute ganz besonders nötig. Denn durch den grundsätzlichen Irrtum, die Arbeit sei nur zum Geldverdienen da, wird die Arbeit ihrer sittlichen Bedeutung entkleidet, wird sie entwürdigt und entheiligt. Menschenwürdige Arbeit beginnt demnach erst da, wo die Arbeit als göttlicher Auftrag aufgefaßt wird, wo man also weiß, daß damit nicht in erster Linie verdient, sondern *gedient* werden soll. Daß Arbeit niemals segensreich wirken kann, solange sie nur unter dem Zeichen des Verdienens steht, das erleben ja gerade wir besonders deutlich, denn wir sind vielfach von der Arbeit geradezu besessen. Doch wo sind das Glück und die Zufriedenheit, die Lebensfreude und die Gesundheit, die wir mit soviel Arbeit eigentlich gewinnen sollten? Statt dessen werden wir immer unzufriedener, gehetzter, freudloser und kränker.

Darum eben muß unsere Arbeitsauffassung sich radikal wandeln, indem wir die Arbeit wirklich als Gottesdienst verstehen im vollen Sinne dieses Wortes. Wenn wir unsere Arbeit als einen Teil dessen verstehen, was wir als Erdenmenschen zum Weltganzen beizutragen haben, dann werden wir nicht mehr möglichst wenig leisten und möglichst viel dabei verdienen wollen. Wir werden dann vielmehr – so wie man früher das Beste, was man überhaupt aufbringen konnte, den Göttern geopfert hat – heute unsere Arbeit als ein solches Opfer betrachten, das wir durch unsere bestmögliche Leistung darbringen. Ein Eingeweihter weiß, daß er mit jedem Atemzug dient. Wenn also auch wir alles, was wir tun, als Gottesdienst und Dienstleistung an unseren Mitmenschen auffassen, dann gibt es auf einmal keine »niederen« Arbeiten mehr, dann ist Hofkehren, Geschirrspülen, Mistausfahren usw. nicht mehr »unter unserer Würde«.

Versuchen wir doch in Zukunft *alles,* was wir tun, in diesem Sinne als tätiges Gebet aufzufassen, dann wird uns keine Arbeit mehr besonders schwer fallen. Und wir können auf einmal viel mehr leisten als bisher, weil wir wirksamer arbeiten, nämlich mit unserer vollen inneren Kraft anstatt nur mit halbem Herzen oder gar mit Widerwillen. Das ist der entscheidende Unterschied: Wenn wir durch unsere Arbeit beten, dann werden wir den gleichen unversiegbaren Kraftquell, der sich im Gebet erschließt, auch in unserer Arbeit finden.

Wir fassen zusammen: Für den modernen Menschen besteht der Weg zur Einweihung darin, Beten als Hauptarbeit und alle Arbeit als einen Teil des Betens zu erfahren. Denn dadurch offenbart sich ihm die Bedeutung des Mysterien-Wortes: »Die Ewigkeit im Augenblick«. Das Zeitliche ist nur meßbar in Vergangenheit und Zukunft. Im Zeitablauf gibt es keine Gegenwart – denn das Wort, das ich sage, ist, wenn es gehört wird, bereits vergangen, und das nächste Wort, das ich noch nicht gesagt habe, liegt noch in der Zukunft. Daß wir Gegenwart überhaupt erleben können, das eben bewirkt das Ewige, das Überzeitliche in uns, was wir die Allgegenwart des Göttlichen nennen. Das Hier und Jetzt im Immerdar, das ist die Möglichkeit, in jedem Moment ins Ewige eintauchen zu können. In dem Moment nämlich, in dem wir die Vergangenheit und Zukunft aus unserem Denken ganz ausschalten können, in dem wir ganz uns hingeben und aufgehen können im Göttlich-Ganzen, sind wir hier und jetzt schon in der Ewigkeit!

Deswegen wird der Eingeweihte immer in dem bereits beschriebenen Sinne gleichzeitig ruhen und tun. »Tun im Nichttun« oder »in Ruhe tätig sein« bedeutet für ihn wieder zugleich beten und arbeiten: Beten als dieses ruhevolle Bewußtsein des absoluten Gegründetseins im Ewigen und Arbeiten als das entsprechende unermüdliche Tun in Raum und Zeit aus diesem Bewußtsein heraus.

So verstehen wir nun auch das Wort des großen Eingeweihten Jakob Böhme: »Wem Zeit ist wie Ewigkeit und Ewigkeit wie Zeit, der ist befreit von allem Streit.« Aller Streit entsteht tatsächlich nur durch die Fehleinschätzung von beidem. Richtig ist demgegenüber das ständige Bewußtsein der Doppelbedeutung von Zeit und Ewigkeit.

Einerseits ist der Maßstab der Ewigkeit für uns die Zeit. Wir müssen daher die uns gegebene Zeit als so wertvoll erachten wie die Ewigkeit. Dann werden wir weder die Zeit totschlagen noch die Zeit vertreiben, noch die Zeit verlieren. Wem die Zeit so wertvoll ist wie die Ewigkeit, der vergeudet sie nicht, sondern nützt jeden Augenblick und weiß sich verantwortlich für jeden Moment seines Lebens.

Andererseits wird nun umgekehrt wieder die Zeit zur Ewigkeit, indem wir die Zeit erfahren als einen winzigen Augenblick im Ewigen und daher nicht die Zeit überbewerten oder uns gar von der Zeit tyrannisieren lassen. Das ist ein ebenso verhängnisvoller Fehler des modernen Menschen, den er häufig mit dem frühzeitigen Tod bezahlen muß. Darin besteht ja die berüchtigte Managerkrankheit, daß die Menschen die Zeit nicht zu meistern verstehen, daß sie sich hetzen und jagen lassen, anstatt eben in Ruhe tätig zu sein. Wer der Zeit nachrennt, dem läuft sie davon! Nur wer jederzeit im Ewigen steht, dem dient die Zeit, und der hat infolgedessen immer Zeit für das Wesentliche, für das jeweils Nächstliegende.

Das also ist der göttliche Auftrag an uns Erdenmenschen: Zeit und Ewigkeit in sich selbst zu verschmelzen und so das Ewige im Augenblick zu erfahren. Das räumlich-zeitliche Leben in der Allgegenwart des Ewigen – das ist der Schlüssel für die Bewältigung alles Irdischen!

Gelöbnis der Eingeweihten

Ich will dienen in
Ausdauer der Leiblichkeit,
Demut des Gemüts,
Reinheit des Fühlens,
Klarheit des Denkens,
Gelassenheit des Wollens,
Geistbewußtsein der Seele,
Liebeskraft des ganzen Wesens.

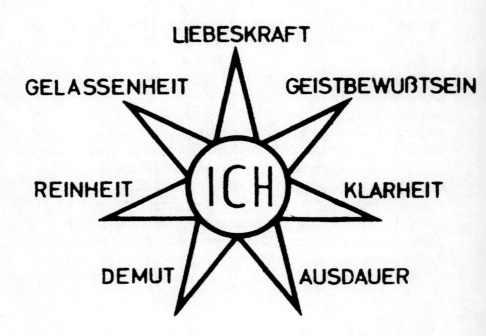

Die neun Geburten der Menschenseele

Alle Lebewesen haben eine gemeinsame Mutterseele und sind verbunden miteinander und untereinander, um zur Erkenntnis des Ur-Eins-Seins zu gelangen und die Spirale der Evolution zu durchleben.
Eine Menschenseele ist ein Teil des Göttlichen, ein individualisierter Teil der Weltseele, und infolgedessen ist sie frei in ihren Entscheidungen und Entschlüssen. Sie wird also nie gezwungen – Gott kann sich ja nicht selbst zwingen –, sondern sie verkörpert sich aufgrund ihrer Einsicht in das Göttlich-Ganze, in die Zusammenhänge und Notwendigkeiten, die eine irdische Existenzform angeraten sein lassen.
Die Seele ist der Weg vom Selbst (der Schöpfungsidee »Mensch«) zum Ego (dem materiell verkörperten Einzelwesen im Gesamtorganismus) und von diesem wieder zurück zum Selbst.

1

Die erste Geburt ist das Eintreten in die Erde durch Zeugung und Empfängnis.
Eine Seele ist eine rein geistige Wesenheit. Wenn sie sich verkörpern will, dann geschieht das durch die verschiedenen Schichten der Materialisierung hindurch: Sie bildet einen *Kausal-Leib,* einen *Mental-Leib,* einen *Astral-Leib* und schließlich den *physischen Leib,* der durch entsprechende Eltern manifestiert wird.
Demzufolge müßte eigentlich bei allen numerologischen und astrologischen Berechnungen der Moment der Zeugung maß-

gebend sein. Doch da es bei uns kaum noch Kinder gibt, die ganz bewußt, im Vollzug des geistigen Auftrags, zur genau bestimmten Zeit gezeugt worden sind, ist dieser entscheidende Zeitpunkt im allgemeinen unbekannt. Astrologie und Numerologie müssen sich eben mit der zweitwichtigsten Phase begnügen, mit der äußeren Geburt.

Die physische Manifestation wird durch das Erbgut der beiden beteiligten Eltern gebildet. Ein weiterer entscheidender Augenblick ist insofern die »Programmierung« der individuellen Erscheinungsform durch die sogenannte Reduktionsteilung, in der aus dem beiderseitigen Erbgut das ausgewählt wird, was dann tatsächlich die irdische Existenzform bestimmt. Mit dieser Fixierung der verkörperten Individualität ist zunächst die Freiheit der Auswahl zu Ende; denn das gesamte Wachstum, die gesamte Entwicklung, die Formung durch die Umgebung, die Erziehung, die dann diese Individualität erfährt – das alles vollzieht sich natürlich in folgerichtiger Gesetzmäßigkeit.

Die erste prägende Umwelteinwirkung ist der Mutterleib. Wie wir heute durch die Tiefenpsychologie wissen, vollzieht sich hier bereits die entscheidende Phase der Körper- und Gemütsentwicklung, die miteinander verknüpft sind. Diese Phase ist deswegen so entscheidend, weil ja das heranwachsende Wesen noch nicht selbständig ist, sondern ein Teil der Mutter. Alle Einwirkungen von seiten der Mutter muß es hilflos erdulden. Alle Gedanken, jede Gefühlsregung, die gesamte Ernährung der Mutter (einschließlich der Genußgifte!) übertragen sich auf den heranwachsenden Embryo. Ein Kind in sich heranwachsen zu lassen ist infolgedessen eine der verantwortungsvollsten Funktionen, die ein Mensch überhaupt ausüben kann.

Leider ist es so, daß nun viele Kinder unter den ungünstigsten Bedingungen in der Mutter heranwachsen und nicht unter den günstigsten, wie es an sich sein sollte. Aber auch das ist (wir müssen uns immer wieder daran erinnern) von der Seele vorhergewußt und vorhergewollt. Wir sollten also niemals eine Schuldfrage aufwerfen. Nicht die Mutter ist schuldig, sondern alles ist nur Auswirkung des von vornherein freiwillig gewählten Schicksals. Grundsätzlich sollte sich nicht nur jede Mutter bemühen, bestmögliche Lebensbedingungen zu schaffen, sondern jeder, der mit dem Heranwachsenden zu tun hat, zuallererst der dazugehörige Vater.

2

Die zweite Geburt ist das Heraustreten des Körpers aus der Mutter in eine selbständige Existenz.
Auch dieses Geburtserlebnis ist wiederum lebensbestimmend. Für das Kind am leichtesten und angenehmsten wäre natürlich ein Kaiserschnitt: Dabei spürt das Kind gar nichts und die Mutter alles. Aber das ist offensichtlich nicht naturgewollt, sondern naturgewollt ist sicherlich, daß alle Beteiligten etwas spüren von dem, was jeweils vorgeht, also auch das Kind. Und genauso, wie man wieder durch einen dunklen Kanal aus dem Leben geht (wie alle bestätigen, die dieses Sterbeerlebnis mitgemacht haben und wieder zurückgeholt wurden), so geht man eben auch in dieses Leben durch einen dunklen Kanal. Das gehört dazu: Eingang und Ausgang gleichermaßen. Aber dennoch sollte das keinen Schock hervorrufen, muß kein Geburtstrauma bedeuten.
Das bedeutet es aber, wenn Mutter und Kind schwer kämpfen müssen, vielleicht stundenlang, bis der »Durchbruch« geschafft ist. Das ist natürlich nicht nur für die Mutter, sondern auch für das Kind eine schwere Belastung, die für das ganze Leben als Erinnerung mitgenommen wird. Ob ein Mensch grundsätzlich Optimist oder Pessimist ist, entscheidet sich sehr oft schon durch diese Geburtserfahrung. Insofern haben die Bestrebungen eine gewisse Berechtigung, die Menschen dieses Geburtserlebnis nacherleben lassen wollen, also die bekannten »Rückführungen« bis zur Geburt. Andererseits sind sie unzweckmäßig, weil es dem Menschen wenig nützt, wenn andere ihm abnehmen wollen, was nur er selbst leisten kann, zumal dabei die Gefahr suggestiver Beeinflussung

kaum zu vermeiden ist. In entsprechender meditativer Erfahrung sowohl das vergangene Geburtserlebnis als auch das künftige Sterbeerlebnis zur Gegenwart zu machen – das ist das einzig Erstrebenswerte und Legitime, und nur dazu sollte man den Menschen verhelfen.

Die Geburt ist also bestimmend für unsere gesamte Lebenseinstellung, denn so, wie wir ins Leben eingetreten sind, stellen wir uns zum Leben, und Entsprechendes erwarten wir dann vom Leben. Hatten wir eine leichte, schmerzfreie, schöne Geburt, dann wird auch das ganze Leben wiederum so erscheinen. Ist die Geburt ein schwerer und schmerzhafter Kampf gewesen, dann erwarten wir auch vom ganzen Leben, daß es ein Kampf bleibt.

Mit dieser zweiten Geburt wird das Kind ein selbständig atmendes und sich selbständig ernährendes Wesen mit einem, unabhängig von der Mutter, frei funktionierenden Körper. Das ist wiederum ein sehr entscheidender Abschnitt in der Verkörperung der Seele, denn der materielle Körper ist für das Ego zuerst etwas völlig Ungewohntes. Bei jedem neugeborenen Säugling kann man deutlich beobachten, wie er sich zuerst einmal in dem zurechtfinden muß, was er da bekommen hat. Interessanterweise sind noch Erinnerungen an die vorherige leibfreie Existenz vorhanden. So ist es z. B. auffällig, daß die kleinen Wesen immer versuchen, mit dem Kopf nach hinten zu sehen, weil sie sich offensichtlich noch nicht daran gewöhnen können, daß man nur in eine Richtung sehen kann, wenn man einen Körper bekommen hat, während man leibfrei rundum sehen kann. So kann man noch viele ähnliche Erinnerungen beobachten. Ebenso interessant ist es, daß Neugeborene verschrumpelt aussehen wie Greise und daß Sterbende jung aussehen, als wenn sie Kinder geworden wären (natürlich nur, wenn sie bewußt friedlich sterben können). Ein in der Kunst bekanntes Beispiel dafür ist die »Tote von der Seine«, dieses wunderschöne »schlafende« Gesicht einer Ertrunkenen. Also wieder eine Polarität, an der man deutlich ablesen kann, daß Geborenwerden und Sterben nur Glieder einer einzigen Kette sind.

Nach der ersten Geburt braucht man neun Monate für den Aufbau des körperlichen Instrumentes, nach der zweiten Geburt ein bis zwei Jahre für die »Inbetriebsetzung« dieses Instrumentes, um zu wissen, was man damit anfangen kann und was nicht. Doch dabei lernt nur der Körper, selbständig zu leben. Das Bewußtsein ist noch ganz in der Mutter verankert. Auch ein Kind, das schon gehen und stehen kann, also seinen Körper schon einigermaßen beherrscht, und das Sprechen lernt, also auch schon mit seinem Gehirn zu arbeiten beginnt, kann noch nicht »ich« sagen. Es weiß also noch nicht, daß es ein Individuum ist, sondern erlebt sich bewußtseinsmäßig sozusagen als einen Teil der Mutter. Es nennt sich daher so, wie es genannt wird. Es sagt also nicht etwa »ich...«, sondern »Mädi mag...« oder »Bubi möchte...«. Wir sehen also, daß die Geburt der Seele in das Ego hinein sich sehr langsam vollzieht, denn mit der körperlichen Selbständigkeit ist noch lange nicht die bewußtseinsmäßige Selbständigkeit gegeben.

3

Die dritte Geburt ist das Erkennen der eigenen Person im Bewußtsein.
In der dritten Geburt vollzieht sich die Loslösung von der Mutter, und die eigentliche *Individualität* beginnt. Kennzeichen dafür ist das bedeutungsschwere Wort »ich«, das nur der Mensch zu sich sagen kann. Ein Tier kann gewissermaßen bis zur Stufe des Kleinkindes gelangen, aber niemals zum seiner selbst bewußten Individuum werden. Nachdem wir gelernt haben, uns mittels Computern mit Tieren und sogar mit Pflanzen zu verständigen, wissen wir, daß sie durchaus denken können, teilweise sogar besser als der Mensch. Aber eben nur konkret-gegenständlich, niemals abstrakt-begrifflich. Deswegen können auch die klügsten Tiere nicht »ich« zu sich sagen, sondern nennen sich im Umgang mit Menschen genau wie kleine Kinder mit den Namen, die man ihnen gegeben hat. Denn das »Ich« ist eben keine konkrete Tatsache, son-

dern eine begriffliche Abstraktion. So wird auch mit diesem Beispiel bestätigt, daß hier beim Menschen wirklich eine entscheidende Geburt im Bewußtsein stattfindet in dem Moment, da er zu sich »ich« sagen kann. Das bedeutet, daß man sich jetzt bewußt geworden ist, als Mensch eine einmalige, einzigartige, unwiederholbare Individualität zu sein! Das bedeutet aber auch, anders zu sein als alle anderen! Und dieses Gefühl des Getrenntseins, des Abgesondertseins, des »Geworfenseins« (wie es der Existentialismus bezeichnet), das begleitet von nun an das gesamte menschliche Leben.

Nun ist also nicht nur der Körper getrennt von allen anderen, sondern auch das Bewußtsein. Denn nun ist jedes andere »Ich« ein »Du«, das heißt ein anderes, ein Gegenüber. Das ist in der religiösen Symbolik die endgültige Austreibung aus dem Kindheitsparadies des Aufgehobenseins im »Schoß der Familie«, in der Gemeinschaft, im gemeinsamen Bewußtsein. Damit beginnt also der eigentliche »Ernst des Lebens«, wie man das so auch richtig ausdrückt. Und es ist hier tatsächlich eine weitere Geburt geschehen. Denn der junge Mensch, der zu sich »ich« sagt, ist in keiner Hinsicht mehr das Kind, das noch »Mädi« oder »Bubi« zu sich gesagt hat.

Von da an bekommt der Vater wachsende Bedeutung. Vorher war das Kind im Bewußtsein wesentlich mit der Mutter verbunden, und der Vater war eine nebensächliche Angelegenheit. Von jetzt an ist es jedoch umgekehrt: Das Kind ist auch bewußtseinsmäßig aus der Mutter herausgetreten und endgültig auf sich selbst gestellt, so daß es jetzt jemanden braucht, an dem es sich orientieren kann, von dem es geführt werden kann. Eben das ist die eigentliche Vateraufgabe. Die Mutteraufgabe ist das Bewahren und Pflegen, die Vateraufgabe das Führen und Schützen. So hat jeder der beiden Elternteile immer wieder seine spezifische Verantwortung und ist infolgedessen unersetzlich. Die Eltern sind etwa mit den beiden Beinen vergleichbar: Wenn ein Bein fehlt, kann es zwar durch eine sehr gute Prothese so ersetzt werden, daß man kaum etwas davon merkt, doch ist und bleibt die beste Prothese eben nur ein Ersatz für die natürliche Funktion.

Die Entwicklungsphase nach der dritten Geburt nennt man psychologisch »Spielkind«, das auch noch entsprechenden »Spielraum« braucht, um möglichst ungestört mit sich selbst experimentieren zu können und in der Anwendung seiner Kräfte und Fähigkeiten immer sicherer zu werden, vor allem natürlich in der Auseinandersetzung mit der Umgebung, weil ja die Umgebung zunächst erdrückend wirkt auf das kleine, weitgehend noch von ihr abhängige Wesen. Deswegen ist gerade die Selbstbehauptung in dieser Phase nach dem Ich-Bewußtwerden die Hauptaufgabe, wird aber oft das Hauptproblem, wenn in der Erziehung diese Selbstbehauptung nicht etwa unterstützt, sondern unterdrückt wird. Denn das Kind soll ja »gehorchen«, soll einfach tun, was die Eltern wollen oder sagen, oder, noch schlimmer, nicht die Eltern, sondern irgendwelche Leute, die etwas gebieten oder verbieten. Das ist jedoch das Gegenteil von dem, was nötig wäre. Nehmen wir das Beispiel von dem ersten körperlichen Zahn, über den sich die Eltern kolossal freuen, und dem ersten Zahn im Bewußtsein, nämlich dem ersten »Nein« – denn das Kind lernt damit, auch im Bewußtsein zu »beißen«. Es gibt kaum Eltern, die sich darüber freuen, wenn das Kind zum erstenmal ganz energisch »nein« sagt. Bei den meisten Eltern folgt dann großes Entsetzen anstatt großer Freude. Aber es ist tatsächlich genau das gleiche wie der erste körperliche Zahn – Grund zu großer Freude, denn das Kind hat jetzt gelernt, sich selbst zu behaupten, sogar den übermächtigen Erwachsenen gegenüber. Und welche Schwächlinge sind wir inzwischen alle geworden! Wer von uns wagt es noch, einer übergeordneten Instanz gegenüber so energisch »nein« zu sagen wie das Kind? Man sollte also das »Ich«-Sagen wirklich ernst nehmen: Von jetzt an hat man einen selbständig denkenden und sich selbst behaupten wollenden Menschen vor sich, also einen in diesem Sinne Erwachsenen – und wenn er erst drei Jahre alt ist. Also kein Spielzeug, kein unbewußtes Lebewesen, das man wie ein Haustier dressiert, keine Puppe, sondern einen gleichwertigen, gleichberechtigten Menschen, einen ernst zu nehmenden Verhandlungspartner! Mit diesem hat man genauso

eingehend begründend und überzeugend zu verhandeln wie mit einem Erwachsenen, wenn man etwas von ihm will. Das macht natürlich Mühe und kostet Zeit, und die nehmen wir uns nicht – denn das beansprucht Nerven, die aber sind ohnehin schon überstrapaziert.
Dann brauchen wir uns nicht zu wundern, wenn der junge Mensch entsprechend negativ reagiert. Daß man diese Entwicklungsphase im allgemeinen mit »Trotzalter« bezeichnet, beweist infolgedessen nur die allgemein verbreiteten Erziehungsfehler, denn ein richtig erzogenes Kind braucht nicht zu trotzen und läßt sich willig führen. Das bedeutet aber keineswegs eine »antiautoritäre Erziehung«, denn ein Extrem ist immer genauso verkehrt wie das andere. Also weder autoritär noch antiautoritär (überhaupt alles, was »anti« ist, ist von vornherein dadurch verkehrt, daß »anti« davor steht, ganz egal, in welcher Hinsicht), sondern – wie immer – das ausgewogene Gleichgewicht liegt in der Mitte zwischen den Extremen: selbstverständlich Autorität, aber freiwillig anerkannte Autorität und nicht aufgezwungene und angemaßte – das ist der entscheidende Unterschied! Solche Autorität braucht und erwartet das Kind selbst, denn da es jetzt lernen muß, selbständig zu denken, nachdem es vorher gelernt hat, selbständig zu gehen, braucht es nun ebenso intellektuelle Führung, wie es vorher körperliche Unterstützung gebraucht hat. Das bedeutet aber sorgfältige Anleitung und behutsame Lenkung, nicht Gewaltanwendung, wie so viele Leute sich »Erziehung« vorstellen: wie wenn man einen jungen Hund oder ein Kätzchen am Genick packt und mit sich zieht. Nein: Erziehung ist ein »Tauziehen«, sie beruht auf Gegenseitigkeit. Es wird an beiden Seiten gezogen – und der Stärkere gewinnt. Und da meistens die Erwachsenen nur die äußerlich Stärkeren sind, die Kinder aber die innerlich Stärkeren, gewinnen dann auf die Dauer auch die Kinder, wenn es beim fairen »Tauziehen« bleibt und die Eltern nicht »foul spielen«, weil der neutrale »Schiedsrichter« fehlt. Genau das aber ist das Kennzeichen anerkannter Autorität, daß sie keiner Gewaltanwendung bedarf, weil die Kinder sich freiwillig führen las-

sen, d. h. vertrauensvoll um Rat fragen und Schutz suchen, tatsächliche Überlegenheit akzeptieren und echten Vorbildern nacheifern.

Üblicherweise fällt in diese Phase auch die Einschulung, was häufig einen weiteren Störungsfaktor in der Ich-Entwicklung bedeutet, denn – von wenigen rühmlichen Ausnahmen abgesehen – in der Schule geschieht so ziemlich das Gegenteil einer umfassenden Ich-Bildung (das wäre das richtigere Wort für Erziehung). Dafür symptomatisch ist der Bedeutungswandel des Wortes »Bildung«: Ursprünglich gleichbedeutend mit Formung, Gestaltung, wird es heute mit intellektueller Wissensanhäufung und andressierten Umgangsformen gleichgesetzt. Wir sollten uns diesen verhängnisvollen Mißstand noch deutlicher bewußt machen.

4

Die vierte Geburt ist die sogenannte Pubertät, sie fällt im allgemeinen ebenfalls in die Schulzeit.

Dies ist eigentlich eine doppelte Geburt: die Geburt in eine *vollentwickelte Individualität* auf der einen Seite und in die *mitmenschliche Gemeinschaft* auf der anderen Seite, beides gleichzeitig. Hierbei besteht die vollentwickelte Individualität aus zwei gleichgewichtigen Faktoren: *Geschlechtsreife* und *Gehirnreife* (Verfügbarkeit der höheren Denkfunktionen wie Disponieren und Kombinieren, Schlußfolgern und Planen, Urteilen und Bewerten), die normalerweise ebenfalls parallel laufen. Durch die sogenannte Akzeleration ist hier jedoch eine verhängnisvolle Entwicklungsstörung eingetreten. Akzeleration heißt »Beschleunigung«. Das ist aber nur die eine Seite, die andere Seite ist Verlangsamung. Es wird nur der körperliche Reifungsprozeß beschleunigt, verlangsamt wird dagegen die Gemüts- und Intelligenzentwicklung. Dadurch entsteht die folgenschwere Diskrepanz zwischen sexueller Frühreife und intellektueller Zurückgebliebenheit, so daß, vor allem in Großstädten, schon zwölfjährige Kinder Mütter

werden. Auch die Gemütsreife hinkt weit hinterher, woraus das rapide Anwachsen der Jugendkriminalität resultiert (insbesondere Roheits- und Gewalttätigkeitsdelikte).
Nur durch die natürliche Parallelität von Geschlechts- und Gehirnreife ist der Mensch nicht hilflos den ungebremsten Trieben preisgegeben, sondern jederzeit imstande, die Triebe mit der nun ebenfalls voll ausgereiften Vernunft zu steuern. Dieses natürliche Gleichgewicht wird durch beide Extreme gleichermaßen gestört: durch maßlose Überbetonung des Sexuellen (zwar »Sexualkunde«, aber keinerlei Orientierung über Liebe!) und gemütsschädigende Reizüberflutung ebenso wie durch bigotte Triebfeindlichkeit (»sündiges Fleisch«) und Verteufelung alles Natürlichen (Tabus).
Die Pubertät ist nicht nur die Geburt in ein volles Erwachsensein, sondern gleichzeitig auch das Hineinwachsen in die mitmenschliche Gemeinschaft. Der Mensch ist ja nicht nur ein Individuum, sondern genauso ein Gemeinschaftswesen, also ein doppelpoliges Wesen: Mensch und Mitmensch. Deswegen gehen bei den jungen Menschen betonte Eigenständigkeit und verstärkter Freiheitsdrang Hand in Hand mit ebenso starkem Bedürfnis nach Zugehörigkeit zu einer Gruppe und freiwilliger Einordnung in eine selbstgewählte Gemeinschaft. Weil auch dies in der üblichen Erziehung und Ausbildung meistens zu kurz kommt, muß man das alles dann hinterher als Erwachsener nachholen: All die Selbsterfahrungsgruppen und verschiedenartigsten Formen von Gruppendynamik entsprechen hier also einem dringlichen Bedürfnis.
Ebenso wichtig wie das Hineinwachsen ins Wir ist in der Pubertät die Beziehung zum Du. Der junge Mensch sucht hier keineswegs in erster Linie den »Sex-Partner« für den erwachten Geschlechtstrieb, sondern die ergänzende Individualität, d. h. ein dem eigenen Ich entsprechendes Du, mit dem in erster Linie zusammen eine Partnerschaft als neue, beide umfassende Ganzheit gebildet werden kann. Wenn ihm das aber nicht selbst bewußt ist, entstehen gerade hier oft die größten Schwierigkeiten, weil der »andere« überfordert ist; er kann ja die Erwartungshaltung nicht erfüllen, dem Partner das abzu-

nehmen, was jeder nur selbst entwickeln kann – selbst zum erwachsenen Menschen zu reifen.

Nach der vierten Geburt ist der Mensch im üblichen Sinne erwachsen, doch bedeutet das im esoterischen Sinne noch Pubertät, so daß die meisten Menschen unseres Kulturkreises eigentlich nie darüber hinauskommen. Es kann also jemand noch soviel Macht, Geld und Ansehen erreicht haben – wenn er dabei ein krasser Egoist geblieben ist, steckt er menschlich noch in der Pubertät. Und alle Menschen, die nicht einmal selbständig denken und handeln können, sind eigentlich Embryonen im Mutterleib des jeweils herrschenden Bewußtseins. Das hat ein Freund treffend ausgedrückt: »Nur wenige werden im Laufe der Zeit erwachsen, die meisten werden bloß alt.« Was sich in Politik und Wirtschaft, besonders aber in der sogenannten Gesellschaft tagtäglich abspielt, kann psychologisch nur als »pubertäres« Verhalten bezeichnet werden. Die meisten Menschen sterben dann sogar in diesem Zustand, sind also gar nicht eigentlich Mensch geworden, weil die fünfte Geburt gefehlt hat. Es ist ganz klar, daß die menschliche Existenz so lange wiederholt werden muß (wie in der Schule auch: »Klassenziel nicht erreicht«, in diesem Fall »Lebensziel nicht erreicht»), bis darüber hinaus auch die letzte Geburt vollzogen wurde.

Der menschliche Reifungs- oder Lernprozeß als Ego bedeutet, so weit zu kommen, daß man als vollwertiger Erwachsener nicht nur im Vollbesitz seiner physischen und psychischen Kräfte und Fähigkeiten ist, sondern auch ein »nützliches Glied der menschlichen Gesellschaft«, wie man sagt. Da der Mensch ein Doppelwesen ist – selbständiges Individuum und Angehöriger des Kollektivs –, gehört zu einer vollentwickelten Persönlichkeit immer auch die entsprechende Dienstleistung in der mitmenschlichen Gemeinschaft. Erst wenn wir also voll erwachsen sind und unseren Platz in der Gemeinschaft ausfüllen, ganz egal wie und an welcher Stelle, dann erst ist die *fünfte Geburt* überhaupt möglich.

5

Die fünfte Geburt ist die Geburt zu sich selbst, d. h. zum Gewahrwerden des eigentlichen Selbst.
Erst jetzt weiß das Ego, was es in Wirklichkeit ist: eine freie Seele, ein individualisierter Teil Gottes, ein Strahl höchsten Bewußtseins, ein unsterbliches Wesen! Diesen Vorgang nennt man Selbstfindung, Erweckung, Erleuchtung, Einweihung – es gibt viele Ausdrücke für diese Geburt. Psychologisch ausgedrückt: Vom personalen, egoistischen Ich gelangt der Mensch zum transpersonalen, allgemeinmenschlichen Selbst. Dann erst weiß das Ego, was Menschsein gemäß der Schöpfungsidee Mensch bedeutet: ein Sich-selbst-Erkennen als Ebenbild, d. h. Spiegelbild Gottes, also als ein Wesen, in dem Gott selbst sich spiegeln, sich selbst erkennen kann. Der Vollendete, der Heilige – das ist die Norm Mensch, das Entwicklungsziel der Gattung Mensch. An diesem Maßstab gemessen, ist das westliche, leider auch christliche, Bewußtsein heute weit zurück gegenüber dem östlichen, dem hinduistischen, dem buddhistischen, dem taoistischen Bewußtsein. Denn dort sind die Bedingungen sehr viel günstiger, um diese spirituelle Geburt, die »Wiedergeburt im Geiste«, wie man sie esoterisch nennt, erfahren zu können. Das war nicht immer so, denn noch im Mittelalter war das Abendland gleichermaßen hervorragend in der Mystik und Esoterik, in der Selbsterfahrung und Seinserkenntnis. Erst in der sogenannten Neuzeit, in der sogenannten Aufklärung, die im Grunde eine Bewußtseinsverdunkelung war, wurden diese Erfahrungen immer seltener. Wahrscheinlich nicht einmal seltener, sondern nur immer unbekannter in der Öffentlichkeit, weil eben das gesamte Allgemeinbewußtsein sich in entgegengesetzter, materialistischer Richtung entwickelte. Darum kann auch heute noch bei uns ein Mensch, der tatsächlich dieses Ziel erreicht hat, nur in der Stille wirken. Nach wie vor kann sich solch ein wirklich erfülltes menschliches Leben noch nicht im Licht der Öffentlichkeit abspielen und ist noch nicht »gesellschaftsfähig«.

Tatsächlich aber sind diese und die folgenden spirituellen Geburten ebenso entscheidend wie einst die körperliche Geburt (siehe Kapitel »›Einweihung‹ für den modernen Menschen«).

An sich handelt es sich hier wie bei allen vorhergegangenen Geburten um eine völlig natürliche und selbstverständliche Tatsache, von der ein Aufhebens zu machen eigentlich überhaupt nicht nötig wäre, wenn eben nicht das allgemeine Bewußtsein sich so weit davon entfernt hätte.

Darum ist »metanoia« so unbedingt notwendig. Das haben alle Propheten gelehrt, das hat Jesus ebenso wie Sokrates gelehrt, ja das lehrt jeder, der überhaupt Weisheit lehrt. »Metanoia« hat, wie bereits erwähnt, mit »Buße« (wie Luther übersetzt hat) nicht das geringste zu tun, sondern heißt wörtlich: darüber hinaus denken, umdenken. Griechisch »meta« heißt nicht nur dahinter, sondern auch darüber hinaus, »noia« heißt Vernunft, Denken. Also heißt »metanoia«: über das gewöhnliche Denken hinaus denken. Und wenn man bisher nur so gedacht hat, dann muß man eben umdenken. Genau das ist die fünfte Geburt, sonst nichts: dieses völlige Umdenken gegenüber dem, was man bisher gedacht hat. Esoterisch wird das »Umstellung der Lichter« genannt. Das heißt ganz klar: Die Priorität ändert sich. Wenn bisher das Materielle das Wichtigste war und das Spirituelle so nebenherlief, so ist es von da an umgekehrt, dann wird das Spirituelle das einzig Wichtige, und das Materielle kommt automatisch hinterher. Darum lehrte Jesus: »Strebet allein nach dem Reich Gottes und seiner Gerechtigkeit (d. h.: Gesetzmäßigkeit), dann wird euch alles andere zufallen.« Das nicht nur als »graue Theorie« im Kopf zu haben, sondern als praktische Erfahrung täglich zu erleben, das ist »Metanoia«. Äußerlich braucht man gar nicht viel zu bemerken, aber innerlich hat sich alles geändert. Wenn man bisher Lebensstandard und berufliches Weiterkommen, Geld und Geltung als das einzig Wichtige angesehen hat, so hatte das sogar eine gewisse Berechtigung, denn wir sollten ja erst einmal richtig erwachsen werden, d. h. alles Äußere tatsächlich so erfüllen, wie es dem Äußeren gebührt,

und der Gemeinschaft dienen, der wir zugehörig sind, also unseren Anteil zum Allgemeinwohl beitragen. Aber wenn das erreicht ist, kehrt sich in der fünften Geburt alles um: Dann wird eben das alles immer unwichtiger, und allein wichtig wird das, was man »Erleuchtung« nennt, eben das Hineinwachsen in die höheren menschlichen Bewußtseinsbereiche. Dann meint man auch nicht mehr, man müsse zuerst für die Familie, für den Beruf und für was alles sonst noch sorgen, sondern dann rückt das alles noch mehr, als es eigentlich schon geschehen sein sollte, an die zweite Stelle, und das Streben nach Vervollkommnung rückt endgültig an die erste Stelle. Das Entwicklungsziel der Gattung Mensch, ein Vollendeter zu sein, möglichst rasch zu erreichen, das wird dann das einzig Erstrebenswerte, so daß man das Menschsein auf folgende Kurzformel bringen kann: Vor der fünften Geburt »mehr Schein als Sein«, nachher »mehr Sein als Schein«.
Weil wir uns ja im Beginn des Wassermann-Zeitalters befinden, in dem die fünfte Geburt die selbstverständliche Fortsetzung der vorhergegangenen sein wird, verliert sie auch immer mehr den unangebrachten Anschein des Außergewöhnlichen. Jeder, der sie wirklich erfahren hat, ob das nun Zen-Praktizierende oder christliche Mystiker sind, findet überhaupt nichts Besonderes daran, weil sie ja die natürliche Voraussetzung vollendeten Menschseins ist. Sie für etwas Schwieriges bzw. schwer Erreichbares zu halten ist eigentlich nur ein Trick unterbewußter Trägheit. Denn je weiter man diese Erfahrung vor sich herschiebt (»Das kann ich in diesem Leben doch nicht erreichen«), desto länger kann man seine Zeit und Energie noch für Unwesentliches verplempern und ist noch nicht voll und ganz auf das einzig Wesentliche ausgerichtet (metanoia). Jeder von uns kann grundsätzlich jederzeit, jetzt in diesem Moment, die fünfte Geburt erfahren – jeder, jederzeit! Es gibt heute immer mehr Menschen, bei denen das tatsächlich auch der Fall gewesen ist. Nur weiß oft der einzelne gar nicht, was ihm da geschieht, so wie es dem Saulus erging, als er plötzlich zum Paulus wurde. Man muß das wieder einmal nachlesen, denn das ist die klassische Beschreibung ei-

ner spirituellen »Sturzgeburt«, die völlig unvorbereitet und überraschend und natürlich entsprechend überwältigend geschehen kann. Wenn das gleiche heute etwa einem jungen Menschen passiert, wo landet er? – In der nächsten psychiatrischen Klinik! Denn weder er selbst noch seine Umgebung weiß über diesen Vorgang wirklich Bescheid. Er kann also nur »verrückt geworden« sein, d. h., er ist tatsächlich aus dem bisherigen Zustand herausgerückt, aber nicht klinisch verrückt, sondern ganz im Gegenteil – aus der bisherigen Verkehrtheit zurechtgerückt, auf den richtigen Weg gebracht, vom Schein zum Sein gelangt.

Natürlich gibt es in der Psychiatrie auch tatsächliche psychische Erkrankungen, aber diese kann ja heute kein Psychiater mehr von einer spirituellen »Sturzgeburt« unterscheiden, weil er das nie gelernt hat. Wenn also heute immer mehr junge Menschen »ausflippen«, wie es heißt, dann müßte man stets zuallererst untersuchen, ob es sich um eine echte Erkrankung oder Verwahrlosung handelt oder um spirituelle »Geburtswehen«, die entsprechender »Geburtshilfe« bedürfen. Doch dabei entsteht eine weitere Gefahr: die »Frühgeburt«. Nicht umsonst heißt es im Indischen: »Zuerst einen Baum pflanzen, ein Buch schreiben, ein Kind zeugen und ein Haus bauen – und dann erst ein Sanyasin (ein nur noch nach Vollendung Strebender) werden.« Das ist genau das, was schon betont wurde: Erst nach vollständiger Pflichterfüllung auf allen Ebenen des Erwachsenseins kann sich überhaupt die fünfte Geburt richtig vollziehen. Wenn also ein junger Mensch nicht schon die entsprechende vorgeburtliche Erfahrung mitbringt und erleuchtet wird, ehe er richtig erwachsen ist, dann kommt es tatsächlich zu einer »Frühgeburt«, die besonderer Pflege bedarf und oft gar nicht lebensfähig ist. Daher ist es besonders unverantwortlich, ohne ausreichende Persönlichkeitsreife spirituelle Erfahrungen künstlich zu forcieren. Wenn es z. B. sogenannte »esoterische Schulen« gibt, die eine »Einweihung« versprechen, so wie man etwa eine höhere Schule mit dem Abitur abschließen kann, dann kann es sich nur um gesundheitsschädliche Pfuscherei oder simplen

Schwindel handeln. Und wenn Leute meinen, sie könnten tatsächlich schweben, nachdem sie für ein entsprechendes Training einige 10000 Mark bezahlt haben, dann können dabei bestenfalls »Frühgeburten« herauskommen, die leider immer noch nicht schweben können, dafür aber untüchtig geworden sind für jede andere Tätigkeit.
Die geistige Geburt bedarf also mindestens ebenso sorgfältiger Vorbereitung und verantwortungsvoller Geburtshilfe wie die körperliche Geburt, denn wenn man neu geboren ist, steht man erst am Anfang und nicht schon am Ende der nachfolgenden Entwicklung. Ein Eingeweihter, Erleuchteter oder Erweckter ist noch lange kein Vollendeter! Er hat praktisch auf der spirituellen Ebene genau die gleichen Schwierigkeiten wieder, die er als neugeborener Säugling zuerst einmal auf der materiellen Ebene hatte. Er muß genauso lernen, sich zurechtzufinden und immer besser betätigen zu können, und er bedarf dazu genauso vielfacher Unterstützung und verständnisvoller Führung. Das ist natürlich in einem Kloster oder Aschram oder in einer echt religiösen Gemeinschaft leichter möglich als im üblichen Erwerbsleben oder gar in einer materialistischen Leistungsgesellschaft. Gerade diese schwere Aufgabe haben aber alle übernommen, die hier und jetzt inkarniert sind.
Es ist ganz klar: Selbst wenn wir in diesem Leben die fünfte Geburt erreichen, werden wir nicht gleich die dazugehörige Vollendung erlangen, sondern bedürfen noch weiterer Geburten des erleuchteten Egos bis zum Wiederaufgehen im Selbst der Seele innerhalb des Göttlich-Ganzen. Wenn schon die körperliche Entwicklung in den vier großen Phasen Kindheit – Jugend – Reife – Alter verläuft, so vollzieht sich die spirituelle Entwicklung in noch längeren Rhythmen (sieben Stufen des Samadhi oder Satori in der östlichen, sieben Seligkeiten oder sieben Himmel in der christlichen Mythologie). Da aber jede menschliche Seele zur Vollendung bestimmt ist, durchläuft sie so lange körperliche Inkarnationen, bis dieses Ziel in einer irdischen Verkörperung erreicht ist.
In jeder neuen Existenz haben wir die vorherigen Existenzen

im rationalen Bewußtsein zunächst vergessen und durchlaufen alle Geburten noch einmal. Auch wenn wir als erleuchtet wiederkommen, werden wir gezeugt, empfangen und geboren, werden Kinder, Jugendliche und Erwachsene. Allerdings anders als andere, denn der einmal erlangte spirituelle Reifegrad bleibt immer erhalten, nur das intellektuelle Gedächtnis schwindet und muß aus der unterbewußten Erinnerung heraus wieder erneuert werden. Eine fortgeschrittene Seele sucht sich also die Eltern, die Erziehung und die Lebensumstände, durch die sie sich angemessen weiterentwikkeln kann. Das sind dann solche Wesen (»anima candida« = »reine Seele« nennt man sie im christlichen Bereich), die offenbar im »Himmel« mehr zu Hause sind als auf der Erde. Ob sie als »Wunderkinder« oder »Traumtänzer«, als Genies oder Phantasten erscheinen, sie sind jedenfalls nicht nach den üblichen Maßstäben zu beurteilen. Vielleicht sind sie sogar in allen praktischen Dingen lebensuntüchtig, aber sie haben ein unwahrscheinliches Bewußtsein! Sie wissen nicht nur alles intuitiv, was andere mühsam intellektuell lernen müssen, sondern sie sind vor allem auch im Spirituellen ihrer Zeit weit voraus. Darum haben sie es aber auch besonders schwer, denn sie bringen zwar das künftige Bewußtsein schon mit, doch ihre Lebensaufgabe besteht darin, es in der Gegenwart zu realisieren. Aber je mehr sie sich der neunten Geburt nähern, desto selbstverständlicher werden sie diese Aufgabe bewältigen.

Das bedeutet wiederum, daß sich immer mehr fortgeschrittene Seelen verkörpern werden, je mehr wir ihnen diese Aufgabe erleichtern. Das heißt praktisch, daß die bisherigen sozialen Verhältnisse sich entscheidend ändern müssen, denn weil der Mensch gleichermaßen ein Einzelwesen und ein Gemeinschaftswesen ist, kann sich zwar der einzelne weitgehend unabhängig vom Zustand der zeitgenössischen Menschheit weiterentwickeln, doch ob er dabei ein Einzelgänger bleiben muß oder weitreichende Wirkungen auf seine Mitmenschen auslösen kann, das hängt eben von den allgemeinen sozialen Zuständen ab. Alle großen Religionsstifter waren gleichzeitig

Sozialreformatoren (und gerade deswegen wurden sie meistens umgebracht, denn ihre religiösen Theorien haben die jeweiligen Machthaber wenig gestört, wohl aber deren praktische soziale Konsequenzen).

Infolgedessen ist es die Hauptaufgabe des kommenden Zeitalters, die Machtverhältnisse und Lebensumstände so zu gestalten, daß die Erleuchteten nicht mehr im verborgenen zu wirken brauchen, daß vielmehr (wie schon Plato es in seinem »Idealstaat« gefordert hat) die Weisen gleichzeitig die politisch Maßgebenden sind. Im Spirituellen sind ohnehin die Heiligen die Herrschenden, doch erst, wenn sie es auch im Materiellen sein können, ist ein menschenwürdiges Leben für alle Menschen möglich. Das ist also weniger ein Problem der Quantität (denn wenn die Erde vernünftig bewirtschaftet würde, könnte sie noch viel mehr Menschen ausreichend ernähren), es geht vielmehr um die Verbesserung der menschlichen Qualität. Solange eine Minorität »minderwertiger« Menschen die Menschheit beherrscht, kann keine Majorität »hochwertiger« Menschen entstehen. Die Aufgabe künftiger »Familienplanung« wird also nicht die Einschränkung der Geburten überhaupt sein (zumal sie oft geradezu die Gegenauslese bewirkt, indem nur die »Hochwertigen« sich einschränken und die »Minderwertigen« sich lustig weitervermehren), sondern die Steigerung der allgemeinmenschlichen Qualität durch die entscheidende »metanoia« vom materialistischen zum spirituellen Bewußtsein. Dann erst werden bewußte Zeugung und vorgeburtliche Erziehung nicht mehr Ausnahme, sondern Regel sein. Und damit erst ist die Voraussetzung dafür geschaffen, daß immer mehr fortgeschrittene Seelen sich nicht nur verkörpern, sondern auch in allen Geburten frei entfalten und schließlich vollenden können.

Die fünfte Geburt bedeutet den Wendepunkt vom »Abstieg« in die materielle Welt und zum verdunkelten Ego zum »Wiederaufstieg« in die spirituelle Welt und zum erleuchteten Ego.

6

Die sechste Geburt ist die Selbst-Erkenntnis, d. h., das Wissen ist zur Gewißheit geworden.
Von da an sind die einzelnen Geburten nicht mehr so deutlich zu unterscheiden wie die bisherigen, denn es handelt sich mehr um fließende Übergänge oder verschiedene Schwerpunkte in einem kontinuierlichen Vorgang. In der sechsten Geburt wird die tägliche Erfahrung bestätigt, daß EGO eigentlich eine Abkürzung ist für: Einzelwesen im Gesamt-Organismus des Universums als einmalige, einzigartige Verkörperung des SELBST.
Der körperlichen Zeugung entspricht nun die geistige Überzeugung. Und nur das, wovon man selbst überzeugt ist, kann man überzeugend weitergeben – weniger durch Worte als durch das ganze Wesen, denn zeugen bedeutet eigentlich Zeuge sein, Zeugnis ablegen. Gerade dadurch unterscheidet sich Erkenntnis von bloßen Kenntnissen, daß die Theorie zur Praxis, das Kennen zum Können geworden ist.
Lebenslauf und Lebensaufgabe sind nun identisch geworden, so daß alle persönlichen Wünsche und Bedürfnisse nur noch der Aufgabe dienen und keinerlei Zweifel und Bedenken mehr den vollen Energiefluß hemmen können. Von nun an kann man sich nicht mehr »allein und einsam« fühlen, denn die Erfahrung ist nun unverlierbar »einverleibt«: ICH BIN ALL-EIN und als EIN SAME des Menschenwesens in die Erde gesenkt, um in Menschengestalt zu keimen und als vollendete Menschform zu erblühen.

7

Die siebte Geburt ist die Selbst-Verwirklichung, durch die das Erkannte fortschreitend in die Tat umgesetzt wird.
So wie bei der zweiten Geburt das Kind selbständig in die materielle Welt eintritt, wird nun das Bewußtsein fähig, sich immer selbständiger handelnd in der spirituellen Welt zu bewe-

gen. Der mit der Inkarnation innerlich im Erbgut »einprogrammierte« Entwicklungsweg manifestiert sich nun immer deutlicher im äußeren Geschehen. Unwissenden erscheint dies als eine Reihe von »Zufällen« oder gar »Schicksalsschlägen«, während es vom Erleuchteten ganz klar als das jeweils Zugehörige bzw. Zugemessene und als wegweisende Schicksalsfügung erkannt wird.

Ebenso schwinden jede bindende Abhängigkeit von Menschen, Umständen, Gepflogenheiten oder Meinungen und jedes versklavende Anhaften an Menschen, Dingen, Gewohnheiten oder Überlieferungen. Daher ist Selbst-Verwirklichung gleichbedeutend mit Selbst-Befreiung durch Übernahme immer größerer Verantwortung, indem man unbeirrbar dem angeborenen Gewissen (der »inneren Führung«) folgt. Das bedeutet praktisch: Sachzwänge und menschliche Gebote werden nicht einfach mißachtet, sondern in dem Maße beachtet, wie es mit dieser sicheren Gewissensführung vereinbar ist.

Da Wirklichkeit sich in Wirksamkeit äußert, wird schließlich die Effizienz des Handelns immer größer, so daß mit geringstmöglichem bzw. unmerklichem Aufwand riesige und großartige Effekte erzielt werden können (Unwissende halten diese dann für »Wunder«).

8

Die achte Geburt ist die Selbst-Erfüllung, d. h. die Überhöhung aller äußeren Teilerfolge durch immer vollkommeneres inneres Erfülltsein vom Göttlich-Ganzen.

Wenn in der dritten Geburt das kleine »Ich« der personalen Existenz erfahren wurde, so erwacht jetzt das große ICH BIN der transpersonalen Seele als individualisierter Teil Gottes. ICH BIN ein UR-TEIL – mein URTEIL. War die persönliche Ich-Erfahrung gleichbedeutend mit der – teilweise sehr schmerzlichen – Trennung von allen anderen, so ist jetzt jeder »Sonderschein« geschwunden in der beglückenden Erkenntnis, daß es im All-Einen gar keine »anderen« gibt. Wie dies möglich ist, können wir uns an einem technischen Beispiel klarmachen: Im Fernsehapparat sind die Wellen sämtlicher Sendungen zugleich vorhanden, nur auf verschiedenen Frequenzen schwingend. Sie können daher durch die Einstellung des Apparats gefiltert werden, so daß dann nur eine Sendung auf dem Bildschirm erscheint, obwohl nach wie vor alle vorhanden sind. Genauso bestimmt der Mensch im Bewußtsein nur durch seine Einstellung, welche Mitmenschen er jeweils »einschaltet« oder »ausschaltet«.

Der zur Selbst-Erfüllung Gelangte kann sich darüber hinaus mit dem gemeinsamen Ursprung aller Sendungen (göttliches Urbewußtsein) in Verbindung setzen, indem er seinen Schwingungsbereich so weit ausdehnt (Bewußtseinserweiterung), daß er alle Einzelfrequenzen (individuelles Bewußtsein) umfaßt.

Durch die achte Geburt entwächst der Mensch schließlich jeder begrenzenden Fixierung (durch materiellen Besitz oder intellektuelles Wissen, durch persönliches Verhalten oder allgemeine Lebensumstände), weil die dynamische Strahlkraft seines Wesens stärker geworden ist als alle physischen oder psychischen Gegenwirkungen.

9

Die neunte Geburt ist die Selbst-Vollendung, in der die Schöpfungsidee »Mensch« ihre vollkommene irdische Realisierung gefunden hat.
Damit ist das Ziel der Menschwerdung erreicht, die Seele hat alle Stufen der irdischen Verkörperung durchlaufen und kann nun durch die leibliche »Verklärung« endgültig in die spirituelle Welt zurückkehren.

Mit den Kennzeichen des Vollendeten befaßt sich im einzelnen das nächste Kapitel.

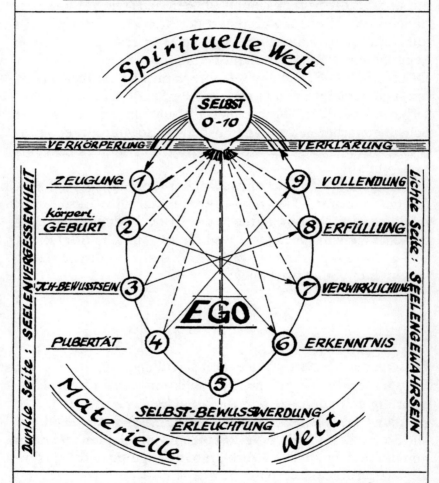

Kennzeichen des Vollendeten

Dies sind die Kennzeichen eines vollkommenen Exemplars der Gattung Mensch in der letzten irdischen Verkörperung:

1. Grundsätzlich fern von allen Extremen der einen oder anderen Richtung, in ausgewogener Harmonie »in seiner Mitte ruhend«. Dies ist jedoch nicht mit passiver Untätigkeit zu verwechseln, sondern bedeutet in Wirklichkeit höchste Aktivität. (So wie eine Turbine um so ruhiger läuft, je rascher sie sich dreht, so daß man bei höchster Drehzahl überhaupt nicht mehr unterscheiden kann, ob sie läuft oder steht.) Dieser Zustand (Laotse: »Tun im Nichttun«, Eckhart: »In Ruhe tätig sein«) ist gleichbedeutend mit dem Göttlichen, das ebenfalls sowohl unbeweglich in sich selbst ruht als auch alle Welten in sich bewegt.

2. Voll ausgeprägte Individualität und dennoch jeder Gemeinschaft angepaßt, d. h. nach innen absolut souverän, nach außen möglichst unauffällig. Jedes Bestreben, sich durch irgendwelche »Rangabzeichen« äußerlich von seinen Mitmenschen abzuheben, kennzeichnet daher das Gegenteil von Vollendung. (»Wer sich selbst erhöht, der steht in Wirklichkeit ganz unten.«)

3. Weder unbeherrschte emotionale Reaktionen (Gefühlsduselei) noch Gefühlsunterdrückung (Verdrängung), sondern vollbewußte Gefühlskontrolle in unerschütterlicher innerer Festigkeit, so daß man sich sogar viel stärkere Gefühle leisten kann als andere, weil man davon nicht überwältigt wird (»warmes Herz« und »kühler

Kopf«, durchdrungen vom Bewußtsein des »Heiligen Geistes«).

4. Vollständige Triebbeherrschung ohne Schwächung oder gar »Abtötung« der Triebkräfte. Yoga heißt Zügelung, die um so wirksamer ist, je feiner die lenkenden Impulse sind (Drüsensystem im Organismus, Dressurreiter). Durch verständige und geduldige Zähmung hat der Mensch äußerlich aus wilden Tieren seine wertvollsten Gehilfen und Gefährten gemacht – und innerlich ist es genauso: Liebevoll und weise im Zaum gehaltene Triebkräfte sind die willigsten Diener des Geistes und liefern ihm die Energie, ohne die gar keine materielle Manifestation zustande kommen könnte.

5. Anstatt Abhängigkeit vom Intellekt (begrenztes rationales Denken), der Quelle allen Irrtums, und von Emotionen (unkontrollierbares, unterbewußtes Fühlen), der Quelle aller Täuschungen, die absolut sichere Führung durch unbegrenzte, überbewußte Intuition, in der das höchste Bewußtsein Gottes und die unendliche Weisheit der Natur gleichermaßen zum Ausdruck kommen (Gewissen = Gewißheit, Entelechie = innewohnende Zielgerichtetheit).

6. Ehrliche Selbsterkenntnis ohne Überschätzung (Ehrgeiz und Überforderung) und Unterbewertung (Minderwertigkeitskomplex und Frustration) als Voraussetzung weiser Selbstbegrenzung auf den durch die Individualität bestimmten Lebensauftrag (sowohl innere »Programmierung« als auch äußeres »Schicksal«). Zwar allseitige theoretische Orientierung, aber sehr gezielte und wohldosierte praktische Tätigkeit (»in der Beschränkung erst zeigt sich der Meister«).

7. Offenheit und Wahrhaftigkeit ohne Kränkung oder Beschönigung (das Negative positiv ausdrücken, vorsichtige

Dosierung, keine Überforderung). Wahrheit ist ein absoluter Wert, dem sich das begrenzte Bewußtsein nur relativ annähern kann (daher Unterschied zwischen objektiver und subjektiver Wahrheit). Erst im höchsten Bewußtsein gibt es keine subjektive Begrenzung und infolgedessen auch keine Relativierung des Absoluten mehr, so daß gerade die volle Verfügbarkeit der Wahrheit ein Hauptkennzeichen der Vollendung darstellt.

8. Völlig frei von Egoismus, weil das eine spirituelle Selbst (»verkörperter Gottesfunke«) in allen nicht mehr mit dem materiellen Ich des einzelnen verwechselt wird (Eckhart: »Befreiung aus dem Sonderschein«). Infolgedessen auch höchstgesteigerte Sensibilität (»Herzenstakt« und »Fingerspitzengefühl«), weil die Gedanken und Gefühle anderer wie eigene empfunden werden. Die trennenden Hüllen sind transparent geworden, so daß Wesenskern und Wesenskern sich unmittelbar verständigen können (direktes »Feedback«).

9. Eigene Absichten werden anderen nicht mehr aufoktroyiert oder gar gewaltsam durchgesetzt, sondern mittels Klugheit, Rücksichtnahme, Behutsamkeit und verständnisvollem Eingehen auf die persönlichen Bedingtheiten erreicht. Also Motivation anstatt Suggestion oder Manipulation, überzeugen anstatt überreden oder überfahren.

10. Unerschütterliche Seelenruhe (Eckhart: »Gelassenheit«) durch Geschehenlassen ohne Ungeduld oder gar Erzwingenwollen. »Blinder Eifer schadet nur«, weil eben die klar sehende Weisheit fehlt, und »der Klügere gibt nach«, weil er sich das leisten kann, denn er befindet sich im Einklang mit dem allein Richtigen, das früher oder später ohnehin mit Sicherheit geschieht.

11. Unendliche Geduld und Duldsamkeit (Güte) als Grundhaltung, aber ebenso unbeugsame Zielrichtung und unerbittliche Konsequenz im Befolgen der universellen Prinzipien, die im angeborenen (nicht anerzogenen!) Gewissen (= »gewisses Wissen« der individuellen Lebensbestimmung) verankert sind. Darum wird der Vollendete sich durch nichts und niemanden von seinem Wege abbringen lassen.

12. Das Wirken erscheint äußerlich unbewegt und unbeteiligt, unpersönlich und distanziert, geschieht aber innerlich mit vollem persönlichem Engagement und gezieltem Einsatz der gesamten verfügbaren Energie. (Situation eines Tiefseetauchers: durch eine Panzerglaswand ebenso mit der Umwelt verbunden wie von ihr getrennt, durch Haltetau, Nachrichtenverbindung und Luftschlauch vom Mutterschiff abhängig und versorgt, d. h. allgemeinmenschlich: Führung und Halt, Bewußtsein und Leben aus der Innen- bzw. Überwelt beziehend.)

13. Nicht mehr *von,* sondern nur noch *in* dieser Welt (Eckhart: »Abgeschiedenheit«), d. h., die Erde bedeutet nicht mehr die »Heimat«, sondern die »Arbeitsstätte«, die wir jede Nacht im Tiefschlaf wieder verlassen, um in das kosmische Bewußtsein einzutauchen, in dem wir wirklich beheimatet sind. Der Vollendete behält dieses Bewußtsein auch im Wachzustand und lebt daher schon auf Erden im »ewigen Hier und Jetzt«.

14. Friedfertigkeit, die sehr viel mehr bedeutet als passive Friedlichkeit, nämlich: aktiv den Frieden fertigen, d. h., aus dem eigenen vollkommenen Frieden heraus in seiner ganzen Umgebung Frieden schaffen. In der Gegenwart eines Vollendeten ist also jeglicher Unfrieden unmöglich geworden (dem heiligen Franziskus leckten die wilden Tiere die Füße, und die Räuber fielen vor ihm auf die Knie, eben von seiner Friedfertigkeit überwältigt).

15. Wirken weder durch Haben (Besitz, »Kapital«) noch durch Handeln (Tätigkeit, »Arbeit«), sondern allein durch das Sein, durch die automatische Strahlkraft des Wesens – »wie die Sonne scheint über Gerechte und Ungerechte«, d. h. ohne Bemühung und Anstrengung und ohne jeden Unterschied, weil sie eben gar nicht anders kann, als ihr Wesen zum Ausdruck zu bringen.

16. Anstatt Kurzlebigkeit – Raum-Zeit-Begrenzung, Vergangenheitsverhaftung (Erinnerungen und Reaktionen) und Zukunftserwartung (Wünsche und Ängste) – Leben im Langzeit-Rhythmus des kosmischen Bewußtseins und in der Allgegenwart des Göttlich-Ganzen (»Ewigkeit im Augenblick«).

17. Bescheidenheit = Bescheid wissen, daher keine Angeberei oder Arroganz (»mehr Sein als Schein«), kein Belehren oder gar Missionieren, sondern größte Vorsicht und Zurückhaltung beim Weitergeben des eigenen Wissens und Könnens (sorgfältigste Auswahl des Schüler- und Freundeskreises und Verzicht auf jegliche Massenwirkung).

18. Selbstsicherheit aufgrund der Selbstverwirklichung, daher keinerlei Geltungsstreben. Erfolgserlebnisse, Statussymbole usw. nicht mehr nötig. Keine Anhängerschaft um sich sammelnd, sondern äußerlich zurückgezogen und innerlich mit allem verbunden. (Vivekananda: »Ein Vollendeter lebt an einem verborgenen Ort und meditiert, aber von seinem Bewußtsein lebt eine ganze Menschheitsepoche«.)

19. Schweigsamkeit, die nicht aus Wortkargheit oder Gehemmtheit entspringt, sondern striktes Vermeiden von unnützem Geschwätz und kränkender Kritik bedeutet. Jedes Wort wird sorgfältig abgewogen, so daß jeweils das

Richtige im richtigen Moment und in richtiger Weise gesagt wird. Wenn jede Rede durch die drei Filter fließt: »Ist sie wahr – hilfreich – erfreulich?«, dann bleibt nur noch wenig, aber um so Wertvolleres zu sagen übrig.

20. Unbegrenzte und unzerstörbare innere Freiheit (»Gottesfunke« = individualisierter Teil des Göttlichen), daher weder ungestümer oder kämpferischer Freiheitsdrang noch lähmende Abhängigkeit von herrschenden Menschen (»Vorgesetzten«) oder einschränkenden Umständen (»Sachzwängen«). Schiller: »Der Mensch ist frei, und wär' er in Ketten geboren.« – Nietzsche: »Frei wovon, was schiert das Zarathustra, hell aber soll mir Dein Auge künden, frei wozu!«

21. Unbedingte Zuverlässigkeit: Da keinerlei leichtfertige oder gar unerfüllbare Versprechungen gegeben werden und keine Beeinträchtigungen durch irgendwelche Störfaktoren bestehen, gibt es weder innere Wankelmütigkeit, noch kann von außen »etwas dazwischenkommen«. Allerdings wird nur dem eigenen Gewissen und nicht den Forderungen und Erwartungen anderer gefolgt, so daß diese selbstsichere Zuverlässigkeit nicht mit gutmütiger Willfährigkeit zu verwechseln ist.

22. Identität von individuellem Eigenwillen und generellem Gotteswillen, daher unbegrenztes Wirkungsvermögen infolge uneingeschränkten Gehorsams. (Eckhart: »Wenn wir wissen, was wir sollen, dann geschieht auch, was wir wollen.« – Jesus: »Wenn ihr wisset, was ihr tut, so seid ihr selig, wenn ihr es aber nicht wißt, seid ihr unselig.«) Der Wissende und Gehorchende ist also frei von Karma, weil dieses nur die Folge von Unwissenheit und Ungehorsam ist.

23. Keinerlei persönliche Wünsche und Absichten mehr, weil nur noch freiwilliges (= freies und williges) Instru-

ment in der Hand Gottes, d. h. kein »gutgläubiges Schaf«, das blind dem »Leithammel« folgt, sondern ein hellwaches, erwachsen gewordenes »Gotteskind«, das in vollbewußter »Mitbestimmung« sich von der inneren Führung leiten läßt, indem es seine individuelle Bestimmung erfüllt.

24. Universelle Synthese aller einseitigen Extreme (Teil-Erscheinungen) in der allseitigen Verbundenheit (»Synchronizität« = Einheitlichkeit) des Göttlich-Ganzen. Auflösung aller Gegensatz-Spannungen, indem sie als sich ergänzende Pole ein und derselben Ganzheit erkannt werden, wodurch eine immer größere Spannweite gelösten (erlösten) Bewußtseins im EINS-SEIN entsteht.

25. Allumfassende Toleranz in drei Stufen:

    a) Alles *ertragen*, d. h., andere nicht sich angleichen wollen, sondern gerade in ihrer Andersartigkeit belassen und dennoch mit ihnen auskommen.

    b) Sich mit allen *vertragen*, sich über nichts ärgern, nichts ablehnen oder gar beseitigen wollen, sondern immer zuerst einmal akzeptieren und dann erst modifizieren, soweit es für alle Beteiligten erträglich und dienlich ist.

    c) Alles aktiv *mittragen*, d. h. individuell anregen, fördern, aufbauen, unterstützen, helfen – soweit subjektives Bedürfnis und karmische Notwendigkeit bestehen.

26. Alldurchdringende Liebe in drei Stufen:

    a) »Genuß ohne Reue«, d. h. begierdefreie Freude an aller schönen Körperlichkeit und an allen guten Dingen der Natur (»Eros« = Sinnenfreude, nicht Sinnlichkeit).

b) »Zuneigung ohne Vorbehalt«, d. h. reine Freundschaft mit allen edlen Seelen und Pflege aller hohen Künste der Kultur (»Philia« = Herzensbildung, Einklang, Übereinstimmung).

c) »Licht ohne Schatten«, d. h. uneingeschränkte Gottes- und Menschenliebe, die auch alle Kreatur und sogar das scheinbar Böse miteinschließt und daher die stärkste Macht bedeutet (»Agape« = Wesensbegegnung, vollkommene Verschmelzung).

27. Das Gesamtergebnis aller dieser Eigenschaften bzw. Verhaltensweisen ist Glückseligkeit; d. h. absolute Bejahung (Halleluja) alles Bestehenden und restlose Dankbarkeit (Lobpreisung) für alles Geschehen.
Alles »Böse« ist vom Göttlichen aufgesogen worden wie die Dunkelheit von der Sonne. Für den Vollendeten ist das ganze Leben zur reinen Freude geworden, und darum tut er auch nichts anderes mehr, als seinen Mitmenschen zur gleichen Freude zu verhelfen.

Kennzeichen des Vollendeten

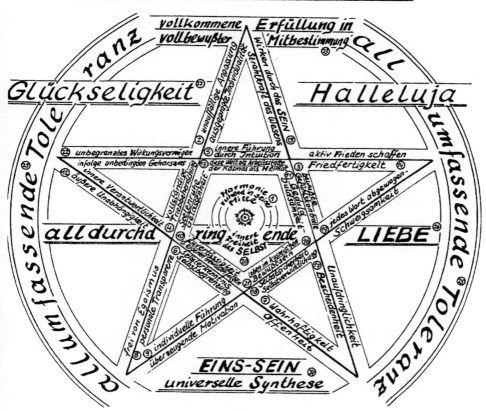

Teil 2

Religiosität als allgemeinmenschliches Wesensmerkmal

»Hinter den Religionen liegt die Religion« (Schiller)

In seiner Schrift »Die Harmonie der Religionen« bringt der indische Weise Ramakrischna einige wunderschöne Vergleiche, einfach und einleuchtend für jeden.
Er vergleicht Religion mit goldenem Schmuck: »Es gibt viele goldene Schmucksachen. Obwohl die Substanz immer die gleiche ist, werden sie alle unterschiedlich benannt und erscheinen in mannigfaltigen Formen. So wird der gleiche Gott in verschiedenen Ländern und Zeiten mit verschiedenen Namen und Formen angebetet. Er mag auf mannigfaltige Weise verehrt werden, je nach den unterschiedlichen Auffassungen, aber es ist immer der gleiche Gott, der in all diesen unterschiedlichen Bezeichnungen verehrt wird. Versucht also nie, eine Gottheit an der anderen zu messen, denn habt ihr nur eine von ihnen wirklich erfahren, so werdet ihr wissen, daß sie alle Verkörperungen des einen gleichen Ewigen sind.«
Ein anderer Vergleich: »In einen großen Badeteich führen viele Treppen. Wer auch immer kommt, um ein Bad zu nehmen oder sein Gefäß mit Wasser zu füllen, kann die Treppe wählen, die ihm gefällt. Auf jeder Treppe wird er das Wasser erreichen. Es wäre also sinnlos, miteinander zu streiten, ob die eine Treppe besser sei als die andere. So führen auch viele Treppen zum ›Wasser des Lebens‹ aus der einen ewigen Quelle. Jede Religion auf der Welt ist eine solche Treppe. Darum gehet geradezu und aufrichtigen Herzens über irgendeine dieser Treppen bis ans Ende, und ihr werdet ewige Seligkeit erreichen.«
Oder das Gleichnis von der Sonne und den farbigen Gläsern: »Keiner von uns kann mit bloßem Auge die Sonne ansehen.

Wenn wir die Sonne betrachten wollen, müssen wir farbige Gläser benützen, durch die der helle Glanz der Sonne verdunkelt wird und unsere Augen geschont werden. So ist jede Religion ein farbiges Glas, das zwar die reine Wahrheit verdunkelt, das wir aber brauchen, weil wir das Absolute nicht unmittelbar zu fassen vermögen.«

Wenn aber der Gott jeder Religion ein und derselbe ist, warum wird er dann von den verschiedenen Gläubigen so verschieden gesehen und benannt?

Nun, Gott ist zwar *einer*, aber seine Aspekte sind unendlich viele. So wie ein und derselbe Mensch da Vater, da Bruder, da Gatte, da Hausherr, da Ausübender eines Berufes usw. sein kann und infolgedessen von verschiedenen Personen verschieden benannt wird, so wird eben der eine Gott verschieden beschrieben in der Form, in der er jeweils seinen Verehrern erscheint.

Man könnte noch unendlich viele Gleichnisse anführen, um immer wieder diese eine Wahrheit deutlich zu machen. Wir wollen jedoch weiter die Frage beantworten: Was ist nun das eine in allem, das wir Gott nennen? Wie können wir es erfahren, aktivieren und wirksam werden lassen? Vivekananda, der große Schüler Ramakrischnas, hat mit Recht darauf hingewiesen, daß eine Einheit oder Einigung in irgendwelchen äußeren Formen nicht zu erhoffen ist und auch gar nicht zu wünschen wäre, denn gerade in der unendlichen Mannigfaltigkeit der Schöpfung besteht ja ihr Reichtum, so daß auch alles, was zu den äußeren Erscheinungsformen der Religion gehört, immer verschieden bleiben wird.

Vivekananda nennt drei verschiedene Äußerungsformen des Religiösen überhaupt: die Philosophie, die im Mentalen, also im verstandesmäßigen Bereich, wirksam ist, die Mythologie, die hauptsächlich auf das Emotionale, das Psychische wirkt, und das Ritual, die verschiedenen Zeremonien und kultischen Ausdrucksformen, die bis ins Physische, also ins Körperliche, hinein wirken. Diese verschiedenen Erscheinungsformen des Religiösen in den verschiedenen Wesensbereichen des Menschen können gar nicht einheitlich sein, weil sie

ja der Verschiedenheit der Menschen entsprechen. Jede Bemühung, die darauf gerichtet wäre, eine Philosophie, eine Mythologie oder ein Ritual für alle gültig machen zu wollen, wäre nicht nur ein Irrtum, sondern völlig im Gegensatz zum Gesetz der Schöpfung, die ja gerade in der Mannigfaltigkeit unendlich vieler Erscheinungsformen besteht. Es gilt hier nicht, äußere Formen einander anzugleichen, sondern immer und immer wieder umgekehrt den Weg zu gehen von den äußeren Erscheinungen zum Wesenhaften, das ihnen allen zugrunde liegt.
Vivekananda weist darauf hin, daß wir alle Träger des Wesens Mensch bzw. Angehörige der Gattung Mensch sind, daß aber zugleich jeder einzelne Mensch vom anderen verschieden ist. Ja, er ist sogar eine einmalige und einzigartige, unwiederholbare Erscheinungsform des Wesens Mensch, obwohl wir alle gleichermaßen zu dieser Gattung gehören. Als solche Gattungsexemplare sind wir alle gleich, aber in unserer persönlichen Prägung als Individuen sind wir alle verschieden. Genauso ist es mit der Religion: Die Religion überhaupt ist die allgemeingültige Erfahrungsweise des Göttlichen, die dem Wesen Mensch gemäß ist, und die vielen religiösen Erscheinungsformen sind Ausdruck der Eigenart der verschiedenen Einzelmenschen. Es muß also immer beides geben: Genauso wie Menschheit und Einzelmenschen verhalten sich Religion und Konfessionen. Auch hier ist das Gesetz der Einheitlichkeit in der Mannigfaltigkeit gültig.
Man kann es auch anders ausdrücken: Es gibt nur *eine absolute Wahrheit*, aber unendlich viele relative Auffassungsformen bzw. Annäherungen an sie. Ein sehr einfaches und deutliches Symbol dafür ist der Kreis, der durch den Zirkelschlag um einen Mittelpunkt gebildet wird: Der ganze Umkreis und die unendlich vielen Radien stehen in einer bestimmten Beziehung zu dem einen Mittelpunkt. Und so wie der Umkreis geometrisch eine unendliche Anzahl von Punkten darstellt, die alle in einer spezifischen Beziehung zum Mittelpunkt stehen, genauso sind religiös die unendlich vielen Auffassungen der Menschen von Gott ihre spezifische Beziehung zu dem ei-

nen Mittelpunkt, zum Absoluten, Ewigen. Es ist also stets die individuelle Prägung des Allgemeingültigen, um die es – wie überall in der Schöpfung und im Leben, so auch in der religiösen Erfahrung – geht.

Wenn wir uns das einmal ganz klargemacht haben, dann geht es wirklich nicht mehr darum, irgendeinen anderen Menschen zu irgend etwas anderem bekehren zu wollen, sondern es geht eben nur noch darum, diese Erfahrung der Mittelpunktbeziehung eines jeden Menschen immer intensiver und immer allgemeingültiger selbst zu machen. Sie ist zwar nicht direkt mitteilbar, sondern nur selbst erlebbar, aber dieses Selbsterlebte wirkt mit Notwendigkeit indirekt auf alle anderen, weil wir im Ganzen alle miteinander verbunden sind. Der *eine* Kosmos umfaßt ja alles, was darin lebt, und infolgedessen kann es überhaupt nichts geben, was nicht auch mit allem anderen in irgendeiner Weise verbunden wäre.

Alles, was man in der Entwicklung zur Vollkommenheit hin tut, ist darum nicht nur für einen selbst, sondern auch für das Ganze getan. Mehr kann man eigentlich überhaupt nicht tun, als die Bestimmung der Gottesebenbildlichkeit, die ja dem Menschenwesen gegeben ist, als den einzigen Auftrag zu erfahren und zu erfassen, den jeder von uns in seiner individuellen Existenzform bekommen hat. Da aber alles in Wechselwirkung miteinander steht, kann man nicht besser der eigenen Vervollkommnung dienen als durch den Dienst im Ganzen und am Ganzen. Wer nur für sich selbst sorgen möchte, in irgendeiner egoistischen, also vom Ganzen abgetrennten Weise, der verfällt der Sünde, d. h. wörtlich der Sonderung. Ja, es gibt überhaupt keine andere Sünde als die egoistische Absonderung vom Ganzen. Alle anderen Sünden sind nur Folgeerscheinungen. Nur wer mit alldem, was ihm in dieser Existenzform gegeben ist, dem Ganzen zu dienen versucht, der verdient also auch für sich selbst die größtmögliche Vollkommenheit. Das ist die ständige Wechselwirkung von beidem: Alles, was man für andere tut, tut man letzten Endes für sich selbst, und umgekehrt kann man sich selbst nichts Besseres antun als das, was man für andere tut. So lautet auch die sogenannte Goldene Regel Christi: »Alles, was ihr wollt, das euch die anderen tun, das tuet ihnen zuvor.«

In der Erfüllung der Religion geht es, ebenso wie in der Erfüllung irgendeiner anderen menschlichen Bestimmung, um die Entfaltung des Menschen selbst. Genauer gesagt, um die Entfaltung der menschlichen Grundkräfte in den vier Funktionsbereichen des Menschen: Wirken, Fühlen, Denken und Wollen. Diese vier menschlichen Grundkräfte liegen demnach auch allen religiösen Erfahrungen und Erfüllungen zugrunde, denn anders können wir Religion nicht erleben als in der Entfaltung und Vollendung dieser menschlichen Grundkräfte. Gerade Vivekananda weist nach, daß in den vier Yogaformen Karma-, Bhakti-, Jnana- und Radscha-Yoga (vgl. seine vier gleichnamigen Bücher) eben die Entfaltung und Vollendung dieser vier menschlichen Grundkräfte erstrebt wird.

In der »Nachfolge Christi« und in den Verheißungen der Bergpredigt, die sich auf die Kennzeichen des vollendeten Menschseins beziehen, geht es um genau das gleiche. So stimmt das Wort »Yoga« völlig überein mit dem »Dienst«, zu dem wir im christlichen Sinne berufen sind, denn »Yoga« heißt sowohl »Anjochung« als auch »Vereinigung«. Das »Joch auferlegt bekommen« ist also gleichbedeutend mit »In Dienst genommen werden«. Und darum benützt ja Christus wörtlich denselben Ausdruck: »Nehmt mein Joch auf euch.« Der Sinn dieses Dienstes ist nun eben die Vereinigung mit dem Göttlichen, also »religio« = Wiederverbindung mit dem Urgrund, hier wie dort, überall.

Wir können daher diese notwendige Entfaltung der menschlichen Grundkräfte, wie sie in den vier folgenden Yogaarten dargestellt ist, genausogut in abendländisch-christlichen Benennungen zum Ausdruck bringen.

Karma-Yoga

Karma-Yoga bezieht sich auf die erste Grundkraft, bedeutet also die *Entfaltung des Wirkens*, den Weg der Tat, des Schaffens in und an der Erde, denn in unserer Schöpfungsgeschichte wurde Adam geschaffen mit dem Auftrag, die Erde zu bebauen, d. h., die Erde zu gestalten in jeder nur möglichen Weise. Das begann mit der ersten Anpflanzung in vorgeschichtlichen Zeiten und geht heute weiter mittels der Technik, durch die ja schon Erdgestaltung in ganz großem Stile möglich geworden ist. Dieser Auftrag wird erst dann beendet sein, wenn die Erde – anstatt durch unsinnigen Mißbrauch der Technik zerstört zu werden – tatsächlich zu dem Paradies gestaltet worden ist, das ihrer Bestimmung entspricht. Das also ist der eigentliche Sinn der heutigen und jeder künftigen Technik: die Natur so weiterzuentwickeln und zu vollenden, daß die Erde tatsächlich eine paradiesische Wohnstätte für den Menschen geworden ist, in der er seiner Selbstvollendung leben und damit auch die ganze Kreatur erlösen kann. Schon die technischen Mittel, die wir heute zur Verfügung haben, würden dazu völlig ausreichen, wenn wir sie für diesen göttlichen Auftrag benützen würden anstatt für immer schrecklichere Zerstörungswaffen. Und ebenso wären die Naturwissenschaften schon imstande, auch in biologischer Hinsicht »die zweite Schöpfung« (vgl. das gleichnamige Buch im Econ-Verlag) fertigzubringen, wenn man auch hier endlich die Veredelung der gesamten Kreatur sich zum Ziel gesetzt hätte, anstatt sich in mehr oder weniger fruchtlosen Einzelexperimenten zu verzetteln.

Veredelung und Vollendung der Materie ist demnach die grundsätzliche religiöse Bestimmung des Menschen in bezug auf alles, was mit seiner Leiblichkeit, mit seinen physischen Fähigkeiten und Sinnesleistungen zusammenhängt, und zwar da, wo er sich gerade auf der Erde befindet, und mit dem Leib, der ihm jetzt zur Verfügung steht. Keiner von uns möge sich einbilden, er sei religiös, wenn er diese Bestimmung vernachlässigt oder gar verleugnet, wenn er die Erde gar als

»Jammertal« und »Gefängnis« oder etwa als »Sündenpfuhl« betrachtet und sich nach dem »Himmel« oder einem »besseren Jenseits« sehnt. Dann wird er noch sehr oft wiederkommen müssen, bis er endlich begriffen hat, was seine Bestimmung auf dieser Erde ist.

Bhakti-Yoga

Bhakti-Yoga entwickelt die zweite Grundkraft, bedeutet also den Weg der *Entfaltung des Fühlens*, den Weg des Gemüts in liebevoller Gemeinsamkeit mit allem Lebendigen. Das ist die Gemeinde, die Kirche, Aschram im echten, ursprünglichen Sinne. Denn nicht für sich allein kann der Einzelmensch seine Bestimmung der Erdgestaltung und Selbstvollendung erfüllen, sondern nur gemeinsam miteinander können wir es als Menschheit mit entsprechender Menschlichkeit erreichen. Kommunizieren bedeutet, sich einander mitteilen, und das eben ist der zweite religiöse Auftrag des Menschen: Kommunion und Kommune ist dasselbe Wort! In diesem Sinne waren die ersten Christen strenge Kommunisten einer nicht nur innerlich spirituellen, sondern auch äußerlich materiellen Gemeinsamkeit (Apostelgeschichte 4, 32–37 und 5, 1–11).
Weil dann die christlichen Kirchen diesen sozialen Auftrag mißachteten (bezeichnenderweise wurde das mit dem Abendmahl ursprünglich noch verbundene gemeinsame »Heilige Mahl«, wie es ja Christus mit seinen Aposteln tatsächlich hielt, inzwischen aufgegeben) und die Kommunion nur noch als innerlich-jenseitige Beziehung der Einzelseele zu Gott verstanden wissen wollten, anstatt sie auch als äußerlich-diesseitige Verpflichtung aller menschlichen Seelen untereinander zu erkennen, darum wurde der Kommunismus zum Bolschewismus, und darum bekam »Kommune« eine materialistische, ja sogar antichristliche Bedeutung. Darum aber wird der Bolschewismus auch niemals äußerlich zu besiegen, sondern nur innerlich zu überwinden sein, indem die wahrhaft religiösen Menschen sich nicht nur auf ihr wahres Selbst

besinnen, sondern endlich auch ihre mitmenschliche Bestimmung gemeinsamer geistgemäßer Lebensgestaltung ebenso ernst nehmen und weltweit praktisch realisieren. Dann könnte endlich das unsinnige Wettrüsten aufhören und mit den freigewordenen technischen Mitteln heute schon die Erde in ein Paradies verwandelt werden, so daß damit alle sozialistischen »Heilslehren« weit übertroffen bzw. überflüssig geworden wären.

In der bisherigen Menschheitsgeschichte hat es nicht an solchen Versuchen gefehlt, eine menschenwürdige Ordnung nach religiösen Prinzipien zu schaffen. Doch leider sind sie bisher alle entweder vereinzelt geblieben oder durch innere Entartung oder äußere Verfolgung zugrunde gegangen, so daß die ständige Erneuerung dieses Auftrages in zeitgemäßer Form und in immer dauerhafteren Versuchen eine der vordringlichsten Menschheitsaufgaben bleibt – getreu dem Gebot Christi: »Liebet euch untereinander so, wie ich euch geliebt habe.«

Jnana-Yoga

Jnana-Yoga bezieht sich auf die dritte Grundkraft. Es bedeutet den Weg der *Entfaltung des Denkvermögens* vom analytischen Verstand über die synthetische Vernunft bis zur allumfassenden Weisheit. Auch das ist eine Hauptwurzel aller Schwierigkeiten unter den Menschen, daß man in dieser Hinsicht immer wieder in die Irre gegangen ist, indem man eine Kluft aufgerissen hat zwischen Glauben und Wissen, zwischen der Wissenschaft und der Religion, anstatt zu erkennen, daß beides wiederum im Grunde identisch ist. Die großen Wissenschaftler nicht nur des Altertums, sondern auch des Mittelalters lebten in dieser Identität – und gerade die modernste Naturwissenschaft hat besonders drastisch die Begrenztheit allen Wissens/Könnens aufgezeigt, so daß sie jeden wirklich exakt Denkenden überzeugender, als es alle Theologie je vermochte, zur Notwendigkeit des Glaubens bzw. der religiösen Erfahrung führt. Kepler nannte Wissenschaft »das Nachdenken der Gedanken Gottes«, das bedeutet das beständige Bemühen, in der Schöpfung den göttlichen Schöpfungsplan wiederzuentdecken und so in seinem Sinne an der Weiterentwicklung der Schöpfung (Evolution) bewußt mitwirken zu können. Jede Wissenschaft, die aus diesem Rahmen herausfällt, wird daher zwangsläufig unmenschlich, wie ja die teuflischen ABC-Waffen als letzte Konsequenz einer solchen gottentfremdeten areligiösen Wissenschaft deutlich zeigen. Und Konfessionen, die sogar Atombomben segnen, zeigen dadurch deutlich, wie weit sie sich von echter Religion entfernt haben.

Wissenschaft im ursprünglichen Sinne ist demnach im Denken angewandte Religion, die so zu einer fortschreitenden Vertiefung, Ausweitung und Steigerung des menschlichen Bewußtseins führt. Das richtige Denken befähigt den Menschen nämlich zunächst einmal zur immer besseren Unterscheidung des Wesentlichen vom Unwesentlichen, wodurch er schließlich zur Erkenntnis seiner selbst und damit zur Erkenntnis Gottes gelangt. Alle großen religiösen Denker, die christlichen genauso wie die hinduistischen, buddhistischen, hebräischen oder mohammedanischen, haben stets die gleiche Erfahrung gemacht: Je mehr wir als unwesentlich erkennen, desto näher kommen wir zum Wesen. Alles Materielle erweist sich schließlich als unwesentliche Erscheinung, und wenn überhaupt nichts mehr übrigzubleiben scheint als das völlige Nichts, die völlige Leere – gerade dann ist das Wesen, der reine Geist oder die reine Energie, offenbar geworden. Das bezeugen die Mystiker aller Religionen in vollkommener Übereinstimmung, denn sie haben es erfahren.

So zeigt sich eigentlich auch der Reifegrad eines Menschen durch das, was er für wesentlich hält, worüber er sich aufregt oder ärgert, was er zu brauchen bzw. nötig zu haben meint, womit er seine Gedanken und Gefühle verbindet. Darum ist es das Kennzeichen des Vollendeten, daß er gar nichts mehr braucht bzw. benötigt und daß sogar seine materielle Person für ihn unwesentlich (aber nicht unwichtig) geworden ist, denn erst in ein ganz leeres Gefäß kann die Fülle des Ewigen sich ergießen. Weisheit ist also der Bewußtseinszustand, in dem alles unwesentlich geworden ist, was zur Erscheinung gehört, so daß durch alle Erscheinungen hindurch nur noch das Wesentliche erfahren wird.

»Alles Irdische ist nur ein Gleichnis« – und nicht nur das Irdische, sondern auch das Überirdische und alles, was wir überhaupt erdenken können, ist ein Gleichnis des Absoluten, des Undenkbaren, Unfaßbaren. Das ist die letzte Erkenntnis, zu der ein Mensch gelangen kann.

Radscha-Yoga

Radscha-Yoga entwickelt die vierte Grundkraft, bedeutet also den Weg der *Entfaltung des Willens*, der stärksten Kraft, die es auf der Erde gibt, denn der Wille ist die »seelische Kernenergie«, durch die sich der Mensch grundsätzlich vom Tierreich und allen anderen Bereichen der Natur unterscheidet. Wille ist gleichbedeutend mit Freiheit, denn wo irgendein Zwang herrscht, kann man nicht von Wille reden. Deshalb kann kein Tier wollen, weil es dem zwingenden Programm seiner Instinkte folgen muß. Es gehorcht – modern ausgedrückt – der Gattungsseele, während die Menschenseele autonom geworden ist, d. h., eben durch den freien Willen sich selbst steuern kann und soll. Damit ist dem Menschen aber auch die größte Verpflichtung, die höchste Verantwortung auferlegt, denn dadurch kann er sich nicht nur über alle irdischen Erscheinungsformen erheben, sondern auch – wie wir wissen – unter alle in Unmenschlichkeit herabsinken, wenn er sich selbst fehlsteuert und damit sich selbst bzw. seiner Bestimmung untreu wird.

Darum ist der Yoga des Willens der wichtigste, aber auch der schwierigste von allen. Radscha-Yoga bedeutet wörtlich »Yoga des Herrn«, denn in der Tat ist hier die entscheidende Frage: Wer ist unser »Herr«? Wen erkennen wir als den Herrn an, der uns innerlich steuert, d. h. unseren Willen lenkt?

Wenn wir uns von etwas anderem lenken lassen als von unserem wahren Selbst, von unserem Wesenskern, von dem innewohnenden Gottesfunken, dann sind wir fehlgesteuert und gehen in die Irre.

Es geht also letzten Endes immer um die Gleichschaltung unserer persönlichen »Entelechie«, d. h. des inneren Zielwillens unserer Individualität, mit dem in der gesamten Evolution wirkenden göttlichen Willen, denn genaugenommen gibt es überhaupt keinen anderen Willen als den Willen Gottes: Wenn Wille gleichbedeutend mit Freiheit ist, dann ist eben nur *ein* Wille absolut frei, und das ist der göttliche Wille in der Schöpfung und in unserem Selbst. Wir können demnach nur so viel wirklich wollen, als wir uns mit diesem Willen im Einklang befinden, indem wir auf ihn horchen und ihm gehorchen. So paradox es klingt: Gerade der absolute Gehorsam ist Ausdruck der absoluten Willensfreiheit, so daß wir tatsächlich um so freier sind, je mehr wir auf diese »Stimme Gottes« in uns zu horchen und ihr auch zu gehorchen vermögen. Darum sagt Meister Eckhart kurz und treffend: »Wenn wir wissen, was wir sollen, dann geschieht auch, was wir wollen.« Alles, was uns daran hindert oder davon ablenkt, sowohl durch hemmende Zweifel und Ängste als auch durch egoistische Gefühle und Wünsche, schwächt diesen Willen. Das sind eben die »falschen Herren«, die uns knechten anstatt befreien und denen wir es daher zu verdanken haben, daß wir alle noch so furchtbar wenig wirklich wollen können. Konsequenter Radscha-Yoga ebenso wie echte Christus-Nachfolge bedeutet, alle Willens-Zersplitterung und Willens-Schwächung zu vermeiden und nur noch dem »*einen Herrn*« zu dienen, d. h. uns ganz auf unser wahres Selbst zu konzentrieren, in dem individueller Eigen-Wille und genereller Gottes-Wille eins sind.

So ist die Frucht des totalen Gehorsams schließlich die totale Freiheit, die bis zur völligen Unabhängigkeit von den Naturgesetzen gehen kann, wie sie ja in den Wundern aller vollendeten Menschen zum Ausdruck kommt. Das sind also keine Wunder im Sinne von etwas Übernatürlichem, Unerklärlichem, sondern es sind die selbstverständlichen Auswirkungen eines unbegrenzten Willens aufgrund eines uneingeschränkten Gehorsams dem göttlichen Willen gegenüber, der über allen Gesetzen steht, weil er der Urheber aller Gesetze ist. Die letzte Konsequenz dieses Weges beständiger Willens-Übung ist – wie gesagt – das völlige Einswerden mit dem göttlichen Willen, das restlose Aufgehen im Göttlich-Ganzen, wenn das Ich, in dem vorher das göttliche All sich konzentriert hat, nun wieder sich weitet ins göttliche All hinein.

Diese immerwährende Wechselbeziehung von All und Ich und Ich und All – das eben ist Religion.
Wer das einmal auch nur annähernd erfahren hat, für den gibt es nichts Unsinnigeres und nichts Unmenschlicheres mehr als religiöse Streitigkeiten oder gar Religionskriege! Über alles andere könnte man noch streiten, aber gerade über Religion, das eigentliche Wesen des Menschen, wird sicherlich keiner mehr streiten, der auch nur einen Funken von Religion selbst erlebt hat. »Heide« ist also nicht einer, der nicht einem bestimmten Bekenntnis angehört, sondern ist eben jeder, der noch nicht in diesem Sinne Religion erfahren hat, jeder, der noch im geringsten meint, über religiöse Belange streiten zu müssen. Und jeder, der das zu ahnen beginnt, in dem beginnt das »Licht« zu leuchten, in dem beginnt das »Wort« wirksam zu werden.
Das einzige Kennzeichen echter Religiosität also ist unbedingte *Toleranz* in der dreifachen Steigerung von Ertragen, Vertragen und Mittragen. Jeder Mensch, in dem sich echte Religiosität zu regen beginnt, wird dadurch zunächst einmal bereit, seine Mitmenschen gerade in ihrer Andersartigkeit wenigstens zu *ertragen*, ohne sie ändern zu wollen.
Jeder in irgendwelchem Fanatismus Befangene lebt dagegen noch vollständig im Dunkel der Gottesferne, auch wenn er »Gott« noch so sehr auf den Lippen führen mag! Das religiöse Erwachen beginnt demnach mit dem täglichen Bemühen, einander mehr und mehr zu ertragen. Dabei müssen wir uns na-

türlich gerade bei den Menschen, die uns am unerträglichsten erscheinen, am meisten bemühen, bis es uns schließlich keine Mühe mehr macht, jeden Menschen gleichermaßen zu ertragen, »wie die Sonne scheint über Gerechte und Ungerechte«.

Aber das ist nur der allererste Schritt auf dem Wege wirklicher Religion bis zum Ziel uneingeschränkter All-Liebe. Wenn wir noch etwas religiöser geworden sind, werden wir – über das bloße Ertragen hinaus – bestrebt sein, uns mit unseren Mitmenschen und allen Geschöpfen immer besser zu *vertragen*, so daß wir friedlich miteinander auskommen und unbehelligt zusammenleben können.

Ökumene, die friedliche Zusammenarbeit aller Bekenntnisse, ist demnach nicht etwa ein hohes Ziel der Religion, sondern die einfachste Grundvoraussetzung jeder echten Religionsoffenbarung und praktischer Religionsverwirklichung! Und das tatsächliche Ziel der Religion nennen in völliger Übereinstimmung die Bergpredigt ebenso wie der Talmud, die Upanischaden und Veden, Laotse und Konfuzius, die Bhagavadgita und Zarathustra und alle anderen heiligen Schriften bzw. Weisheitslehren, in denen echte Religion geoffenbart ist: das *Mittragen*, das Einander-Tragen in Liebe und Geduld. Wenn wir das Bibelwort »Einer trage des anderen Last« wirklich ernst nehmen würden, also anstatt uns zu bekämpfen und das Leben zu erschweren, einander nach Kräften helfen und fördern, unterstützen und das Leben erleichtern würden – dann hätten wir ja schon das Paradies auf Erden und brauchten es gar nicht mehr im »Himmel« zu suchen. Das wäre praktisch gelebte Religion. Jeder, der sich um die einfachste Hilfeleistung seinem Mitmenschen gegenüber bemüht, und wenn er als Arbeiter versucht, einem anderen, der sich bei irgendeiner Arbeit schwertut, einen Handgriff zu erleichtern, der hat praktisch mehr Religion verwirklicht als hundert Theologen, die miteinander streiten! Wir dürfen Religion nicht mehr in irgendwelchen theoretischen Begriffen oder weltfremden Schwärmereien suchen, sondern können sie hier und jetzt, in jedem Augenblick unserer irdischen Existenz, immer konkreter verwirklichen durch immer bewußter erfahrene Verbindung des innewohnenden Gottesfunkens mit der allumfassenden Gotteswesenheit.

Der religiöse Lebensweg kann wohl am anschaulichsten mit einer *Bergbesteigung* verglichen werden. Wir alle beginnen in einem Tal am Fuße des Berges und wollen auf den Gipfel. Verschiedene Täler führen zum Fuße des gleichen Berges. Das bedeutet: Das unentwickelte Bewußtsein gleicht einem engen Tal mit sehr begrenztem (spirituellem) Horizont und zwingend festgelegter (d. h. einseitiger) Marschrichtung. Aber von all diesen unterschiedlichen, ja oft sogar entgegengesetzten Standpunkten aus gelangt man zur gleichen Grundlage religiöser Erfahrung, wenn man sie nur konsequent weiterverfolgt bzw. zu Ende denkt. So am Fuße des Berges angelangt (d. h. am Ende des Wissens und am Anfang des Glaubens), muß jeder den Aufstieg von seinem jeweiligen Standort aus beginnen, kann aber seine Route und sein Tempo frei wählen: Der eine mag etwa von Norden kommend nach links, der andere von Süden her nach rechts um den Berg herum wandern. Der eine kann schön gemütlich in flachen Spiralen gehen, dann braucht er natürlich entsprechend lange, der andere kann steil in engen Windungen steigen, dann schafft er es zwar in kürzerer Zeit, aber er muß sich mehr anstrengen. Manche Leute klettern sogar auf der direkten Route durch die Wand geradewegs zum Gipfel. Wir alle sind irgendwo an diesem Berg im Aufstieg begriffen.

Doch was tun wir, wenn wir uns begegnen? Wir streiten miteinander! Wenn etwa die von Norden her in flachen Spiralen und die von Süden her in steilen Windungen Steigenden zusammentreffen, dann gehen sie nicht nur in entgegengesetzter Richtung, sondern auch in verschiedenem Tempo. Also versucht jeder, den anderen zur Umkehr zu bewegen, denn es kann doch nur eine Richtung die richtige sein. Und jeder hält die Steigweise des anderen für verkehrt. Der Rasche behauptet vom Langsamen: »Wenn der so weitermacht, wird er in seinem Leben den Gipfel nicht mehr erreichen.« Und der Langsame meint vom Raschen, er werde den Gipfel ebenfalls nicht erreichen, weil ihm vorher die Puste ausgehe. Beide sind sich aber wiederum darin einig, daß die wagemutigen Kletterer in der Wand abstürzen würden, ehe sie zum Gipfel gelangen (d. h., sie halten ein der radikalen Gottessuche bzw. dem uneingeschränkten Gottesdienst geweihtes Leben für »religiösen Wahnsinn« oder »Vermessenheit«).

Solange man aber streitet oder sich gar gegenseitig gewaltsam am Weitergehen hindert, kann keiner der Beteiligten sein Ziel erreichen. Nichts ist sinnloser als ein solcher Streit, denn in Wirklichkeit kommen doch alle – in jeder Richtung und auf jede Weise – zum Gipfel, wenn sie nur unbeirrt und konsequent weitersteigen! Die gut ausgebauten Trampelpfade mit installierten Sicherungen an den gefährlichen Stellen sind die allgemeinen Institutionen für die Mehrzahl der Menschen; die alle Kraft beanspruchenden und höchste Aufmerksamkeit erfordernden Kletterrouten in der Wand, die man selbst absichern muß, sind die individuelle Intuition der Einzelgänger. Beides führt bei unablässiger Ausdauer zwar zu verschiedenen Zeiten, aber gleichermaßen zum Ziel. Es gibt sogar noch bequemere Möglichkeiten: die Bergbahnen (mit den großen Gondeln, in die eine Masse Menschen hineinpassen), d. h. die offiziellen Kirchen, und die Sessellifte (bei denen jeder seinen eigenen Sessel bekommt), d. h. die unzähligen Sekten. Doch beide reichen nie ganz bis zum Gipfel, sondern nur bis zu einem Bergrestaurant oder einer Aussichtsterrasse, d. h., sie können zwar an die unmittelbare persönliche Gotteserfahrung heranführen, diese aber niemals vermitteln oder gar ersetzen. Und es besteht die große Gefahr, daß die Menschen in solchen Ersatzeinrichtungen (Kultus und Ritus, Tradition und Dogma) verharren und ihre »Gipfelsehnsucht« verlieren oder gar die »Aussichtsterrasse« mit dem »Gipfel« verwechseln, d. h. selbstgerechte Pharisäer werden.

Jeder kann nur für sich allein und durch eigene Anstrengung zum Gipfel gelangen und nur in seiner ureigensten Weise das unvergleichliche Gipfelerlebnis erfahren: die erhabene Ruhe, die unbegrenzte Weitsicht und den unbehinderten Überblick über das verwirrte Gewimmel in den Tälern,

d. h. das menschliche Entwicklungsziel der höchsten Bewußtseinssteigerung, die in überwältigender Weise die Einheitlichkeit alles vorher Unterschiedlichen und die Einheit alles vorher Getrennten (Nikolaus von Kues: »das Ineinanderfließen der Gegensätze«) erfahren läßt, so daß alle Wanderer, die unten auseinandergegangen sind, indem sie auf verschiedenen Wegen das gemeinsame Ziel suchten, sich hier oben im erreichten Ziel wiederfinden, denn es gibt nur eine Wahrheit und nur eine Vollkommenheit.

Vollendung aber bedeutet keineswegs, daß man »sich auf seinen Lorbeeren ausruhen« kann, vielmehr wird jeder, der den Gipfel erreicht hat, zum »Bergführer«, d. h., er wird nun wieder hinuntersteigen und alle Wege kennenlernen, die zum Gipfel führen, damit er jedem Gipfelsucher auf dem ihm angemessenen Wege weiterhelfen kann.

Wer seine individuelle Lebensaufgabe erfüllt hat, der kann einen entsprechenden Anteil an der generellen Menschheitsaufgabe übernehmen. Das sind die großen Geister, die Religionsstifter, die Menschheitsführer, die Weisen und die Meister, die uns geschickt werden, damit sich niemand zu verirren braucht bei dieser Bergbesteigung. Jeder, der intensiv und ernsthaft genug zum Gipfel strebt, trifft einen solchen Bergführer, sei es, daß er ihm persönlich begegnet, sei es, daß er zu seiner Hinterlassenschaft, zu seinem Lebenswerk, also zu seinem Geiste findet. Darum brauchen wir wiederum nicht darüber zu streiten, wer der beste Bergführer ist, sondern können der großen Menschheitsführung vertrauen und die Gewißheit haben, daß jeder einzelne Mensch zur rechten Zeit die Führung bekommt, die ihm am besten weiterhilft.

Wenn sich Bergführer untereinander begegnen, dann streiten sie bestimmt nicht, sondern sie freuen sich, denn sie erkennen einander ohnehin. Dann tauschen sie ihre Erfahrungen aus, verabschieden sich mit einem festen Händedruck und gehen wieder an ihre Aufgabe, d. h., jeder kümmert sich um die Gruppe, die ihm anvertraut ist, bis er sie zum Gipfel gebracht hat.

Dieses Sich-gegenseitig-Führen nennt man auch die »priesterliche« Aufgabe des Menschen, denn jeder Mensch ist nicht nur für sich allein verantwortlich, sondern auch für seinen »Nächsten«, d. h. für diejenigen Menschen, mit denen er unmittelbar karmisch, schicksalhaft verbunden ist. Je nach seiner – durch fortschreitende Selbst- und Gotteserkenntnis erlangten – Führungsfähigkeit wird ihm eine kleinere oder größere Gruppe anvertraut, der er zur gleichen Erkenntnis zu verhelfen hat. Darum heißt Priester lateinisch *pontifex* = Brückenbauer, d. h., er soll eben auf diesem Anstieg zum Gipfel der Erkenntnis weiterhelfen, Abgründe überbrücken, feste Tritte zeigen, sicheren Halt geben, die Ermüdenden stützen und die Strauchelnden auffangen. Wir kennen dafür das christliche Symbol des »guten Hirten«, der über seine Herde wacht und sogar selbst in die Felsen steigt, um das verirrte Schaf zu retten. Im esoterischen Christentum wird diese Führungsaufgabe als »königliches Priestertum« bezeichnet, so daß hier wiederum eine wörtliche Übereinstimmung mit dem »königlichen Yoga« besteht.

Weil jeder Mensch irgendeine Führung braucht, müssen sich auf dem Wege zur Vollendung die Menschen gegenseitig führen, so daß wir alle, dem erreichten Bewußtseinsgrad entsprechend, Führende und Geführte zugleich sind: So wie wir uns von den über uns Steigenden führen lassen, so können wir die unter uns sich Bemühenden führen.

So sind wir alle irgendwo an diesem Berg unterwegs zu dem einen Gipfel, auf dem wir einmal alle zusammentreffen werden. Diese Gewißheit ist das einzige, was wir brauchen, und je mehr wir erfüllt sind von diesem drängenden Willen zum Gipfel, je mehr der Gipfel selbst uns zu sich zieht mit immer stärkerer Macht, desto weniger haben wir überhaupt noch Zeit und Lust, bei irgend etwas anderem zu verweilen oder uns von irgend etwas anderem aufhalten zu lassen.

Leben in sieben Bewußtseinsbereichen

Alles Lebendige ist Träger von Bewußtsein verschiedener Grade, doch der Mensch lebt in allen sieben Bewußtseinsbereichen der Schöpfung gleichzeitig. Betrachten wir diese von »unten« nach »oben« – im Sinne vom engsten, begrenztesten, bis zum weitesten, umfassendsten Bewußtsein.

1. Das Unbewußte

Zu den Strukturelementen der Natur haben wir keinerlei bewußten Zugang, denn sie sind entweder zu groß oder zu klein sowohl für unser rationales als auch für unser emotionales Fassungsvermögen.
Wenn man einmal gemeint hat, durch immer leistungsfähigere Teleskope die Geheimnisse des Universums entschlüsseln zu können, so hat sich das längst als Irrtum erwiesen, denn heute sind wir in der Astrophysik bereits an der Grenze des Begreifbaren angelangt (»Antimaterie, Quasare, dunkle Löcher« usw.). In bezug auf die Feinstruktur der Materie geht es uns nicht anders: Das Elektronenmikroskop hat nicht etwa mehr Klarheit gebracht, sondern erst recht unlösbare Rätsel aufgedeckt. Hat sich schon das Atom (ursprünglich für unteilbar gehalten und als kleinster »Baustein« der Materie angesehen) inzwischen als kleinstes »Sonnensystem« herausgestellt, so hört beim Atomkern wiederum die Reichweite des logischen Denkvermögens auf, so daß das logisch unvereinbar Gegensätzliche als gleichermaßen gültige Hypothese angenommen werden muß (Korpuskular- und Wellentheorie).

Der Satz des Sokrates »Ich weiß, daß ich nichts weiß« hat sich erneut bestätigt: Die »wirkliche Wirklichkeit« ist und bleibt dem Bewußtsein verschlossen, wir haben es vielmehr nur mit Denkkonstruktionen und Vorstellungsbildern der Wirklichkeit zu tun.
Sogar in unserem eigenen Organismus sind die einzelnen Zellen völlig dem Bewußtsein entzogen, so daß z. B. Krebszellen lange Zeit wuchern können und das Aids-Virus noch länger das Immunsystem »unterwandern« kann, ohne daß ein warnender Schmerz entsteht.
Die gesamte Natur bleibt für den Menschen ein unendliches Mysterium. Im menschlichen Organismus entsprechen dem der Zustand des Tiefschlafs (in dem wir praktisch bewußtlos sind) und die völlig unbewußten Reflexe.

Die unterste Stufe des dem menschlichen Bewußtsein Zugänglichen – d. h. die mittleren Teilbereiche des unendlich Großen und unendlich Kleinen, die klein bzw. groß genug geworden sind, um vom Menschen wahrgenommen werden zu können (sichtbare Farben, hörbare Töne, fühlbare Schwingungen usw.) – ist das Unterbewußtsein, auch Traumbewußtsein genannt. Es bildet das Zwischenglied der »Dämmerung« zwischen der »Nacht« des Unbewußten und dem »Tag« des Oberbewußtseins und besteht aus zwei Teilbereichen.

2. Das kollektive Unterbewußtsein

Es ist das allen Lebewesen gemeinsame Bewußtsein, in dem die Erinnerungen an alle Entwicklungsphasen und Ereignisse seit der Entstehung des Lebens auf der Erde lückenlos gespeichert sind – also ein viele Millionen Jahre umfassendes Erinnerungsreservoir. Man spricht hier auch von Zellerinnerungen, denn die entsprechenden Informationen sind nicht nur in den DNS-Spiralen des Zellkerns enthalten, sondern der menschliche Embryo macht auch im Laufe seines Heranwachsens im Mutterleib alle Entwicklungsstadien des Lebens von der Urzelle (befruchtetes Ei) bis zum im Wasser lebenden Säugetier nochmals durch, so daß die Erinnerung daran den Zellen eingeprägt bleibt.

Das kollektive Unterbewußtsein reicht aber noch sehr viel weiter, denn das Vergangene – seien es Menschen, Gegenstände oder Ereignisse – ist ja nicht gänzlich verschwunden, sondern nur aus dem Gegenwartsbewußtsein entschwunden. Es lebt als »Schemen« in der Astralwelt weiter und ist infolgedessen durch die Medialität – eine weitere Fähigkeit des Unterbewußtseins – wieder rekonstruierbar. So können Medien durch die Fähigkeit der »Psychometrie« z. B. einem beliebigen Gegenstand »anmerken«, wo er sich seither befand und was alles mit ihm geschehen ist. Medien können sogar in Trance längst verstorbene Menschen »wieder beleben«, d. h. deren Aussehen und Verhalten getreulich spiegeln. Es gibt Sprach-, Musik- und Malmedien, die in Trance fremde Sprachen (sogar nicht mehr existierende) sprechen und die Werke verstorbener Künstler originalgetreu spielen oder nachbilden können, obwohl sie im Wachbewußtsein von alldem keine Ahnung haben.

Durch einen technischen Vergleich läßt sich das einleuchtend erklären: Wenn wir einen Film auf der Leinwand ablaufen sehen, ist die Aufnahme längst vergangen, sind manche Schauspieler längst verstorben und vieles von dem Dargestellten gar nicht mehr vorhanden – und dennoch können wir all das in voller Lebendigkeit miterleben und beliebig oft wiederholen. Genauso besteht also die Astralwelt (indisch: »Akascha-Chronik«) aus unzähligen »Filmen«, die dort gegenwärtig bleiben, obwohl sie in der grobstofflichen Welt vergangen sind. Im kollektiven Unterbewußtsein können wir sie mittels Träumen oder medialer Fähigkeiten jederzeit wieder betrachten. Ein Teil unserer Träume entstammt also dem kollektiven Unterbewußtsein als Erinnerungen an die Entwicklungsumstände und -phasen des Gesamtlebens.

3. Das subjektive Unterbewußtsein

Hier ist jeder Augenblick der persönlichen Existenz von der Zeugung an lückenlos gespeichert und bildet wiederum einen Hauptinhalt unserer Träume. Deshalb ist die Traumanalyse ein wesentlicher Bestandteil jeder Psychotherapie, und man hat gerade dabei festgestellt, von welch entscheidender Bedeutung für das ganze Leben schon die Erlebnisse im Mutterleib sind. Da wir im Unterbewußtsein ständig träumen, auch während wir im Oberbewußtsein ständig denken (wie die Sterne ständig da sind, auch wenn sie bei Tag vom Sonnenlicht überdeckt werden), sollte man sich mindestens ebenso sehr mit seinem Traumleben beschäftigen wie mit seinen Gedanken, denn sonst handelt man genauso unvernünftig, wie wenn man die Hälfte der ankommenden Post ungelesen in den Papierkorb werfen würde.
Wie sehr das subjektive Unterbewußtsein auch während der wachbewußten Tätigkeit wirksam ist, beweist die Tatsache, daß man jederzeit bei nachlassender Aufmerksamkeit ins »Tagträumen« geraten kann. Oder wenn z. B. mehrere Menschen eine Rede hören, kann man mittels Tonbandkontrolle feststellen, daß keiner das tatsächlich Gesprochene hört, sondern nur das von ihm jeweils Aufgefaßte, so daß sich jeder an etwas anderes erinnert und mancher sogar an etwas, was der Redner überhaupt nicht gesagt, sondern er selbst sich dabei gedacht hat. Er würde aber schwören, es wirklich gehört zu haben, wie auch etwa bei einem Unfall jeder Zeuge etwas anderes sieht, aber schwört, daß seine Version dem tatsächlich Geschehenen entspricht.
In Anbetracht dessen ist es unrealistisch zu meinen, die im Oberbewußtsein angestrebte Objektivität könne jemals stärker sein als die Subjektivität des Unterbewußtseins, zumal auch alle Gefühle Ausdruck desselben sind, denn sie entstehen durch Erinnerungen an das persönliche Erleben seit der Zeugung. Das gesamte Unterbewußtsein bildet unser Gemüt und steuert sämtliche unwillkürlichen Vorgänge im Organismus.

4. Das Oberbewußtsein

Im Oberbewußtsein geschieht das rational-begriffliche Denken. Hierbei handelt es sich um den Teil des menschlichen Bewußtseins, in dem die intellektuellen Denkfunktionen ablaufen, üblicherweise mit »Geist« bezeichnet. Dies ist jedoch irreführend, denn Geist ist in Wirklichkeit das Gesamtbewußtsein des Universums, das göttliche Bewußtsein.
Am treffendsten kann man das rationale Denken mit »Computer« bezeichnen, denn tatsächlich kann auch hier nur »zweigleisig« (binär) gedacht werden (Satz des sich ausschließenden Gegenteils): richtig oder falsch, schwarz oder weiß, Subjekt oder Objekt usw. Und es kann auch nur das verarbeitet werden, womit der Intellekt »gefüttert« wird (Sinneseindrücke, Willensimpulse, das im Unterbewußtsein Gespeicherte oder vom Überbewußtsein Eingegebene), so daß keinerlei eigenständige Kreativität vorhanden ist. »Sich erinnern« bedeutet demnach, aus dem Unterbewußtsein »ins Gedächtnis rufen«, d. h. in den Computer eingeben. »Vergessen« ist der umgekehrte Vorgang, nämlich »dem Gedächtnis entfallen« und im Erinnerungsspeicher des Unterbewußtseins aufbewahrt werden.
»Eingeschaltet« wird unser Computer durch die Aufmerksamkeit, in Funktion gehalten durch die Konzentration und »abgeschaltet« durch jede Ablenkung oder fortschreitende Ermüdung.
Ebenso wenig wie ein Computer selbst Energie erzeugen kann, ist der Intellekt dazu imstande.
Der Satz »Gedanken sind Kräfte« ist daher nicht ganz richtig, denn es müßte eigentlich heißen »Gedanken wecken und steuern Kräfte«. Die gewaltige Energie einer riesigen Rakete wird von einem kleinen Computer mit geringstem Eigenbedarf an Energie ein- und ausgeschaltet und gesteuert. Genauso machen es die winzigen Denkzellen mit der Vital- und Emotionalenergie und den Willensimpulsen. Solange sich Gedanken nur im Kopf abspielen, bleiben sie »graue Theorie« (Zellen der grauen Gehirnrinde). Erst wenn sie (über das

vegetative Nervensystem) die genannten Energien ausgelöst haben und so bis in die letzte Körperzelle hinein organisch wirksam geworden sind, beginnt die praktische Auswirkung in allen Bereichen menschlichen Tuns und Verhaltens.
Folgerichtig existiert das personale »Ich« nur im rationalen Bewußtsein, denn es ist ja ein abstrakter Begriff, den der Mensch erst nach entsprechender Gehirnreife bilden kann und der bei der geringsten Bewußtseinstrübung wieder verschwindet. Trotzdem identifizieren sich die Menschen mit diesem vergänglichen »Ich« so lange, bis sie zur Erkenntnis bzw. zur Erfahrung ihres unvergänglichen Wesens gelangen (siehe die Kapitel »›Einweihung‹ für den modernen Menschen« und »Die neun Geburten der Menschenseele«).

In der üblichen Psychologie ist die Skala des Bewußtseins mit dem Oberbewußtsein zu Ende, denn die überbewußten Bereiche werden einfach mit dem Unterbewußtsein gleichgesetzt. Dies geschieht sogar in der humanistischen Psychologie und bei den meisten Bewußtseinserweiterungs-Lehren, so daß dann das Unterbewußtsein die widersprüchlichsten Eigenschaften bekommt: Einmal ist es der willfährige »Butler John« und dann wieder der allesbestimmende »Herr«, einmal die »dunkle Tiefe« unergründlicher Mysterien und zugleich die »lichte Höhe« intuitiver Führung. Das stimmt weder mit der esoterischen Überlieferung (sieben Strahlen, sieben Chakras usw.) noch mit der praktischen Erfahrung überein, so daß erst die siebenfache Einteilung eine ebenso logische wie wirklichkeitsentsprechende Darstellung ergibt.
Demgemäß ist das Rationale nicht die Spitze des Bewußtseins, sondern die Mitte, und die drei Bereiche darüber entsprechen genau den drei Bereichen darunter. So wie im Unterbewußtsein die Vergangenheit gespeichert ist, so ist im Überbewußtsein (das Metarationale, nicht das Irrationale) die Zukunft enthalten. Daß beides nur Denkhilfen des Intellekts sind, um sich in der unendlichen Allgegenwart des Göttlich-Ganzen zurechtzufinden, das haben seit dem TAO des Laotse alle Weisheitslehren erkannt, und auch die moder-

ne Naturwissenschaft mußte zum gleichen Schluß gelangen (»Raum-Zeit-Kontinuum«, »morphogenetisches Feld« usw.). Nietzsche hat diese Tatsache sehr schön ausgedrückt: »Das Licht eines Sterns ist unterwegs – wann wird es je aufhören unterwegs zu sein?«

Wir können uns das durch ein einfaches technisches Beispiel verdeutlichen: Ein Hubschrauber steht auf der Autobahn. Ein Auto ist vorbeigefahren und außer Sichtweite, also vergangen. Ein anderes Auto kommt herangefahren und ist noch nicht in Sichtweite, also zukünftig. Nun steigt der Hubschrauber etwas in die Höhe, und beide Autos sind wieder sichtbar, also gegenwärtig.

Von einem noch höheren Standpunkt aus wird die ganze Autobahn zur Gegenwart, vom Mond aus die ganze Erde – und von Gott aus das ganze Universum. Je höher der Standpunkt, desto weiter der Horizont; je überragender die Bewußtseinsebene, desto umfassender ihr Inhalt.

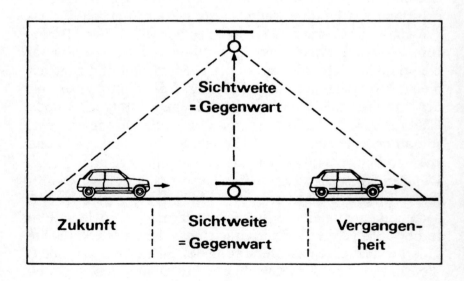

5. Das individuelle Überbewußtsein

Es entspricht dem subjektiven Unterbewußtsein, denn es umfaßt die individuelle Anschauung des Allgemeingültigen, die *Imagination*. Die wörtliche Übersetzung lautet »Einbildung«, also die Fähigkeit, sich ein inneres Bild zu machen, eine Vorstellung zu bilden, ohne die abstrakte Begriffe wirkungslos bleiben. Jeder, der z. B. »Kreis« liest oder hört, macht sich unwillkürlich sein eigenes Vorstellungsbild eines konkret gezeichneten Kreises, das niemals identisch mit dem vorgestellten Kreis eines anderen ist. Der abstrakte Begriff »Kreis« ist einmalig und eindeutig, die konkreten Vorstellungsbilder sind vielfältig und verschiedenartig. Darauf beruhen auch die sogenannten Projektions- oder Charaktertests: Dasselbe »Reizwort« oder »Testbild« ruft bei jedem Menschen andere »Assoziationen« hervor, also ganze Ketten von Vorstellungen in Farben und Bildern, Tönen und Melodien, Empfindungen und entsprechenden Reaktionen, wodurch eben der Charakter bzw. der augenblickliche Bewußtseinszustand sich offenbart.

Überhaupt ist die innere Bildekraft des Vorstellungsvermögens der unerschöpfliche Quell schöpferischer Phantasie oder Kreativität, ist also in der Tat eine der stärksten seelischen Kräfte überhaupt. Was wir uns lebhaft genug einbilden, wirkt daher nicht nur unmittelbar auf alle körperlichen Organe (denn der Körper ist die »Haut der Seele«), sondern auch – wenn die Vorstellungskraft intensiv genug ist – auf die materielle Umwelt. Dies nennt man magische Wirkung.

Ja, eigentlich ist die innerlich vorgestellte Realität sogar wirklicher, d. h. wirksamer, als die äußerlich in Erscheinung tretende Gegenstandswelt, denn nichts ist jemals im Äußeren gebildet (d. h. geformt und geschaffen) worden, was nicht zuerst im Inneren gebildet (d. h. erdacht und vorgestellt) wurde: vom einfachsten Gebrauchsgegenstand bis hin zu den technischen Wunderwerken unserer Zeit und den sicherlich noch viel wunderbareren Erfindungen und Entdeckungen der Zukunft, die wir heute schon erahnen können.

In der Persönlichkeitsentwicklung bewirkt die Imagination, daß analog zur festgeformten körperlichen Gestalt und ihren grobstofflichen Sinnesorganen, mit denen wir die materielle Welt erleben können, nun auch die *feinstoffliche Substanz* des Schwingungsleibes oder das bio-elektrische Kraftfeld der Lebensenergien (im allgemeinen »Aura« genannt) eine festgefügte individuelle Form annimmt und entsprechende *Sinnesorgane* bildet (ASW), durch die wir die immaterielle Schwingungswelt alles Lebendigen direkt wahrnehmen können (Steigerung der Sensibilität zur Sensitivität).

Hinsichtlich der Umwelt-Beziehungen bedeutet Imagination die *subjektive Erfahrung* der allgemeinen Schwingungswelt des Lebendigen in Form von individuell geprägten Bild- oder Toneindrücken, wie wir sie vom Traumerlebnis her gewohnt sind, wie sie aber jederzeit auch im Wachbewußtsein auftauchen können (sogenannte Tagträume). So entspringen ja unsere gesamten musischen Fähigkeiten tatsächlich der Imagination, denn gerade dadurch unterscheidet sich das echte, imaginativ empfundene Kunstwerk sowohl vom emotionalen Abreagieren irgendwelcher Stimmungen als auch vom intellektuellen, zweckbezogenen »Machwerk«: Es ist zwar subjektiv gestaltet, hat aber objektive Wirkung, indem jeder Betrachter bzw. Hörer dabei zwar ebenfalls in subjektiver Weise, aber zugleich auch in allgemeinmenschlicher Gültigkeit Ähnliches erfährt, wie es der schaffende Künstler erfahren hat.

Sicherlich hat das jeder selbst schon erlebt, wenn er ein großes Kunstwerk auf sich wirken ließ, auch wenn er vielleicht verstandesgemäß gar keinen Zugang dazu hatte. So kann man etwa Menschen in einem Museum angesichts der überzeitlich gültigen Zeugnisse imaginativer Erfahrung sagen hören: »Verstehen kann ich das nicht und erklären erst recht nicht – aber es ist so schön, so wundervoll, daß ich davon ganz tief ergriffen bin.« Und in einem Konzertsaal kann man das gleiche hören. Das ist eben der Unterschied zwischen rationaler Begrifflichkeit, die bloß im Kopf bleibt, und echter Ergriffenheit, die in Fleisch und Blut übergeht, also den ganzen Menschen erfaßt und erfüllt.

In der esoterischen Symbolik wird die Stufe der Imagination dargestellt durch die *Beherrschung des Wassers*, weil mit dem Wasser das Gefühlsleben, die Gemütssphäre symbolisiert wird. Immer wenn also in Mythen oder Heiligenlegenden davon berichtet wird, daß ein Mensch »auf dem Wasser wandeln« kann, so bedeutet das, daß er nicht mehr nur ab und zu musische oder meditative Imagination erfährt, sondern daß er nun in seinem Gesamtbewußtsein dauernd im überbewußten Bereich der Imagination zu leben vermag – also nicht mehr irgendwelchen Stimmungen unterworfen ist, von keinerlei Gefühlen mehr überwältigt werden kann und die Wogen des Gemüts endgültig zur Ruhe gebracht hat. Daß eine solche Steigerung des Dauerzustandes schließlich sogar die entsprechende körperliche Fähigkeit des Gehenkönnens auf dem Wasser bewirkt, erscheint demjenigen nicht unglaubhaft, der genügend mit PSI-Phänomenen vertraut ist.

6. Das generelle Überbewußtsein

Es entspricht dem kollektiven Unterbewußtsein, denn in ihm geschieht die generelle Offenbarung des Allgemeingültigen, die *Inspiration*. Die wörtliche Übersetzung lautet »Einhauchung«, so wie Gott nach der christlichen Schöpfungsgeschichte den Menschen schuf, indem er dem »Erdenkloß« seinen Geist einhauchte. Sinngemäß bedeutet Inspiration *Eingebung*, d. h., das Allgemeingültige wird nun nicht mehr in subjektiver Weise wahrgenommen und gestaltet, sondern offenbart sich in objektiver, also immer gleicher Weise, die für jeden Menschen gleichermaßen verständlich und verbindlich ist. Inspiration wird daher esoterisch auch als »Horchen auf das innere Wort« bezeichnet, d. h. das Verstehen des »Logos«, also des geistigen Sinngehaltes, des Schöpfungsplanes in allem Gewordenen bzw. Geschaffenen. Dadurch wird das rationale Denken befähigt, die eigentliche überrationale Realität, die in bzw. hinter allem in Erscheinung Tretenden vorhanden ist, erkennen und gleichnishaft beschreiben zu können.

Das ist auch die Bedeutung der »Namensgebung« in Märchen und Mythen, denn etwas »mit Namen benennen« bedeutet in der Sprache der Symbolik Wesenserkenntnis, also Erkenntnis der eigentlichen Bedeutung, des Sinngehaltes oder der Schöpfungsidee von allem, womit man zu tun hat, so daß die richtige Benennung gleichbedeutend ist mit der richtigen Behandlung bzw. Erschließung.

Dies ist also der Auftrag, den Adam im Paradies bekam: das Wesentliche in allen neugeschaffenen Lebensformen zu erkennen und ihnen entsprechende Namen zu geben. Diesem Auftrag gemäß handelt auch der moderne Wissenschaftler, wenn er die immer genauere Kenntnis sowohl von der Struktur der Materie als auch von den Vorgängen im Kosmos mit immer treffenderen Benennungen zu beschreiben versucht – allerdings nur, wenn er sich nicht damit begnügt, sondern dies nur als notwendige Schritte auf dem Wege zu substantieller bzw. spiritueller Wesenserkenntnis betrachtet. Ebenso ist es der ursprüngliche Sinn der Taufe, durch das inspirative bzw. meditative Finden des richtigen Namens zu beweisen, daß man die Individualität bzw. die Wesensbestimmung des Neugeborenen tatsächlich erkannt hat (siehe nächstes Kapitel).

»Im Anfang war das Wort« bedeutet also in Wirklichkeit, daß nicht nur in der Gesamtschöpfung, sondern auch bei allem vom Menschen Geschaffenen vor der materiellen Entstehung das spirituelle Geschehen sich vollzieht. Und ebendiese ganze Sphäre offenbart sich in der Inspiration. Darum sind alle Heiligen Schriften der Menschheit in diesem Bewußtseinszustand geschrieben, also unmittelbare Offenbarungen des Logos. Und darum stimmen sie alle nicht nur in ihrem Inhalt, sondern oft sogar wörtlich überein. Nur die verschiedenen Übersetzer und Ausdeuter haben da nachträglich die Unterschiede hineingebracht oder gar Gegensätze konstruiert, wo ursprünglich vollkommene Übereinstimmung vorhanden war. Es ist daher für den Religionswissenschaftler, der sich der Inspiration geöffnet hat, immer wieder aufs neue geradezu erschütternd, im Quellenvergleich der verschiedenen Weisheitslehren und Religionen der Menschheit diese vollkommene Übereinstimmung feststellen zu können. Das eben ist die allgemeingültige Uroffenbarung, die in der Menschheit lebt, seit es überhaupt die Menschheit dieses Äons gibt, und die daher schon längst, ehe die ersten Heiligen Schriften verfaßt wurden, in den allgemeinmenschlichen Ursymbolen zum Ausdruck kam. Denn man findet dieselben Symbole in den Höhlenzeichnungen von Südfrankreich ebenso wie in der Südsee, in Neuseeland und Tahiti, in Mittelamerika und auf den Osterinseln, in Indien, China und Japan – eben überall auf der Erde.

Und noch erstaunlicher ist es für den Tiefenpsychologen, daß dieselben Symbole im Überbewußtsein jedes modernen Menschen leben (dadurch wird der »Tiefenpsychologe« notwendigerweise zum »Höhenpsychologen«, d. h., er gelangt zur transpersonalen Psychologie). Denn wenn die Kreativität eines Menschen wieder freigelegt wird, so daß er aus seinem Innersten heraus schöpferisch gestaltet, malt oder zeichnet, bildet oder musiziert, singt oder tanzt, dann offenbart sich seine Seele in genau denselben Ursymbolen, die seit eh und je in der Menschheit vorhanden sind. Früher oder später bildet z. B. jeder ein sogenanntes »Mandala«, d. h. ein zentriertes Selbstfindungssymbol, in dem sein jeweiliger Bewußtseinszustand klar zum Ausdruck kommt. Jedenfalls gründet diese absolute Übereinstimmung sowohl aller inspirierten Offenbarungen der Menschheit als auch des Überbewußtseins jedes einzelnen Menschen im Logos der Menschenseele, im Ursinn des Menschenwesens, woran jede Einzelseele den ihrem Bewußtseinsgrad entsprechenden Anteil hat.

Wenn in der Persönlichkeitsentwicklung die Imagination zur individuellen Ausprägung der Aura führte, so bewirkt die Inspiration die fortschreitende Aktivierung der Chakras, also jener spirituellen Energiewirbel oder Steuerungszentren, deren physische Auswirkung das Drüsensystem ist und deren psychische Komponente die gesamte Gemütsverfassung und charakterliche Reifung umfaßt (siehe nächstes Kapitel).

In der esoterischen Symbolik wird die Stufe der Inspiration dargestellt durch die Beherrschung der Luft. Immer wenn bei

Heiligen bzw. Vollendeten vom Fliegen oder Schweben (Levitation) berichtet wird, bedeutet dies zunächst, daß sie ständig im inspirierten Bewußtsein leben. Daß eine solche fortwährende Bewußtseinserhöhung schließlich auch körperliches Schweben bewirken kann, ist aufgrund entsprechender PSI-Experimente mit Medien als erwiesen anzunehmen, denn wenn schon mediale Zustände eine Levitation bewirken können, so müßte dies dann bei Menschen höchster Bewußtseinsstufen geradezu selbstverständlich sein.

7. Das Urbewußtsein

Es entspricht dem Unbewußten der Natur, denn das Übernatürliche, Ewige, Göttlich-Ganze ist erst recht unbegreiflich und unvorstellbar. Die einzige »supramentale« (Aurobindo) Verbindung zu diesem Bereich ist die höchstmögliche Bewußtseinssteigerung, die *Intuition* oder *Initiation*. Die wörtliche Übersetzung lautet »Einführung« oder »Einweisung« – sinngemäß richtiger »Einweihung« (siehe das Kapitel »›Einweihung‹ für den modernen Menschen«).
In dieser Sphäre ruht der unverkörperte Teil der Seele, das transpersonale Selbst, zu dem das verkörperte personale Ich durch die allgemeinmenschliche Fähigkeit der Religiosität in ständiger Beziehung steht – zunächst unterbewußt, dann oberbewußt und schließlich überbewußt (siehe das Kapitel »Die neun Geburten der Menschenseele«).
Wenn dann in der »neunten Geburt« das Ich wieder mit dem Selbst vereint ist, der Gottesfunke aufgegangen ist im göttlichen Urfeuer, dann hat das eng begrenzte persönliche Ich sich zum grenzenlosen »All-Ich« ausgeweitet – der Raum wurde zur Unendlichkeit, die Zeit wurde zur Ewigkeit. In diesem Ziel mündet sowohl die östliche als auch die westliche Entwicklung: Im westlichen Weg weitet sich das Ich-Bewußtsein zum ALL-EINEN, im östlichen Weg konzentriert sich das All-Bewußtsein im ICH BIN. Die westliche Erfahrung des Moses vor dem brennenden Dornbusch »Ich bin, der ICH

BIN« und des Saulus (des Menschen im irdisch begrenzten Ich-Bewußtsein), der zum Paulus (der zum unbegrenzten All-Bewußtsein erwachte Mensch) geworden war, »nicht ich, sondern der Christus (das ewige Menschen-Urbild, die göttliche Schöpfungsidee Mensch) in mir« – sind demnach identisch mit der östlichen Erfahrung »tat tvam asi« (das bist du) und des »Kleinodes im Lotos«, d. h. des Wesens in der Erscheinung.

Die materielle Auswirkung dieses spirituellen Geschehens ist die *Verklärung*, d. h. die Vergeistigung bzw. Schwingungserhöhung jeder einzelnen Körperzelle bis zur immateriellen »Lichtgestalt« (analog der fortschreitenden Dynamisierung der Grundsubstanz in der Homöopathie, so daß in den Hochpotenzen schließlich überhaupt kein materielles Molekül mehr vorhanden und dennoch – oder gerade darum – die nachweisbare energetische Wirkung am stärksten ist). In allen Religionen wird daher von Vollendeten berichtet, die einen solchen verklärten Leib erlangten und so dem natürlichen Zerfallsprozeß der Materie, also dem Sterbenmüssen, nicht mehr unterworfen sind.

In der esoterischen Symbolik wird die Stufe der Intuition bzw. Initiation dargestellt durch die *Beherrschung des Feuers*, denn während das Licht erleuchtet, d. h. Erkenntnis vermittelt, verzehrt das Feuer, d. h., es bewirkt die totale Wandlung. Immer wenn es also um tatsächliche Einweihung geht, wird dies durch das Feuersymbol dargestellt: die Entrückung im feurigen Wagen (Elias), die Feuersäule und der brennende Dornbusch (Moses), die Feuerzungen (Pfingsten), der Schmelzofen (Rosenkreuz), die Flammen des entwickelten Scheitelchakras (Indien).

			unverkörpertes, transpersonales SELBST		
URbewußt, übernatürlich			●	Intuition (Initiation)	Geist, Kreativität, Wesen
			R		
		EINS - SEIN	E		
			E	LIEBE - WEISHEIT	

	Ge-Horchen	L	Inspiration,	M
generell, überpersönlich		I	Logos - Idee, Erkenntnis	e d
	überbewußt			i
	= Zukunft,	G		t
individuell, persönlich	Ahnung	I	Imagination, Bild - Ton,	a t
	Schauen	O	Vision	i o
				n

oberbewußt = Gegenwart, Gedächtnis		N abstraktes personales ●	begriffliches Denken Intellekt (Computer) RATIO	
	Wachen	ICH	bildhafte Vorstellung	

	Träumen			M
subjektiv, persönliche Existenz			Gefühle	e d i
	unterbewußt = Vergangenheit,			a l
kollektiv, allgemeines Leben	Erinnerung		Triebe	i t ä
	Trance			t

unbewußt natürlich				Materie, Kreatur, Erscheinung
	Schlafen	●	Reflexe	
		verkörpertes, subpersonales EGO		

Die sieben Chakras und die sieben Sakramente

Chakras* sind rein geistige Energiewirbel und Steuerzentren im Seelenorganismus. »Chakra« bedeutet »Rad« (Wirbel, von oben betrachtet), poetisch dargestellt als »Blumenkelch« (Wirbel, von der Seite betrachtet), wobei die Zahl der »Blütenblätter« die Wirkungsweise des betreffenden Chakra symbolisiert. Infolgedessen sind die Chakras auch nicht körperlich lokalisierbar, so daß die angegebenen körperlichen Entsprechungen (hauptsächlich aufgrund des Drüsensystems, denn die tatsächlichen Auswirkungen der Chakras im Körper sind die innersekretorischen Drüsen) lediglich annähernd die Regionen bezeichnen, an denen der körperliche Organismus offenbar für die jeweilige geistige Energie besonders transparent ist. So »sitzt« z. B. das Muladhara, das Basis-Chakra, nicht wirklich am Ende der Wirbelsäule oder in den Geschlechtsdrüsen, vielmehr entspricht diese Region seiner körperlichen Wirkung, stellt aber keine körperliche Lokalisierung dar.
Darum gehen auch gleich bei den nächsten Chakras, dem Svadhisthana und Manipura, die Meinungen über die körperliche Lokalisierung auseinander: Sie divergieren vom Unterbauch über Lenden und Nabel bis zum Sonnengeflecht. Dieser Streit wird also völlig gegenstandslos, wenn man weiß, daß es eben überhaupt keine körperliche Lokalisierung, sondern nur Entsprechung gibt. Man kann dies am besten mit einem technischen Vergleich verdeutlichen: Wie bei einer Decken-

---

* Analog der Pluralbildung Asana–Asanas wurde hier nicht der Plural Chakren, sondern Chakras gewählt.

leuchte die Neonröhre durch das Lampenglas hindurch scheint, sich aber dahinter befindet, so »scheinen« die Chakras durch den Körper hindurch. Dadurch kommen die verschiedenen Auffassungen über ihre »Lage« zustande: Obwohl sich die Neonröhre genau in der Mitte der Deckenleuchte befindet, erscheint sie für den Betrachter um so mehr seitlich verschoben, je mehr er sich selbst zur Seite bewegt. Genauso hängt es bei den Chakras vom eigenen »Standpunkt« ab, wohin sich ihre körperliche Auswirkung scheinbar verschiebt.

Doch der Vergleich führt noch weiter: Die Neonröhre ist gar nicht die eigentliche Lichtquelle, sondern das in ihr leuchtende Gas! Dieses symbolisiert also die immaterielle Energie der Chakras, während die Röhre mit der Aura vergleichbar ist, durch die diese Energie erst sichtbar bzw. spürbar wird. Man kann also die Chakras selbst in keiner Weise messen oder sichtbar machen, sondern nur ihre Auswirkungen in der Aura.

Die rein geistige Energie ist für die üblichen Methoden zur Verdeutlichung feinstofflicher Vorgänge und Zustände (Pendel, Rute etc.) unerreichbar! Wer es dennoch versucht, »mißt« in Wirklichkeit nur aurische Wirkungen oder eigene subjektive Vorstellungen. Nur wenn die eigenen Chakras entsprechend funktionieren, kann man den Grad der Resonanz empfinden und in schöpferischer Imagination zum Ausdruck bringen (so enthält z. B. das Buch »Chakras« von Leadbeater wundervolle, hellsehend geschaute Imaginationsbilder).

Daraus ergibt sich eigentlich von selbst, daß man ebensowenig durch irgendwelche körperlichen Manipulationen (Ernährung, Atmung oder gar »Chakramassage«) wie durch gemütswirksame Suggestionen in Ton, Bild und Schrift »Chakras entwickeln« kann! Das alles ist genauso unrealistisch, wie wenn man – um bei unserem Beispiel zu bleiben – etwa durch fleißiges Putzen des Lampenglases und sorgfältige Pflege der Röhre die Leuchtkraft des Gases verstärken wollte. Natürlich ist das nicht grundsätzlich verkehrt, denn es kann ja tatsächlich das Glas total verschmutzt sein (= körperliche Blockaden) oder an der Röhre ein Wackelkontakt bestehen (= gemütsbedingte Hindernisse), nur muß man sich darüber klar sein, daß durch solche Methoden eben bestenfalls Blockaden und Hindernisse beseitigt werden können, niemals aber die geistige Energie selbst zu beeinflussen ist. Wie man wirklich die Entwicklung der Chakras fördern bzw. beschleunigen kann – das wird aus den folgenden Ausführungen im Zusammenhang mit der Funktion der einzelnen Chakras klar hervorgehen.

Zunächst müssen wir uns nochmals ganz deutlich vergegenwärtigen, daß die in den Chakras wirksame, rein geistige oder göttliche Energie die Grundlage unseres Menschseins überhaupt und die Ursache unseres persönlichen Charakters bzw. Verhaltens gemäß unserer individuellen Lebensbestimmung ist. Um das verstehen zu können, müssen wir den grundsätzlichen Unterschied zwischen der östlichen und westlichen Mentalität in Betracht ziehen.

Das östliche Denken ist dynamisch und einheitlich – das westliche Denken ist statisch und zwiespältig. Infolgedessen kennt der östliche Mensch nur *eine* Wirklichkeit, *eine* Energie, *ein* Bewußtsein in den verschiedensten sich ständig wandelnden Erscheinungsformen. Der westliche Mensch geht vom Dualismus aus, d. h., für ihn besteht die Welt aus zwei gegensätzlichen Polen, die sich unveränderlich gegenüberstehen und auch noch unversöhnlich bekämpfen, weil sie absolut unvereinbar zu sein scheinen: »positiv« und »negativ«, »Licht« und »Finsternis«, »Wahrheit« und »Lüge«, »gut« und »böse«, »Himmel« und »Hölle« usw. Für den östlichen Menschen existiert nur das Göttlich-Ganze. »Himmel« bedeutet, sich dessen bewußt zu sein, »Hölle« entsteht durch die Abwesenheit dieses Bewußtseins, ebenso wie »Finsternis« nichts anderes ist als Abwesenheit von »Licht«.

Demgemäß ist »Gut« und »Böse« gleichbedeutend mit funktionierendem und nicht funktionierendem Chakra: Ein ruhendes Chakra erscheint dunkel, denn es fließt noch keine geistige Energie. Deshalb kann ein solcher Mensch gar nicht anders als »böse« wirken, und er wird »gut« erscheinen, wenn das »schlafende« Chakra erwacht, d. h. sich zu drehen beginnt, weil die geistige Energie fließt. Je schneller sich ein Chakra dreht, desto heller erscheint es in der Aura, denn die immer stärker fließende geistige Energie bewirkt immer klareres Bewußtsein.

Wenn man eine Scheibe mit Regenbogenfarben in Drehung versetzt, verschwimmen die Farben, und die Scheibe wird immer heller, bis sie schließlich bei ganz schneller Drehung rein weiß erscheint, d. h., alle Farben in das ursprüngliche weiße Licht zurückgekehrt sind. Das brauchen wir nur auf das Bewußtsein zu übertragen: Alle Unterschiede von »Gut« und »Böse« verschwinden in dem Maße der Bewußtseinsklärung immer mehr, bis schließlich bei einem Vollendeten das ganze Bewußtsein erfüllt ist von dem hell erstrahlenden Licht der reinen Wahrheit, das den letzten Rest von »Finsternis« in sich aufgesogen hat. Nikolaus von Kues hat daher das höchste göttliche Bewußtsein »das Ineinanderfließen der Gegensätze« genannt.

Doch dies entspricht eigentlich auch der Realität des irdischen Lebens, denn im Grunde gibt es überhaupt keine »bösen« Menschen, sondern nur mehr oder weniger unbewußte, törichte (*avidya* = Unwissenheit, Verblendung – lautet der indische Ausdruck). Unwissenheit ist also die Wurzel allen Übels, denn wer wirklich bewußt ist, der weiß auch, daß alles, was er anderen antut, letztlich auf ihn selbst zurückwirkt. Und sich selbst zu schaden wird ein vernünftiger Mensch doch möglichst zu vermeiden suchen. Er wird dazu in jedem Falle imstande sein, wenn seine spirituelle Energie infolge der voll wirksamen Chakras stark genug geworden ist, um unvernünftigen Verstand, törichte Gefühle und blinde Triebe souverän beherrschen zu können.

Diese Auffassung stimmt auch mit dem Geiste Christi überein, denn gerade ihr entspricht Jesu einzige Entschuldigung für die armen unwissenden Menschen, die ihn kreuzigten: »Herr, vergib ihnen, denn sie wissen nicht, was sie tun.« Und die logische Folge ist die positive Weiterführung dieses Gebetes: »Gib ihnen, daß sie künftig wissen, was sie tun.« Noch deutlicher wird Jesus in seinem apokryphen Ausspruch: »So ihr wisset, was ihr tut, seid ihr selig, so ihr es nicht wißt, seid ihr unselig.«

Eine der Aufgaben jedes Menschen ist es, seine Chakras zu entwickeln, d. h., immer wissender und schließlich weise zu werden und dadurch automatisch auch immer besser. Besser werden zu wollen und unwissend zu bleiben ist unmöglich, denn das entspricht nicht dem Wesen des Menschen, der im universalen Organismus Gottes das »Erkenntnisorgan« darstellt. Darum besteht gerade hier die Problematik naiver »Frömmigkeit«, die eigentlich Torheit ist, und unbewußten »Gutseins«, das eigentlich Schwäche ist: Denn davon ernährt sich erfahrungsgemäß das »Böse« am besten! Voll wirksame Chakras zeigen sich daher gleichermaßen in »frommer Klugheit« und »gütiger Stärke«.

Nach dieser grundsätzlichen Klärung befassen wir uns nun mit den einzelnen Chakras.

1. Muladhara – Basis-Chakra

Wie bereits erwähnt, wirkt es durch die Region des unteren Endes der Wirbelsäule und der Geschlechtsorgane (Übergang vom Kreuzbein zum Steißbein). Es bezieht sich auf das völlig Unbewußte. Die körperliche Entsprechung sind die Keimdrüsen (Fortpflanzung). Die wörtliche Übersetzung lautet »Wurzelhalter«, denn hier handelt es sich tatsächlich um die Wurzel des ganzen »Baumes«, mit dem man die Reihe der Chakras vergleicht. Diese Wurzel reicht gewissermaßen tief in die Erde hinein und schöpft daraus die elementare Vitalkraft (symbolisch »vulkanische Glut«), die eben die natürliche Basis unserer körperlichen Existenz und unseres kreatürlichen Lebens darstellt, das aus der Polarität von Zeugung und Empfängnis entstanden ist.

Im Indischen nennt man die Energie des Basis-Chakras *Kundalini*, was nicht etwa Geschlechtskraft bedeutet (wie manchmal fälschlich übersetzt wird). Es heißt nämlich ausdrücklich:

Die Kundalini »schläft« im unentwickelten Basis-Chakra – und gerade darauf beruht die ungehemmte Aktivität des Geschlechtstriebs! Es handelt sich vielmehr um die unbewußte allgemeine Vitalenergie, und deren »Erwachen« bedeutet das Durchdrungenwerden vom kosmischen Bewußtsein (christlich »Heiliger Geist«). Also erst nachdem dieser geistige Befruchtungsprozeß stattgefunden hat, wenn das Oberste und Höchste sich mit dem scheinbar Untersten und Niedrigsten vermählt hat, erst dann windet sich die »Schlangenkraft« der erweckten Vitalenergie durch alle Bewußtseinsschichten hindurch nach oben bis zum Wieder-Aufgehen in der universalen Energie des Göttlich-Ganzen, dem ja auch sie entstammt. Es gibt daher eine sehr schöne deutsche Übersetzung für »Kundalini«: Geist-Lebendigkeit, d. h. vom Geist erfüllte Lebendigkeit oder sich im Leben auswirkender Geist.

Während sich die blockierte geistige Energie im ruhenden Basis-Chakra durch ungehemmten Sexualtrieb zeigt, bewirkt der zunehmende Energiefluß im voll entwickelten Chakra fortschreitende Triebbeherrschung bis zur vollkommenen Meisterung der Geschlechtskraft im tantrischen Yoga. Meisterschaft besteht nicht in Triebunterdrückung durch sogenannte »Keuschheit«, sondern in liebevoller Zügelung, so daß schließlich im Geschlechtsakt nicht mehr der körperliche Orgasmus angestrebt wird, sondern die Glückseligkeit der seelischen Verschmelzung, die in tiefer Meditation erfahren werden kann als Gleichnis der göttlichen Vereinigung von »Yang« und »Yin«, von »Schiwa« und »Schakti«, von »Schöpfergeist« und »Weltseele«. Auf diese Weise ist auch die bewußte Zeugung eines Kindes im vollen Einvernehmen mit der sich verkörpernden Seele möglich.

2. Svadhisthana – Nabel-Chakra

Es wirkt durch die untere Bauchregion (oberhalb des Kreuzbeins), und bezieht sich auf das kollektive Unterbewußtsein. Die körperliche Entsprechung sind die Nebennieren

(Adrenalin, Puls). Die wörtliche Übersetzung lautet »der Grund, auf dem man steht«, der von uns jeweils eingenommene Standpunkt, der in Wirklichkeit nicht auf bewußten, verstandesmäßigen Überlegungen und Erwägungen beruht, sondern auf unterbewußten, gefühlsmäßigen Faktoren: auf der Wechselwirkung von Eindruck und Ausdruck im Gemüt. Hier sind wir auch noch nach unten geöffnet, indem wir mit dem Gesamtleben der Natur in ständiger Verbindung stehen – einerseits durch die auf uns wirkenden Eindrücke und andererseits durch unsere Reaktionen darauf, die wir unwillkürlich zum Ausdruck bringen (Gestik, Mimik, Organsprache usw.).
Dieser Bewußtseinsbereich ist kollektiv, weil er nicht nur allen Menschen gemeinsam ist, sondern auch Tiere und Pflanzen hauptsächlich in dieser Welt von Eindruck und Ausdruck leben, so daß wir uns auf diese Weise mit ihnen verständigen können. Durch »Nabelschau« kann man sich kontemplativ mit diesem Bereich in Verbindung setzen und so praktisch unbegrenzt Erinnerungselemente in unserem »Zellgedächtnis« erwecken. Doch das ist wohlgemerkt keine »Rückführung«! Denken wir an den Vergleich mit dem Hubschrauber auf der Autobahn: Wenn wir das vorbeifahrende Auto wieder sehen, haben wir uns auf eine höhere Bewußtseinsebene begeben, so daß das scheinbar Vergangene wieder gegenwärtig geworden ist. Bei sogenannten »Rückführungen« kann (wenn es sich nicht um bloße Suggestionen handelt) bestenfalls versucht werden, eine solche Bewußtseinserweiterung zu erreichen, die genaugenommen nicht einmal eine Rückschau ist, sondern eine Weiterschau im Sinne der Vergegenwärtigung des Vergangenen aufgrund der allgemeinen Vergrößerung des »inneren Horizonts«.
Natürlich ist, wie überall im Leben, auch hier anzustreben, von der Hilfe anderer unabhängig zu werden. Und ebendies bedeutet das voll entwickelte Nabel-Chakra, daß man nicht mehr mühsam in der Vergangenheit »herumstochern« muß, sondern jederzeit und unbegrenzt imstande ist, »in der Akascha-Chronik zu lesen«.

3. Manipura – Sonnen-Chakra

Es wirkt durch die Region des Sonnengeflechts (Magengrube, zwischen dem zwölften Brust- und ersten Lendenwirbel) und bezieht sich auf das subjektive Unterbewußtsein. Die körperliche Entsprechung ist die Bauchspeicheldrüse (Insulin). Die wörtliche Übersetzung lautet »Perlenfülle« und bedeutet die unendliche Mannigfaltigkeit sowohl der Lebensfülle in der Umwelt, die wir mit den äußeren Sinnen wahrnehmen, als auch der Gefühle und Affekte im Gemüt, die wir mit den inneren Sinnen spüren. Das Sonnengeflecht ist tatsächlich die zentrale »Antenne« unseres vegetativen Nervensystems, durch die wir ständig zugleich die Schwingungen der Umwelt empfangen und die eigenen Schwingungen aussenden.

Außerdem ist dieses Chakra noch von weiteren wichtigen Stoffwechselorganen umgeben: Magen, der auf jede Vibration des Sonnengeflechts sofort reagiert (»Das schlägt mir auf den Magen« oder »Das liegt mir schwer im Magen«), Leber und Gallenblase, deren Beziehung zum Gemüt besonders auffallend ist (»Mir ist eine Laus über die Leber gelaufen« oder »die Galle übergelaufen« usw.), und Milz, deren reinigende und koordinierende Funktion immer noch nicht vollständig erforscht ist. Die »Perlenfülle« kann infolgedessen auch als Ansammlung besonders wichtiger Organe in der Körpermitte aufgefaßt werden.

Dieser Bewußtseinsbereich ist subjektiv, weil sowohl die äußeren Sinneswahrnehmungen als auch die inneren Empfindungen absolut individuell sind, so daß die objektive Wirklichkeit eben nur subjektiv erfahren werden kann und erst recht im Gefühlsleben höchstens Gleichklang (innige Kommunikation), aber niemals Einklang (totale Identität) erreichbar ist. Wer einerseits allen Umwelteinflüssen hilflos preisgegeben ist und andererseits zum bloßen Spielball seiner Emotionen wird, dessen Sonnen-Chakra ruht.

Die Entwicklung dieses Chakras zeigt sich einerseits in immer aufmerksamerer Achtsamkeit im Umgang mit der Natur und den Mitmenschen, so daß man immer weniger überrascht und getäuscht werden kann – und andererseits in immer sorgfältigerer Wachsamkeit dem eigenen Gemüt gegenüber, so daß man seine Gefühle immer besser zu kontrollieren und nötigenfalls zu korrigieren vermag. Unbeeinflußbare Aufgeschlossenheit nach außen und unerschütterliche Ausgeglichenheit im Inneren sind die Kennzeichen des voll entwickelten Sonnen-Chakras.

Mit der Entwicklung der drei unteren Chakras ist die menschliche Erscheinungsform des im Ego verkörperten Selbst vollendet, in der die drei Naturbereiche des Mineralischen, Pflanzlichen und Tierischen »einverleibt« sind und die nun als Instrument der menschlichen Intelligenz fähig geworden ist, durch die »Herz-Mitte« hindurch zur Entwicklung der drei höheren Chakras fortzuschreiten bis zur Vollendung des ganzen Menschenwesens.

4. Anahata – Herz-Chakra

Es wirkt durch die Brustregion (zwischen dem vierten und fünften Brustwirbel) und bezieht sich auf das Oberbewußtsein. Die körperliche Entsprechung ist die Thymusdrüse (Wachstum, Immunsystem). Die wörtliche Übersetzung lautet »Sturmzentrum« und bedeutet den festen inneren Halt, der allen anstürmenden Trieben und Gefühlen gegenüber unbewegt bleibt wie das innerste Zentrum eines Wirbelsturms. Schon Laotse verwies auf das ebenso anschauliche Gleichnis von der unbewegt ruhenden Nabe inmitten des sich ruhelos drehenden Rades.
Das Zentrum des rationalen Bewußtseins ist die Abstraktion des personalen »Ich«, die nur der Mensch zu vollziehen vermag, nachdem seine intellektuellen Gehirnfunktionen entsprechend ausgereift sind, und die er bei der geringsten Bewußtseinstrübung (Rausch, Schlaf, Ohnmacht) sofort wieder verliert. Doch nur um zugleich darüber hinaus gelangen und

das transpersonale »Selbst« entdecken zu können, das sich hinter der persönlichen Erscheinung verbirgt, solange man sich von ihr täuschen läßt und das Spiegelbild für das Original hält. Doch schon die Bezeichnung »Person« verdeutlicht den wahren Sachverhalt, denn sie stammt vom lateinischen *personare* (= hindurchtönen) und bezieht sich auf die Maske, welche die antiken Schauspieler dem Charakter ihrer Rolle gemäß trugen und durch die ihre Stimme hindurchtönte. Demnach ist die sichtbare Person nur die »Maske«, die das unsichtbare Selbst, seiner jeweiligen irdischen Rolle entsprechend, angenommen hat und durch die es sich zum Ausdruck bringt.

Das Herz-Chakra bildet die eigentliche Wesensmitte, in der »Ich« und »Selbst« gewissermaßen in einem Punkt zusammentreffen, der gleichermaßen die Spitze der von unten aufsteigenden Pyramide der personalen materiellen Manifestation und die Spitze der von oben herab sich senkenden Pyramide der transpersonalen spirituellen Entelechie bildet. In diesem »Wendepunkt« geschieht somit die ständige Wandlung (Transmutation oder Transsubstantiation) des menschlichen Lebens, in der die Materialisation des Geistes und die Vergeistigung der Materie ebenso ineinander übergehen wie der obere und untere Kreislauf des arteriellen und venösen Blutes im organischen Herzen.

Wer das noch nicht erfahren oder wenigstens eingesehen hat, der hält seine materielle Person bereits für die Spitze seiner irdischen Existenz, über die nichts mehr hinausreicht bzw. die in nichts anderes hineinreicht. Dieser Irrtum bedingt die vielfach noch übliche Begriffsverwirrung, in der Intellekt mit Intelligenz, rationales Denken mit Geist und unterbewußtes Gemüt mit Seele verwechselt wird. Dadurch schneidet man sich jede weitere Entwicklungsmöglichkeit ab, weil man sein Ego nicht als verkörpertes Selbst erkennt, sondern für die einzig konkrete Realität hält.

Da aber in der »Schule des Lebens« alles, was wir nicht freiwillig lernen, uns zwangsweise durch entsprechende »Schicksalsschläge« beigebracht wird, sind insbesondere Kreislaufbeschwerden und Herzkrankheiten letztlich durch diesen materialistischen Grundirrtum infolge des »schlafenden« Herz-Chakras verursacht. Ja, es ist dies die eigentliche »Erbsünde«, d. h. die durch die Verkörperung der Seele bewirkte Absonderung des persönlichen Bewußtseins vom kosmischen Bewußtsein, der »Fall« aus dem Seelen-Gewahrsein universaler Einheit und Ganzheit in die Zwiespältigkeit und Begrenztheit mentaler Denkformen und emotionaler Vorstellungsbilder. Dadurch werden zwangsläufig Zweifel bis zur Verzweiflung, Beklemmungen bis zur Depression, Ängste jeglicher Art bis zur ausweglosen Panik hervorgerufen, denn der unerschöpfliche Energiefluß des Göttlich-Ganzen, der auch im organischen Blutkreislauf zum Ausdruck kommt, bleibt so lange in uns blockiert, bis das aktivierte Herz-Chakra die behindernde »Verblendung« durch wachsende »Einsicht« aufhebt, indem das analytische »Hirndenken« (»Computer«) durch das synthetische »Herzdenken« (»Transformator«) überhöht wird.

Wir erinnern uns: Das eben bedeutet Meditation, von der Wesensmitte den Umkreis des Bewußtseins ermessen und immer weitere Kreise ziehen, bis sie schließlich im Unendlichen münden, so wie in der Weite des Ozeans Horizont und Firmament vollkommen ineinander übergehen. Das voll entwickelte Herz-Chakra ist daher gleichbedeutend mit »Einweihung«, »Erweckung«, »Erleuchtung« oder »fünfter Geburt« (siehe die entsprechenden Kapitel).

5. Visuddha – Hals-Chakra

Es wirkt durch die untere Halsregion (zwischen dem siebenten Hals- und ersten Brustwirbel) und bezieht sich auf das individuelle Überbewußtsein (Imagination). Die körperliche Entsprechung ist die Schilddrüse (Jod, Kalk, Balancieren). Die wörtliche Übersetzung lautet »die letzte Läuterung«, denn hier liegt die Grenze zwischen dem ausführenden Instrument des ganzen Körpers und den im Kopf wirksamen »Führungsinstanzen« (intellektuelle Denkzentren und spirituelle Steuerzentren), die natürlich um so effektiver führen können, je einwandfreier das Instrument funktioniert.

Schon physisch sind im Hals alle Grundbestandteile des Organismus konzentriert, die in den »vier Elementen« symbolisiert werden: »Erde« als die Nahrung durch die Speiseröhre – »Wasser« als das flüssige Blut in den Halsschlagadern – »Luft« als der Luftstrom in der Luftröhre – »Feuer« als die »elektrischen« Nervenstränge entlang der Wirbelsäule, die nochmals die tragende Festigkeit des Erdhaften verkörpert.

Mit dem Kehlkopf, dem Instrument der Sprache, durch die Menschen sich verständigen können, gelangen wir zur psychischen Bedeutung des Halses: Wie dieser im körperlichen Organismus die Grenze zwischen Kopf und Rumpf darstellt, so markiert das Hals-Chakra im sozialen Organismus die Grenze zwischen Mensch und Mitmensch, Individuum und Kollektiv. Der Freiheitsdrang des einzelnen und das Ordnungsgefüge der Gemeinschaft bedeuten eine echte Polarität, die bei ruhendem Chakra als krasser Gegensatz von egoistischer Willkür und dirigistischem Zwang zum Ausdruck kommt, wie wir ihn im wütenden Aufeinanderprallen gewalttätiger »Chaoten« und knüppelnder »Ordnungsorgane« ja deutlich genug erleben.

Erst das aktive Hals-Chakra sorgt im körperlichen Organismus für die harmonische Wechselwirkung von Ernährung und Entfaltung, d. h. gleichermaßen Versorgung der Steuerzentren mit vitaler Energie und Durchdringung des ganzen Menschen mit stimulierenden Willensimpulsen. Ebenso löst es im sozialen Organismus die negativen Gegensatzspannungen und wandelt sie in die positive Spannweite einer ebenso freiheitlichen wie loyalen Persönlichkeit, die ihren größtmöglichen individuellen Freiheitsspielraum gerade durch kluge Anpassung an die generellen Gesetzmäßigkeiten ihres jeweiligen Lebensraums erreicht.

Das voll entwickelte Hals-Chakra zeigt sich sowohl im inneren Wohlbefinden infolge störungsfrei zusammenwirkender Organfunktionen als auch im äußeren Wohlergehen infolge reibungslos »eingespielter« mitmenschlicher Beziehungen.

6. Ajna – Stirn-Chakra

Es wirkt durch die Stirnregion (das »dritte Auge« in der Stirnmitte über der Nasenwurzel) und bezieht sich auf das generelle allgemeingültige Überbewußtsein (Inspiration). Die körperliche Entsprechung ist die Zirbeldrüse (PSI-Fähigkeiten, Astralleib). Die wörtliche Übersetzung ist »die schneestrahlige Verwandlung bewirkende Urmacht«. Der Ausdruck »schneestrahlig« wird auch in der Bibel gebraucht (etwa bei der Erscheinung Jesu auf dem Berge Tabor), aber meist völlig verständnislos übersetzt mit »sie trugen Gewänder, weiß wie Schnee«. Tatsächlich soll hier der wesentliche Unterschied zwischen dem aktiv strahlenden Weiß einer glitzernden Schneedecke und dem passiv stumpfen Weiß eines frischgewaschenen Leintuchs hervorgehoben werden, als Gleichnis für den Unterschied zwischen der aktiven Strahlkraft des verklärten Leibes eines Vollendeten und der passiven Reinheit einer »tugendhaften Jungfrau«, die ihre »Unschuld« bewahrt hat. Die Unschuld kann höchstens bewahrt werden, nicht aber verwandelnd wirken, während die Verklärung dadurch entsteht, daß die konsequente Vergeistigung der Materie schließlich sämtliche Körperzellen verwandelt hat.
Im Stirn-Chakra beginnt also die Öffnung von »oben«, indem die allverwandelnde Urmacht hier die Voraussetzung dafür schafft, daß die Verklärung geschehen kann, und zwar durch den »großen Atem« von restloser Hingabe an das Göttlich-Ganze (Ausatmung) und entsprechender Aufnahme der ewigen Fülle in ihr räumlich-zeitliches Gefäß (Einatmung).
Infolgedessen bedeutet »Öffnen des dritten Auges« nicht etwa hellsichtig werden im Sinne einer medialen Fähigkeit (obwohl auch das als Begleiterscheinung möglich ist), sondern Klarsicht gewinnen in den Gesamtzusammenhang des Kosmos weit über das begrenzte Fassungsvermögen des rationalen Denkens hinaus (dem ja besonders die Augen zugeordnet sind, während Nase und Ohren mehr mit dem Unterbewußtsein korrespondieren). Das »dritte Auge« symbolisiert demnach das Vermögen, über den bloßen »Augenschein«

hinaus sowohl Einsicht und Überblick als auch Einblick und Übersicht gewinnen zu können in immer höhere Bewußtseinsbereiche und immer tiefere Mysterien. Das meinte auch Jesus mit seinem Wort: »Wer Augen hat zu *schauen* und wer Ohren hat zu *horchen*...« Auch hier ist die übliche Übersetzung sinnlos, denn sehen und hören kann jeder, der nicht blind und taub ist. Sehen und Hören bezieht sich auf das Äußere, Schauen und Horchen auf das Innere. Auf das Horchen folgt das Gehorchen, indem man dorthin geht (das tut), was man vorher erhorcht hat (geh-horchen). Und ebenso entsteht aus dem Schauen die Welt-Anschauung, die das Verhalten in der Welt bestimmt.

Bei ruhendem Stirn-Chakra wird das Gehirn allein von intellektuellen Denkprozessen und vom rational-begrifflichen Bewußtsein benützt. Auf diese Weise können aber nur ständig neue Kenntnisse erworben werden, ohne eine einzige Erkenntnis zu gewinnen (Verstand ohne Vernunft), wie bereits erläutert wurde. Erst das aktive Stirn-Chakra befähigt das menschliche Gehirn zu den sehr viel komplexeren Leistungen des inspirativen und kontemplativen Denkens (»Lesen im Buch der Entsprechungen«) und zu sehr viel genauerem Unterscheidungsvermögen zwischen Wesen und Erscheinung, Ganzheit und Teilaspekten, Wirklichkeit und Bewirktheit (»das Kleinod der Unterscheidung«).

Für das voll entwickelte Stirn-Chakra gibt es also keinerlei »engstirnige« Begrenztheit mehr, denn die holistische Erkenntnis, daß vom Größten bis ins Kleinste alles mit allem in vielfältiger Beziehung steht und in allem eine einzige durchgängige Gesetzmäßigkeit in unendlichen Variationen wirksam ist, muß dann nicht mehr mühsam »bewiesen« werden, sondern ist zur selbstverständlichen Gewißheit geworden (Eckhart: »sunder Warumbe« = ohne Warum).

7. Sahasrara – Scheitel-Chakra

Es wirkt durch die Region des Oberschädels (Fontanelle) und bezieht sich auf das Urbewußtsein (Intuition – Initiation). Die körperliche Entsprechung ist die Hypophyse (Zentralsteuerung). Die wörtliche Übersetzung lautet »erfüllte Leere« – in fast gleichlautender Übereinstimmung mit dem christlichen Ausdruck »docta ignorantia = wissende Unwissenheit«, denn der höchste für den Menschen erreichbare Bewußtseinszustand ist eben nicht mehr rational faßbar und mitteilbar, sondern nur selbst erfahrbar, wenn die persönliche Begrenzung aufgehoben (die Schädeldecke transparent geworden) ist und so der relative »Sonderschein« (Eckhart) im absoluten EINS-SEIN aufgegangen ist wie der Tropfen im Ozean oder das »Fünklein« (Eckhart) im Feuermeer des Urlichts. Darum wird das voll entwickelte Scheitel-Chakra in östlichen Darstellungen oft durch die vom Kopf aufsteigende Flamme und in christlichen Darstellungen durch die das Haupt umgebende Gloriole symbolisiert.
Im vollkommenen Offensein für den göttlichen Energiestrom behindert nichts mehr das beglückende Empfangen des »Heiligen Geistes« und das selige Verströmen im Göttlich-Ganzen, so daß sich der gleiche Vorgang von Zeugung und Empfängnis, mit dem im »untersten« Chakra die irdische Existenz begann, nun im obersten Chakra auf »höchster« Bewußtseinsebene, als Krönung dieser Existenz, wiederholt. Der »verlorene Sohn« ist heimgekehrt ins »Vaterhaus«, die Seele ist befreit vom »Rad der Wiedergeburten« und eingegangen ins »Himmelreich« der »Gottunmittelbarkeit« (Eckhart).

Hier enden die Worte und das Schweigen beginnt:

Freund, es ist auch genug. Im Fall du mehr willst lesen, so geh und werde selbst die Schrift und selbst das Wesen.

(Angelus Silesius)

Die christlichen Entsprechungen in den sieben Todsünden und sieben Sakramenten

Wie bereits erläutert wurde, entsprechen im westlichen Denken den ruhenden Chakras die »Todsünden« und den aktiven Chakras die »Sakramente«. »Sünde« heißt abgesondertes, vom Ganzen getrenntes Bewußtsein und kann psychologisch am einfachsten als etwas Schädliches, Zerstörendes, Unheilvolles bezeichnet werden. Ein Sakrament bedeutet demnach umgekehrt etwas Wohltuendes, Aufbauendes, Heilvolles, so daß dadurch entweder der angerichtete Schaden wiedergutgemacht werden kann oder von vornherein verhütet wird (siehe das Kapitel »Heilung – Heil – Heiligung«).

1. Basis-Chakra = Wollust – Taufe

Wollust bedeutet hemmungslose Triebhaftigkeit, d. h., völlig unbewußt den »blinden« Elementargewalten preisgegeben sein. Daß dies tatsächlich äußerst schädlich ist, ja sogar tödlich sein kann, steht außer Zweifel (Vergewaltigung, Geschlechtskrankheiten, Sexualmord). Dem soll die Taufe entgegenwirken, indem sie den Menschen an seine Verantwortung sich selbst und der Umwelt gegenüber erinnert. Symbolisch wird hier das natürliche Resultat eines nicht nur egoistischer Lustbefriedigung, sondern sinnvoller Verkörperung dienenden Vorgangs besonders hervorgehoben und für die irdische Aufgabe »geweiht«.

Deswegen ist mit der Taufe normalerweise die Namensgebung verbunden, wodurch die Sinn-Erkenntnis der jeweiligen Verkörperung zum Ausdruck gebracht werden soll. Schon in der Schöpfungsgeschichte wird berichtet, daß Gott Adam alle Geschöpfe vorführte und dieser sie mit Namen benannte, d. h. ihre Aufgabe und Bedeutung in der Schöpfung erkannte. Es wird etwas dadurch »geheiligt«, daß es in seiner Bedeutung für das Ganze erkannt und seiner Aufgabe gemäß

genutzt wird. Und es wird »entheiligt«, wenn es entweder sinnlos verschwendet oder nur für egoistische Zwecke mißbraucht wird.
Bewußte Eltern bezeugen durch den meditativ empfangenen Namen, daß sie den Sinn der irdischen Existenz des Neugeborenen wohl erkannt haben und sich ihrer Mitverantwortung dafür bewußt sind. Diese Verantwortung schließt auch souveräne Triebbeherrschung mit ein (tantrischer Yoga), so daß »ungewollte Kinder« oder gar Abtreibung unmöglich geworden sind.

2. Nabel-Chakra = Völlerei – Beichte

Völlerei bedeutet Maßlosigkeit bzw. Unersättlichkeit in jeder Beziehung und ist dadurch bedingt, daß das kollektive Unterbewußtsein mit dem Gesamtleben in unbegrenzter Verbindung steht und so von der Überfülle an Genuß- und Erlebnismöglichkeiten (religiös »Versuchung«, psychologisch »Reizüberflutung«) überwältigt wird, wenn die gegensteuernde Vernunft entweder gar nicht verfügbar oder zu schwach ist. Wie schädlich und vielfach tödlich auch diese »Todsünde« ist, braucht angesichts von Fettleibigkeit, Alkohol- und Drogenmißbrauch, Vergnügungsindustrie und Sensationsgier kaum näher begründet zu werden.
Hier entspricht die Beichte tatsächlich der notwendigen »Nabelschau«, im Sinne des »Insichgehens« oder »Zur-Einsicht-Gelangens«, indem man gründlich und ehrlich sich mit den unterbewußten Triebkräften befaßt und sie vernunftgemäß zügelt (also Yoga in seiner eigentlichen Bedeutung übt). Diese Beichte vor sich selbst (seinem Selbst) sollten wir mindestens vor dem Einschlafen bei der Tagesrückschau vollziehen, zweckmäßigerweise sogar noch öfter, wann immer es notwendig erscheint, die eigentlichen Beweggründe unseres Tuns und Lassens zu klären. Wenn man das nicht allein fertigbringt, braucht man eben Hilfe. Daß dies ein ganz natürliches menschliches Bedürfnis ist, beweisen gerade diejenigen, die

zwar die kirchliche Einrichtung der »Ohrenbeichte« oder des persönlichen »Beichtvaters« ablehnen, dafür aber Bekannte und Verwandte, Ärzte, Psychotherapeuten, Lebensberater und andere mehr oder weniger Befähigte um so mehr in Anspruch nehmen. Wählen wir also erstens unsere Vertrauenspersonen sorgfältig aus, und streben wir zweitens danach, immer besser auf unser eigenes Gewissen zu horchen, um ihm dann auch gehorchen zu können.

3. Sonnen-Chakra = Zorn – Firmung

Zorn bedeutet Aggression und jeglichen Erregungszustand, bedingt durch den unbedingten Persönlichkeitsanspruch des subjektiven Unterbewußtseins (Erwartungshaltung, Ehrgeiz, Rivalität, Eifersucht, Gekränktsein, Komplexe und Fehlreaktionen jeder Art), durch die man ständig aus dem »seelischen Gleichgewicht« gebracht wird und keine Ruhe findet. Daß Aggressionen, abgesehen von solchen persönlichen Dramen, für die ganze Menschheit besonders lebensbedrohlich sind, liegt auf der Hand (angefangen von Blutrache und Stammesfehden bis zu Völkermord und Massenvernichtungskriegen).
Dieser Bedrohung gegenüber brauchen wir einen ganz festen inneren Halt, unbeirrbare Standhaftigkeit, ruhevolle Ausgeglichenheit und unangreifbare seelische Immunität. Dies alles symbolisiert das Sakrament der Firmung oder Konfirmation, was ja Stärkung und Festigung bedeutet. Damit ist jedoch nicht statische Sturheit und unbeweglicher Eigensinn gemeint, sondern jene dynamische Kraft, die z. B. ein Motorrad um so fester in der Balance hält, je schneller es fährt. Diese Kraft bewirkt das gleiche in unserem Bewußtsein, je zielsicherer und konsequenter wir der Vollendung zustreben. Je mehr wir nur noch von diesem großen allgemeinmenschlichen Entwicklungsziel erfüllt sind, desto weniger können uns noch kleinliche persönliche Querelen davon ablenken oder gar abbringen.

4. Herz-Chakra = Neid – Altarsakrament

Neid oder Mißgunst bedeutet passiven Egoismus, der nicht nur alle mitmenschlichen Beziehungen vergiftet wie eine Seuche, sondern vor allem auch den Neider selbst am meisten schädigt, indem er dadurch sich selbst vom Fluß des Lebens ausschließt. Er steht gewissermaßen schmollend in der Ecke und blockiert sein Weiterkommen, während gerade die von ihm Beneideten vom Energiestrom getragen an ihm vorbeiziehen, bis auch sie irgendwann dem Neid verfallen und sich so ebenfalls ausschalten. Diese allgemeine »Innenweltverschmutzung« ist schlimmer als die ganze Umweltverschmutzung, denn dadurch wird das menschliche Zusammenleben ungeheuerlich erschwert und eine gewaltige Energie negativ verbraucht, vor allem aber der Aufstieg in höhere Bewußtseinsbereiche total verbaut.
Es bedarf daher eines entsprechend starken positiven Gegengewichts – und das ist das zentrale Sakrament des Christentums, in dem die Transsubstantiation, die »Einverleibung« des Göttlichen im Menschen und das Eingehen des Menschlichen ins Göttliche symbolisiert wird. Wer diesen kosmischen Kreislauf der Materialisierung des Geistes und der Vergeistigung der Materie bewußt in sich mitvollzieht, der findet keinen Ort mehr, wo er neidisch »abseits stehen« könnte, denn er bleibt ständig im Fluß der Evolution, indem er gleichermaßen den »Strom des Lebens« und die »Flut des Geistes« durch sich hindurchfließen läßt und darin seine vollkommene Selbsterfüllung findet.

5. Hals-Chakra = Geiz – Ehe

Geiz bedeutet aktiven Egoismus, das krampfhafte Festhalten und Nichthergeben aus panischer Angst, nicht genug zu bekommen (wobei bezeichnenderweise gerade diejenigen am geizigsten sind, die am meisten besitzen). Im Gegensatz zu vernünftiger Sparsamkeit handelt es sich hier um eine schwere Neurose (bei der in extremen Fällen sogar schon Menschen verhungert sind). Aber auch die unersättliche Profitgier, die im Großen und im Kleinen zu den schlimmsten »moralischen Krankheiten« der Menschheit gehört, ist eine Form des Geizes.

Das wirksamste Heilmittel dagegen ist das Sakrament der Ehe, das ursprünglich gar nichts mit Verheiratetsein zu tun hat, sondern die richtige Beziehung zwischen Polaritäten jeglicher Art bedeutet: ein Kraftfeld im Physikalischen, eine Synthese im Chemischen, ein Organismus im Biologischen, eine Hierarchie (= »heilige Ordnung«) im Sozialen. Versteht man EHE als Abkürzung für »ES HEILIGT ES«, dann ist damit tatsächlich die idealste Form jeder polaren Beziehung beschrieben: sei es zwischen Lebenspartnern oder sozialen Partnern im Kleinen, zwischen Menschheit und Natur, Geist und Materie im Großen. Wenn so alle polaren Gegensätze sich nicht mehr sinnlos bekämpfen und »verteufeln« würden, sondern sich »heiligen« im Sinne von ergänzen, d. h. gemeinsam einem beide umfassenden Ganzen dienen – dann könnten wir in geradezu paradiesischen Zuständen leben.

6. Stirn-Chakra = Hoffart – Priesterweihe

Hoffart bedeutet Hochmut, Arroganz, Überheblichkeit als die zweitschwerste Sünde, die bis in die höchsten Bewußtseinsstufen hinaufreicht, denn verständlicherweise wird ein noch nicht völlig geläuterter Mensch um so überheblicher werden, je überragender sein Wissen und je unwiderstehlicher seine dadurch gewonnene Macht geworden sind. Die Versuchung, »andere für dumm zu verkaufen« und egoistischen Machtmißbrauch zu treiben, wächst mit der Erweiterung des Bewußtseins – und das eben nennt man »Schwarze Magie«. Darum ist auch in sogenannten esoterischen Kreisen der geistige Hochmut am schlimmsten und der »Jahrmarkt der Eitelkeiten« am verführerischsten.

Die Todfeinde Jesu (die nicht ruhten, bis sie tatsächlich seinen Kreuzestod erreicht hatten) waren nicht etwa die »Sünder« (für diese ist er stets eingetreten), sondern die »hochachtbaren« selbstgerechten Pharisäer, die sich schon für untadelig hielten und daher mit ihren Mitmenschen unbarmherzig ins Gericht gingen. Das ist bis heute so geblieben, denn es gibt kaum einen gefährlicheren Bazillus im Bewußtsein als das Pharisäertum, von dem auch jeder von uns täglich befallen wird, wenn wir wieder einmal über einen »Dummkopf« hochnäsig uns erheben oder einen »Kriminellen« hartherzig verurteilen.

Dagegen hilft nur die ständige Erinnerung an die hohe Aufgabe der Priesterschaft, d. h. des Dienend-sich-Herabneigens und Liebevoll-Mittragens statt arroganten Anspruchs und haßerfüllten Verdammens. So gesehen, ist Priester-Sein keineswegs ein Beruf, ja noch nicht einmal eine besondere Berufung, sondern die moralische Aufgabe jedes Menschen seinen Mitmenschen und der gesamten Kreatur gegenüber. Gottesdienst bedeutet ja in Wirklichkeit nicht irgendeine zeremonielle Handlung, sondern ständig dem Göttlichen in all seinen Erscheinungsformen zu dienen. Und zwar besteht diese Dienstleistung in doppelter Weise (wie sie durch die priesterliche Gebärde der nach oben weisenden linken Hand und der nach unten weisenden rechten Hand symbolisiert wird): die göttliche Energie von oben empfangen und aktiv nach unten als Segen weiterleiten – das menschliche Bemühen von unten entgegennehmen und duldsam nach oben als Verantwortung weitergeben.

Das also sollte jeder Mensch für jeden anderen sein: ein Mittler zwischen dem Ewigen und Irdischen, ein hilfreicher Weggefährte zu dem gemeinsamen Ziel der Vollendung. Deswegen heißt Priester auf lateinisch »pontifex« (= Brückenbauer) – und dazu sind wir alle bestimmt: nicht Abgründe aufzureißen, sondern zu überbrücken, nicht Gegensätze zu betonen, sondern zu vereinbaren, nicht lieblos zu trennen, sondern liebevoll zu vereinigen, nicht einander zu bekriegen, sondern den Frieden zu schaffen.

7. Scheitel-Chakra = Trägheit – Ölung/Salbung

Trägheit ist die schwerste Sünde (»Trägheit ist aller Laster Anfang«), weil sie dem Menschen unvermeidlich anhaftet, solange er verkörpert ist, denn die Materie an sich ist ja dem Gesetz der Trägheit und der Schwere unterworfen, so daß wir jeden Moment der Trägheit unterliegen, in dem wir nicht durch irgendeinen Antrieb oder Auftrieb »auf Trab« oder »in Schwung« gebracht werden. Es ist wie bei einem fliegenden Flugzeug: Wenn die Antriebskraft nachläßt, sinkt es, und wenn sie aufhört, fällt es herunter.

Darum haben wir eigentlich vom Aufstehen bis zum Schlafengehen nichts anderes zu tun, als in jeder möglichen Weise der innewohnenden Trägheit zu begegnen: ob freiwillig durch alles, was uns erfreut, befriedigt, Lust verschafft, äußeren Erfolg und innere Erfüllung bereitet – oder unfreiwillig durch Schmerz, Leid, Unglück, Krankheit, Verluste und Schicksalsschläge jeder Art.

Das radikalste Gegenmittel ist allerdings das Sterben! Das muß keineswegs gleich körperlich geschehen, sondern kann sich zunächst in Gedanken und Gefühlen vollziehen: Wenn man sagt »Das ist für mich gestorben«, so ist damit gemeint, »Es ist völlig aus meinem Denken und Gefühlsleben gelöscht«, also endgültig erledigt (siehe »Yama« im Yoga-Pfad, übernächstes Kapitel). Darum lautet ein Meisterwort: »Lebe jeden Tag so, als ob er dein letzter wäre.« Wer das wirklich einmal versucht, dem vergeht die Trägheit gründlich, denn dann hat er unendlich viel zu tun, um Versäumtes nachzuholen und Angefangenes zu beenden, angerichteten Schaden wiedergutzumachen und sich mit seinen Feinden zu versöhnen, unerfüllte Wünsche zu befriedigen und Ordnung in seinen Verhältnissen zu schaffen usw., um tatsächlich »in Frieden die Augen schließen« zu können. Allem innerlich und äußerlich Unerledigten gegenüber ist also eine solche Haltung höchst empfehlenswert.

Sterben bedeutet wie gesagt, daß das Bisherige definitiv abgeschlossen ist und etwas ganz Neues beginnt. In diesem Sinne wird die Ölung oder Salbung auch angewandt, wenn jemand eine Aufgabe übernimmt, die tatsächlich ein völlig neues Leben bedeutet (Eintritt ins Kloster, Übernehmen eines weltlichen oder geistlichen Herrscheramtes usw.). Meistens wird dabei auch ein neuer Name angenommen, um durch diese erneute »Taufe« den radikalen Neubeginn noch zu betonen. Dieser Vorgang kann nun von jedem Menschen jederzeit innerlich vollzogen werden (siehe die »fünfte Geburt«), dann hat er die gleiche Wirkung eines Radikalmittels gegen die Trägheit.

Daß daraus das »Sterbesakrament« geworden ist, hat folgenden Grund: Wer sein ganzes Leben lang der Trägheit verfallen ist, wird durch den Sterbevorgang biologisch von ihr befreit, soll aber durch das Sakrament die Möglichkeit bekommen, diese letzte Gelegenheit zur »Einweihung« zu nutzen, d. h., entweder einen vollbewußten Übergang vollziehen zu können oder – falls er doch noch mit dem Leben davonkommt – dennoch »ein anderer Mensch« geworden zu sein. In letzter Zeit häufen sich die Berichte klinisch Toter, die zurückgeholt wurden, daß der natürliche Sterbevorgang auch ohne zeremonielle Begleitung diese sakramentale Wirkung hat. Und daß die gleiche Wirkung sogar ohne physisches Sterben rein psychisch erfahren werden kann, bezeugt die täglich wachsende Zahl von Menschen, die durch die »fünfte Geburt« zum Seelengewahrsein gelangten und damit ein neues Leben begannen.

Chakra-Mandalas

Name	Muladhara	Svadhisthana	Manipura	Anahata	Visuddha	Ajna	Sahasrara
Übersetzung	der Wurzelhalter	der Grund, auf dem man steht	die Perlenfülle	das Sturmzentrum	die letzte Läuterung	schneestrahlige, Versenkung bewirkende Urmacht	erfüllte Leere
Bedeutung	Fundament des Geschehens	der eigene Standpunkt	unendliche Mannigfaltigkeit	das Unerschütterliche	Klärung und Reinigung	Verklärung, höchste Erkenntnis	Nirwana das Weiselose
Leibesregion	Steißbein	Unterbauch	Sonnengeflecht	Herz	Hals	Stirnmitte	Scheitel
Drüse	Keimdrüsen	Nebennieren	Bauchspeicheldrüse	Thymusdrüse	Schilddrüse	Zirbeldrüse	Hypophyse
Regenbogenfarbe	Rot	Orange	Gelb	Grün	Blau	Indigo	Violett
Blätter: Zahl	4	6	10	12	16	2^n	1000
Blätter: Farbe	Rot	Zinnober	regenwolkenfarbig	leuchtendes Rot	rauchfarbig	Weiß	strahlend
Blätter: Farbe der Lautzeichen	Gold	Violett	Blau	Hellgrau	Karmesin	bunt	

Der »tausendblättrige Lotos« oder die »befreit emporlodernde Flamme« – Symbole des Unsagbaren und Undarstellbaren

	Element	Erde	Wasser	Feuer	Licht-Luft	Äther	Sonne-Mond
	Laut	Lang (Gold)	Vang (Weiß)	Rang (Violett)	Yang (Schwarz)	Hang (Weiß)	OM (Weiß)
Mitte	Figur	gelbes Quadrat in weißem Kreis, Yoni-Linga in rotem Dreieck	weiße Mondsichel aus Doppel-Lotos	rotes dreifüßiges Dreieck im weißen Kreis	grüngrauer Sechsstern in rotem Kreis, Yoni-Linga in goldenem Dreieck	hellblauer Kreis in weißem Dreieck, beide in dunkelblauem Kreis	weißer Kreis mit 2 Blütenblättern, goldumrandet, Yoni-Linga in weißem Dreieck
	Bedeutung	Elementarkraft	Kontemplation	Bewegung, Schwingung	rhythmischer Ausgleich	EHE ES HEILIGT ES	Sublimierung zu reiner Erkenntniskraft
	Tier	Elefant mit 7 Rüsseln = Lebensweisheit	Makara Fisch – Drache: Triebgewalt	Widder: Durchsetzungskraft	Antilope: allseitige Beweglichkeit	Weißer Elefant: Geistes-Weisheit	keines Liebe – Weisheit
	Gott	Brahma: Schöpfer	Vischnu: Schaffenskraft der Jugend	Rudra: reife Güte des Alters	Ischa: Herrschertum (Logos)	Isvara: Vollendungskraft (Entelechie)	EINS-SEIN der ungeteilten Gottheit
	Göttin (Schakti)	Dakini: die Glückstrahlende	Rakini: die Feuer-Macht	Lakini: die Erdmacht	Kakini: die Schenkende	Sakini: die Machtfülle Besitzende	Hakini: die Allwissende und Allvermög.

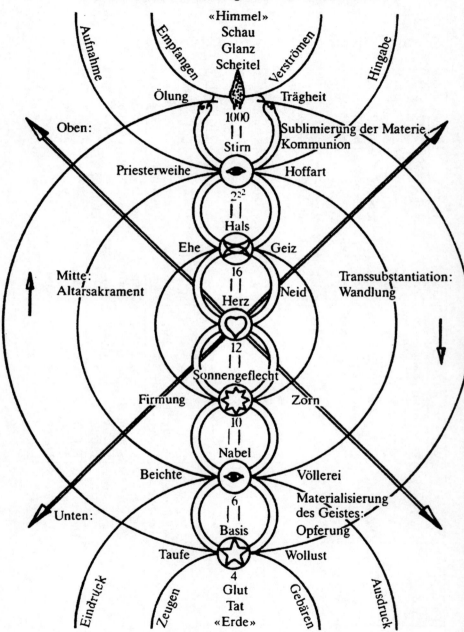

Art und Funktion der Chakras

Erster Ring

Sphäre der Mitte: Unendliche Wechselwirkung von Makro-, Meso- und Mikrokosmos, von Gott, Mensch und Welt in universaler **Geist-Lebendigkeit** (der unbewußte »Gottesfunke« – Basierung).

Hals (16 Blätter)	Herz (12 Blätter)	Sonnengeflecht (10 Blätter)
Wesensmitte	Persönlichkeitsmitte	Erscheinungsmitte
Formenwelt der Denkgestaltungen	Schwingungswelt der Gefühlsgehalte	Farbenwelt der Wirkgewalten
Weisheitsmacht der strengen Ordnung: Wahrheit	Liebesmacht der verbindenden Harmonie: Güte	Lebensmacht der freien Entfaltung: Schönheit
»Reflektor«: Sinn-Enthüllung Ewigkeit der Selbst-Erfüllung (Immanenz)	»Transformator«: Wesens-Wandlung Zentrale Kreuzung von Sein und Werden, beständiger Ausgleich von ICH und ALL (Synthese)	»Katalysator«: Seins-Erfahrung Unendlichkeit der Gottesoffenbarung (Transzendenz)
Hauchmembran des Kehlkopfes: Laut und Sprache	Strömungsmembran der Herzkammern: pulsierende Umkehr und rhythmischer Wechsel	Schwingungsmembran des Solarplexus: Sende- und Empfangs-Antenne
Ehe: Klärung und Bewährung	Altarsakrament: Zentrierung und Durchdringung	Firmung (Konfirmation): Stärkung und Festigung
Erleuchtung	**Vereinigung**	**Schwingung**

Art und Funktion der Chakras

Zweiter Ring

Sphäre der Vermittlung: Zusammenklang von Innerlichkeit und Äußerung, Überlegung und Unternehmung in geisterfahrener Lebensführung (die Bewußtwerdung des »Gottsuchens« – Aktivierung)

Stirn (2^n Blätter)	Nabel (6 Blätter)
Oberes Auge (»Lichtauge«): Ausblick und Einsicht in das Ur-Prinzip der Welten-Schöpfung – **Polarität** von Scheidung und Zusammenfügung	Unteres Auge (»Nachtauge«): Einblick und Umsicht im Ur-Geheimnis der Wesens-Entwicklung – **Trinität** von Ursprung, Weg und Ziel
Ideenwelt des Logos Richtungsmacht der logischen Urteilskraft	Energiewelt der Ur-Natur Schaffensmacht der organischen Prägekraft
Priesterweihe: Enthüllung und Erkenntnis	Beichte: Prüfung und Einkehr
Erhebung	**Erbauung**

Dritter Ring

Sphäre der Auswirkung: Durchdringung des Göttlich-Ganzen vom schärfsten Gegensatz bis zur vollkommensten Verschmelzung in urmenschlicher **ALL-ICH-Verantwortlichkeit** (die vollbewußte »Gottseligkeit« – Potenzierung)

Basis (4 Blätter)	Scheitel (1000 Blätter, d.h. ewig-unendlich)
Die mit vierfacher Verknüpfung haftende Wurzel des Erdenmenschen: Leibesdrang in Stoffeszwang	Die herrlich leuchtende Blüte des Menschenwesens Seelenklarheit in Geisteswahrheit
Ursprung der Tat: die ungeheure Glut der Tiefe (Erde)	Ende der Schau: der unermeßliche Glanz der Höhe (Himmel)
Der schwere Weg: die unerbittliche Notwendigkeit tiefster Gebundenheit	Das hehre Ziel: die aufblitzende Möglichkeit höchster Freiheit
Verhaftetsein im Unendlich-Vielen: »Kreuzigung und Höllenfahrt« – »Karma« usw.	Aufgehen im Ewig-Einen: »Auferstehung und Himmelfahrt« – »Nirwana«
Drängende Triebhaftigkeit	Allmacht des heilig-heilenden Geistes
Taufe: Grundlegung und Belebung	Sterbesakrament: Erfüllung und Vergeistigung
Bestimmung	**Vollendung**

Christliche Feste in esoterischer Sicht

Advent

Warten und Erwartung

»Advent« heißt, objektiv gesehen, das Herannahen, das Aufunszukommen irgendeines Ereignisses – subjektiv unsere eigene Haltung des äußeren Wartens und der inneren Erwartung. Die Wirkung des betreffenden Ereignisses auf uns hängt wesentlich von unserer Haltung ab, denn diese bestimmt unser Verhalten. Wir können z. B. in fatalistischer Untätigkeit und bloßer Ergebenheit dasitzen und abwarten, bis uns entweder »die gebratenen Tauben in den Mund fliegen« oder umgekehrt der nächste »Schicksalsschlag« uns zu Boden wirft. Wir können aber auch versuchen, alles bis ins Kleinste genauestens vorauszuplanen und mit hektischer Geschäftigkeit in gesetzmäßige Abläufe einzugreifen – nur um dann feststellen zu müssen, daß das tatsächliche Geschehen alle Pläne zunichte macht und wir vor lauter Nervosität und Ungeduld den richtigen Zeitpunkt verpassen. Ähnlich ergeht es uns mit unseren vorgefaßten Erwartungen, die zur Quelle ständigen Ärgers und bitterer Enttäuschung werden, weil sie nicht mit der Wirklichkeit übereinstimmen.

»Advent« bedeutet daher eigentlich die Kunst des richtigen Wartens, wie sie im biblischen Gleichnis von den »törichten und klugen Jungfrauen« so anschaulich gezeigt wird. Die Jungfrauen warteten bekanntlich auf den Bräutigam, der eine von ihnen erwählen wollte. Sie wußten jedoch nur, daß er kommen würde, nicht aber, wann. Alle trugen Öllampen, das Symbol für das helle Licht des Bewußtseins und wachsamer Aufmerksamkeit. Die törichten Jungfrauen ließen ihre Lampen verlöschen und legten sich schlafen in der Hoffnung, der durch den Einzug des Bräutigams verursachte Lärm werde sie schon wecken. Wie viele unserer Zeitgenossen gleichen diesen Jungfrauen, indem sie im Bewußtsein »schlafend« sich weder ihres wahren Selbst bewußt sind noch den Sinn ihrer irdischen Existenz erkennen – und daher als hilflose Opfer vielfacher Manipulationen nicht wirklich leben, sondern gelebt werden, von Gott und aller Welt Hilfe erwarten, nur nicht sich auf sich selbst besinnen und selbständig tätig werden wollen. Die klugen Jungfrauen mußten zwar ebenfalls warten, doch hielten sie ihre Lampen am Brennen, d. h., sie verbrachten die Wartezeit sowohl mit sinnvollen äußeren Vorbereitungen als auch mit konsequenter innerer Reifung und Bewußtseinssteigerung, so daß sie das Nahen des Bräutigams rechtzeitig wahrnehmen und ihm sogar selbst entgegengehen konnten. Wenn wir also das gleiche tun, brauchen wir uns nicht mehr von der Zukunft »überrollen« zu lassen, sondern können mögliches Unheil durch unsere Wachsamkeit rechtzeitig verhüten und dem ebenso möglichen Heil durch unsere eigene Aktivität den Weg bereiten.

1. In diesem Sinne ist eigentlich *die ganze Erdgeschichte »Advent«:* Sie besteht im Grunde aus lauter Perioden der Vorbereitung auf immer höhere und vollkommenere Offenbarungen dessen, was auf der Erde und durch die Erde an Kosmisch-Göttlichem geschehen soll. Man hat viele Namen für diese Entwicklungsspirale geprägt; man hat sie mit den Sternbildern der Astrologie und Symbolen der Alchemie in Verbindung gebracht, man hat von Äonen und Epochen gesprochen, man hat Elementargeister und Erzengel zum Vergleich herangezogen. Doch handelt es sich bei alledem im Grunde immer nur um die eine Tatsache, daß nicht nur die Evolution der Erde, sondern überhaupt jeglicher Prozeß im Kosmos sich in einem solchen Stufen- oder Wellenrhythmus vollzieht: Ansteigen bzw. Anschwellen in langer Vorbereitung und allmählicher Steigerung – dann ein plötzlicher Höhepunkt, eine große Offenbarung, ein gewaltiges und über-

wältigendes Ereignis – und von da an ein langsames Ausklingen und Weiterreifen, das zugleich schon wieder Vorbereitung und keimendes Wachstum des nächsten Höhepunktes ist.

Jegliches Geschehen verläuft in diesem Rhythmus des Schreitens bzw. Steigens: eine harte, bittere, dunkle und mühsame Vorbereitungs- und Läuterungszeit, die entweder in allmählicher Steigerung oder rasanter Beschleunigung einer entscheidenden Krise zustrebt, in der – ebenso wie bei jeder schweren Krankheit – sowohl die letzte Konsequenz des Negativen im endgültigen Untergang möglich ist, als auch gerade dadurch der plötzliche Umschwung zum Sieg des Positiven sich vollziehen kann. Von da an geht es dann äußerlich wieder aufwärts, während innerlich schon der Keim des nächsten Reifungsprozesses entsteht. So befinden wir uns gerade jetzt erdgeschichtlich in einer besonders bedeutsamen Adventszeit, denn der gegenwärtige Übergang ins sogenannte Wassermann-Zeitalter bewirkt in allen Bereichen menschlicher Bewußtwerdung und Betätigung Veränderungen von einem noch kaum zu ahnenden Ausmaß. Für jede Seele, die in dieser Zeit verkörpert ist, bedeutet dies also eine ebenso große Auszeichnung wie Verantwortung.

2. Damit kommen wir zum »*Advent« im persönlichen Leben:* Auch hier herrscht ja dieser große kosmische Rhythmus von langen, schweren Vorbereitungs- und Reifungszeiten einerseits, plötzlichen Offenbarungen, blitzartig erleuchtenden Erfahrungen und die bisherige Saat zu ungeahnter Fruchtbarkeit bringenden Wesensdurchbrüchen andererseits. Dieser Lebensrhythmus mag beim einen stärker in Erscheinung treten und in vielfachen Wandlungen zum Ausdruck kommen, beim anderen mehr in der Stille sich vollziehen und kaum merkliche innere Vorgänge bewirken. Immer aber werden wir, wenn wir unser bisheriges Leben genau unter die Lupe nehmen, die entscheidenden Begegnungen, Ereignisse und Situationen erkennen, die uns wirklich weiterbrachten. Sie alle waren jedoch die Frucht oft banger und bitterer Jahre der

Vorbereitung und Reifung und leiteten die folgenden Jahre des Verarbeitens und weiteren Wachsens ein.
Wer diesen kosmischen Rhythmus auch in seinem persönlichen Leben zu beachten gelernt hat, wird sich in einer ständigen »Adventshaltung« befinden: ebenso vertrauensvolles, geduldiges Abwarten wie sinnvolles, aktives Vorbereiten. Dann werden gerade die schwersten Zeiten die segensreichsten sein, weil wir sie bewußt als solche »Adventszeiten« erleben: Wir werden aus der gläubigen Zuversicht, daß die Wendung zum Positiven ganz sicher kommen wird, die Kraft gewinnen, die uns auch die andere Anforderung des tätigen Sich-bereit-Machens erfüllen läßt. Dann wird plötzlich leicht und selbstverständlich sein, was uns vorher untragbar und unmöglich erschien. Ungeahnte Kräfte und unerwartete Hilfen werden auf einmal verfügbar sein, wenn wir nur den ersten Schritt getan haben, eingedenk der tröstlichen Wahrheit: »Hilf dir selbst, dann hilft dir Gott« – was ja in Wirklichkeit sogar identisch ist.

3. Die beschriebene Haltung können wir zusammenfassend wohl am besten mit *Heiligung* bezeichnen, denn demnach ist doch unser ganzes Leben nichts anderes als ein Sich-bereit-Machen und Bereit-gemacht-Werden für das, was als individuelle Lebensbestimmung oder göttlicher Auftrag mit uns und durch uns geschehen will und soll.
Alle Mütter werden diese Haltung ganz besonders nachempfinden können, denn sie haben sie selbst erlebt, als sie ihr Kind unter dem Herzen trugen: die geheiligte, ehrfurchtsvolle Erwartung der neuen Lebensform, die im Mutterleib heranreift, und ebenso die heilig-ernste Verpflichtung zur eigenen Reifung, um der empfangenen Seele die bestmögliche Verkörperung bieten zu können. Wenn daher die Mutter in dieser Zeit auf sich selbst und auf alles, was in ihrer Umgebung geschieht, ganz besonders achtet und besonders empfindlich wird sowohl für jede Einwirkung der Umwelt als auch für jede Regung des eigenen Gemüts, dann ist dieses Bewußtsein gesteigerter Aufmerksamkeit nach außen und intensiver

Heiligung im Innern zugleich die natürlichste und geistlebendigste Adventshaltung.

Aber auch die Männer sollen und können die gleiche Haltung gewinnen, wenn sie die individuelle Lebensbestimmung, die jeder Mensch in sich trägt, als das »göttliche Kind« empfinden, das in ihnen heranreifen und durch sie »geboren« werden, d. h. zur Auswirkung in der Umwelt gelangen will.

Wenn die Männer ihr ganzes Leben dieser Aufgabe weihen, so daß alles, was sie äußerlich tun, nur in diesem Sinne geschieht, daß sie dadurch das innere »Geisteskind«, den »Gottesfunken« in sich immer vollkommener entwickeln und seine segensreiche Kraft immer besser zur Auswirkung bringen – dann erst sind sie den Müttern ebenbürtig. Gerade weil die Frau das Erlebnis des Sich-Heiligens für das Kommende unmittelbar in ihrer leiblichen Natürlichkeit erfahren kann, soll der Mann dasselbe ebenso intensiv in seelisch-geistiger Weise erleben, indem für ihn sein Lebensauftrag (d. h. seine individuelle Berufung, nicht irgendein Beruf) etwas ebenso Heiliges ist, dem er sich voll und ganz weiht. Nur so ist die wirkliche »Ehe« zwischen dem Männlichen und Weiblichen zunächst in sich selbst und dann auch zwischen den Geschlechtern zu erreichen, denn dann haben sich beide gefunden und verbunden im Ewig-Menschlichen, das beide gleichermaßen verkörpern und in gemeinsamer – ebenso natürlicher wie übernatürlicher – Menschlichkeit in die Tat umsetzen sollen.

Weihnachten

Licht und Flamme = Weisheit und Liebe

1. Die universelle Bedeutung von Weihnachten ist zunächst in der Natur der *Sieg des Lichtes über die Dunkelheit* als Symbol für den Sieg der Erkenntnis über die Unwissenheit im Menschen. Geistesblindheit (indisch »Avidya«) ist die Wurzel allen Übels, denn wenn der Weise noch Übles tun könnte, wäre er eben kein Weiser. Daher ist auch die einzige Entschuldigung, die Jesus für seine Peiniger findet: »Herr, vergib ihnen, denn sie wissen nicht, was sie tun« – was folgerichtig zu ergänzen ist durch die Bitte: »Herr, gib ihnen, daß sie künftig wissen, was sie tun« – gemäß dem apokryphen Wort Jesu: »Wenn ihr wißt, was ihr tut, seid ihr selig, wenn ihr nicht wißt, was ihr tut, seid ihr unselig.«

Darum ist es unsere erste Hauptaufgabe, uns ständig um Durchlichtung des Gemüts und Erleuchtung des Denkens zu bemühen, also um Steigerung des Bewußtseins in jeder Beziehung. Wenn wir so die Weisung des Angelus Silesius befolgen: »Du mußt die Nacht mit neuen Augen sehen, dann kannst du immerdar im Lichte stehen« – dann werden wir selbst immer leuchtender und können infolgedessen auch immer mehr Licht um uns verbreiten.

Dabei symbolisiert die Sonne in allen Regionen das höchste kosmische oder göttliche Bewußtsein als Ursprung und Sinn des Universums: Aton – Ormuzd – Manitu – Manu – Helios – Apollo – Baldur – Lucia – Logos – Christus.

Im krassen Gegensatz dazu steht jedoch das »kalte Licht des Luzifer« als Symbol der »Verblendung«, d. h. der Verwirrung und Verführung durch den ebenso engstirnigen wie egoistischen Intellekt, der ja alle Zersplitterung und Täuschung, ehrfurchtslose Unterdrückung und rücksichtslose Ausbeutung von Natur und Menschen verursacht.

2. Infolgedessen ist die weitere, ebenso wichtige Bedeutung von Weihnachten der *Sieg der Wärme über die Kälte* als Sym-

bol für den Sieg der Liebe über den Haß, der Hingabe über die Habsucht, des Lebens über den Tod.

Das zweitgrößte Übel auf der Welt ist der Mangel an Liebe sowohl der Menschen untereinander als auch zur Kreatur oder gar zu Gott. Daher ist es auch das einzige Gebot, in dem Jesus seine gesamte Lehre zusammenfaßt: »Du sollst deinen Nächsten lieben als dein Selbst« (nämlich das eine wahre Selbst der »Gottebenbildlichkeit« des Menschenwesens in allen unterschiedlichen menschlichen Erscheinungsformen) und: »Liebet einander mit der Liebe, mit der ICH euch liebe« (also mit der höchsten und reinsten Liebe, mit der Gott ebenfalls sich selbst in seiner Schöpfung liebt).

Darum ist es unsere zweite Hauptaufgabe, immer liebender zu werden, d. h., in immer höheren Bereichen lieben zu lernen: von der beglückenden Sinnenfreude im Physischen (Eros) über die bereichernde Herzlichkeit im Psychischen (Philia) bis hin zum beseligenden Aufgehen im »Himmelreich« reiner Gottes- und Menschenliebe mit Einbeziehung aller Kreatur im Spirituellen (Agape).

Deswegen ist die »heilige Flamme« überall das Symbol der Reinigung und Läuterung als Voraussetzung immer höherer Liebesschwingung (Opferfeuer, Lampen und Kerzen in allen Kulten). Auch hier symbolisiert die Sonne als stärkste Wärmequelle die höchste und reinste Liebeskraft, weshalb die Wintersonnenwende ebenso die nun wieder zunehmende Sonnenwärme in der Natur wie auch die wachsende Liebesfähigkeit der heranreifenden Menschenseele bedeutet (die »mystische Christgeburt« oder der »alchemistische Feuerofen« als Symbole der Verwandlung und Veredlung, der Erlösung und Vollendung).

Im krassen Gegensatz dazu steht jedoch die »schwelende Glut Satans« (wie im gleichnishaften Naturgeschehen den heilenden Sonnenstrahlen aus lichten Himmelshöhen die giftigen Schwefeldämpfe aus vulkanisch-dunklen Erdentiefen gegenüberstehen) als Symbol übermächtiger Elementargewalten, hemmungsloser Leidenschaften und unkontrollierter Triebhaftigkeit, die sich gleichermaßen katastrophal in der ausufernden »Sexwelle« wie in der zunehmenden Naturzerstörung auswirken.

3. Der wahre Sinn von Weihnachten ist also erst dann erfüllt, wenn es gelingt, die *Synthese von Weisheit und Liebe* wiederherzustellen, die durch den »Abfall« der Schöpfung (d. h. das Herausfallen aus der ursprünglichen Einheit und Ganzheit) auseinandergerissen wurden. Der »Verlust des Paradieses« war nämlich nur die notwendige Folge des ersatzweisen »Essens vom Baum der Kenntnisse«, d. h. der Überbewertung des trennenden und verwirrenden Intellekts nach dem Verlust echter Erkenntnis im ursprünglichen Sinne, d. h. unmittelbarer Intuition als Resultat liebender Verschmelzung von Erkennendem und Erkanntem (noch im Alten Testament ist »er erkannte sein Weib« ein Ausdruck für die intimste menschliche Vereinigung!).
Nur wo wesenhafte, bis in die letzte Leibeszelle hinein wirksame Erkenntnis (= »Verklärung«) durch oberflächliche, bloß die Gehirnzellen strapazierende Kenntnisse ersetzt wird (= »Verblendung«), entstehen zersetzender Intellektualismus, starre Dogmatik und intolerante Arroganz einerseits (»Weisheit« ohne Liebe), blinde Leidenschaft, fanatische Anhängerschaft und sklavische Triebverhaftung andererseits (»Liebe« ohne Weisheit).
Darum ist unsere dritte Hauptaufgabe die Wiederverbindung alles Getrennten: So wie die Sonne hellstes Licht und intensivste Wärme gleichermaßen in sich vereinigt, sollen und können wir das »verlorene Paradies« wiedergewinnen, indem wir ebenfalls gleichermaßen liebevolle Weisheit und weisheitsvolle Liebe verkörpern. Dann erst ist das Ideal der »Gottesebenbildlichkeit« des Ewigen Menschen auf dieser Erde durch die »Gottesunmittelbarkeit« unendlicher Menschlichkeit realisiert:

Ich selbst muß Sonne sein und muß mit meinen Strahlen das farbenlose Meer der ganzen Gottheit malen.

(Angelus Silesius)

Ostern

*Die »Grablegung« des Samens in der Erde
und der Seele in der Inkarnation –
die »Auferstehung« des Lebenskeimes in der Sonne
und des Gotteskindes im Licht*

1. Die materielle Natur ist vom Größten bis ins Kleinste ein exaktes Spiegelbild der spirituellen Übernatur. Wenn wir daher das Ostermysterium der Grablegung und Auferstehung richtig verstehen wollen, gibt es kein eindrucksvolleres Gleichnis dafür (Gleichnis = gleichartiges Geschehen auf verschiedenen Ebenen der Manifestation) als das *Samenkorn*. Dieses wird tatsächlich tief in der Erde vergraben und unterscheidet sich äußerlich durch nichts von einem unbelebten Stück Materie. Innerlich aber bleibt es erfüllt von gewaltiger Lebensenergie (sogar über Jahrtausende, wie durch Aussaat von Weizen aus den Pharaonengräbern bewiesen wurde), die schließlich die harte Hülle sprengt und den neuen Lebenskeim unaufhaltsam seinen Weg zum Licht finden läßt. Gerade aus dem »Sterben« der Hülle, d. h. aus dem Opfer der bisherigen Form, wird die ungeheure Energie frei für die »Auferstehung« des Lebens in immer neuen Formen. Wer schon einmal erlebt hat, wie ein solcher scheinbar zarter Keim sogar Betonplatten sprengt und dicke Mauern durchdringt, der hat den Spruch des Laotse »Das Weiche besiegt das Harte« aufs eindrucksvollste bestätigt gefunden!
Es war eines meiner zugleich erschütterndsten und ermutigendsten Erlebnisse nach dem Kriege, wie überall aus den ausgebrannten, rauchgeschwärzten Mauern frisches Grün hervorsprießte als unmittelbarer Beweis der biblischen Botschaft, daß stets das Leben stärker ist als der Tod. Und wenn wir bedenken, daß dies für die ganze Erde gilt, denn sogar in der Wüste und im ewigen Eis, im tiefsten Ozean und auf den höchsten Bergesgipfeln gibt es die mannigfachsten Lebensformen – dann existiert überhaupt kein Ort, der nicht den Triumph des Lebens tagtäglich milliardenfach bezeugt.

Ein ebenso eindrucksvoller Beweis für diese tröstliche Tatsache ist ein umgepflügter Acker, in dem die Reste des vorherigen Pflanzenbestandes sogar mit untergepflügt wurden, so daß kein sichtbares Leben mehr vorhanden ist. Er wartet auf die neue Saat. Nicht umsonst ist in allen Kulturen das Säen eine heilige Handlung, die zur rechten Zeit und in der richtigen Gesinnung geschehen muß, wenn die Frucht gedeihen soll. Es handelt sich also tatsächlich um eine bewußte Grablegung des Samens in sakramentalem Geiste, d. h. in ehrfürchtiger Besinnung auf den gleichnishaften allgemeingültigen Sinn dieses Vorgangs, der weit über die landwirtschaftliche Zweckbestimmung hinausreicht.

Und was geschieht nach dem Säen? Nach einiger Zeit kommen, zunächst ganz vereinzelt, die ersten Hälmchen hervor, sozusagen die Pioniere und Vorkämpfer der neuen Frucht. Sie sind noch so weit auseinander, daß sie keinerlei Kontakt miteinander aufnehmen können und sich völlig einsam fühlen müssen. Wenn das auch bei uns wieder einmal der Fall sein sollte, dann denken wir doch daran, daß *einsam* eigentlich »ein Same« bedeutet, daß also auch wir in die Erde gesenkt wurden, um ebenso unbeirrbar dem Licht entgegenzuwachsen, wie jedes Hälmchen es so beispielhaft zeigt! Und täglich sprießen mehr, allerdings nicht nach einem ausgeklügelten mechanischen System, sondern nach einer geheimnisvollen organischen Ordnung: hier plötzlich viele auf einmal, dort nur wenige in längeren Abständen, hier besonders rasch wachsend, dort nur langsam und zögernd vorankommend. Sie folgen nicht rationalen Prinzipien, sondern den Lebensgesetzen der Gemeinschaftsbildung: Affinität = innere Zuneigung und Konformität = wesenhafte Übereinstimmung. Am Ende aber sind sie alle zusammengewachsen und bilden ein einziges geschlossenes Kornfeld oder eine lückenlose einheitliche Wiese. Welch wundervolles Gleichnis der Menschheitsentwicklung!

Die Angst vor dem Sterben ist also eigentlich etwas ganz Unnatürliches, denn wenn schon beim Samenkorn immer nur die Hülle stirbt, damit daraus der neue Lebenskeim entstehen kann, so ist das bei einer so viel höher organisierten Lebensform wie dem Menschen doch erst recht der Fall: Alle Einzelmenschen sind die Zellen im Organismus Menschheit, und die ganze Menschheit ist gewissermaßen das Bewußtseinsorgan des Organismus Erde. In den Millionen Jahren seines Bestehens hat dieses Organ zwar seine äußere Erscheinungsform gewandelt, und die Menschen der Zukunft werden sich wiederum von uns mindestens ebenso sehr unterscheiden, wie wir uns von den Menschen der Vergangenheit unterscheiden – aber das Wesensmerkmal des Menschseins, individueller Bewußtseinsträger des generellen kosmischen oder göttlichen Bewußtseins zu sein, ist unverändert gleich geblieben und wird auch in aller Zukunft das Menschenwesen unverkennbar von allen anderen Lebensformen unterscheiden (ja, wir müssen heute annehmen, daß es gleichartige Wesen auch auf vielen anderen Sternen gibt).

2. In unserem persönlichen Leben erfahren wir das Mysterium von »Sterben« und »Wiedergeborenwerden« noch viel unmittelbarer. Allerdings ist uns das schon so zur selbstverständlichen Gewohnheit geworden, daß wir uns dessen gar nicht mehr bewußt sind. Warum heißt es wohl: »Der Schlaf ist der Bruder des Todes«? Weil tatsächlich das Einschlafen den Verlust des Persönlichkeitsbewußtseins bedeutet und unsere Individualseele im Tiefschlaf wieder völlig aufgegangen ist in der Weltseele. Demgemäß bedeutet das Aufwachen jedesmal eine Neugeburt der Seele, indem sie den Körper wieder in Besitz nimmt und den »Gehirn-Computer«, das Instrument des individuellen Wachbewußtseins, wieder in Betrieb setzt.
Daher ist der lebenswichtige Zustand nicht das Wachsein, sondern der Tiefschlaf, denn nur dann, wenn die Einzelseele identisch geworden ist mit der Weltseele, sind auch »Sollen« (die individuelle Lebensbestimmung) und »Wollen« (der intellektuelle Eigenwille) identisch. Je mehr wir im Wachbewußtsein diese Identität vergessen haben und infolgedessen Sollen und Wollen auseinanderklaffen, desto schwieriger wird unser Leben, denn im Grunde ist die Diskrepanz zwi-

schen Sollen und Wollen die einzige Ursache aller sogenannten Schicksalsschläge, Mißerfolge und Erkrankungen. Darum sagte Meister Eckhart: »Wenn wir wissen, was wir sollen, dann geschieht auch, was wir wollen.« Und die einzig logische Schlußfolgerung daraus ist: Wenn wieder einmal nicht geschieht, was wir wollen, dann haben wir eben nicht genau gewußt, was wir sollen!

Infolgedessen gibt es nichts Klügeres, als beim Aufwachen möglichst viel Erinnerungen aus dem Tiefschlaf ins Wachbewußtsein mitzunehmen und in einen entsprechenden Tagesplan umzusetzen – und dann wieder vor dem Einschlafen die Quintessenz einer möglichst genauen Tagesrückschau bewußt mit in den Schlaf zu nehmen. Denn wie wir einschlafen, so schlafen wir, wie wir geschlafen haben, so wachen wir auf, und wie wir aufgewacht sind, so verläuft der ganze Tag!

Und genau das ist auch das Gesetz des Karma: Am Ende jedes Erdenlebens wird »Bilanz gezogen« (rücklaufender »Film« im Moment des Sterbens), daraufhin erfolgt das »Gericht« (Richtungsweisung) der leibfreien Seele und der entsprechende freiwillige Entschluß zu neuer Verkörperung, und deren Verlauf ist wiederum gleichermaßen die Konsequenz alles Vergangenen und die Ursache alles Künftigen.

3. So wie in der Natur der immerwährende Wachstumsprozeß darin besteht, daß Energie sich zu Materie verdichtet, verschiedene Formen der Materialisierung durchläuft und schließlich wieder reine Energie wird (Same – Keim – Pflanze – Blüte – Frucht – Verduften und Verwesen), so besteht in der Übernatur der immerwährende Schöpfungsprozeß genau analog in der beständigen Materialisierung des Geistes und Wiedervergeistigung der Materie, in der Vermenschlichung Gottes und der Vergöttlichung des Menschen.

Wenn daher eine verkörperte Seele ihre irdische Hülle wieder verlassen darf, um als Lichtkeim in den Kosmos zurückzukehren, so ist das tatsächlich ein Anlaß zur Freude und nicht zur Trauer. Hier wäre also nicht »Beileid«, sondern Gratulation angebracht, denn alle Gestorbenen, die wieder zurückgeholt werden konnten, bestätigen übereinstimmend, daß das Sterben höchstens für die betroffenen Zellen schwierig ist (biologischer Selbsterhaltungstrieb des Organismus), für das Bewußtsein aber etwas Wunderschönes bedeutet (nur die Rückkehr in den Körper wurde als schmerzlich erlebt!). Bei objektiver Betrachtung ist in den meisten Fällen schon rein körperlich das Geborenwerden sehr viel schwieriger als das Sterben – und erst recht für die Seele das Begrabenwerden in der grobstofflichen Hülle mit all ihrer materiellen Begrenztheit und geistigen Beschränktheit! Darum freut sich der zum Seelenbewußtsein gelangte Mensch ebenso sehr auf das Sterben, wie er gerne lebt. Das ist überhaupt kein Widerspruch, denn man kann doch durchaus gleichzeitig die gegenwärtige Lebenssituation in vollen Zügen genießen und sich dabei auch schon auf die künftige Urlaubsreise freuen.

Eben weil Kinder noch so viel Erinnerungen an den vorherigen leibfreien Seelenzustand in sich tragen – und zwar um so mehr, je kleiner, d. h. natürlicher und unverbildeter sie noch sind –, können sie sich praktisch über alles freuen. Sie können eigentlich noch gar nicht richtig leiden, weil sie leidvolle Erfahrungen nicht allzu ernst nehmen und immer noch viel mehr Anlaß zum Freuen finden (deswegen kann ein gesundes Kind sozusagen mit dem einen Auge weinen und mit dem anderen lachen!). Wir können also mindestens ebenso viel von den Kindern lernen wie diese von uns, ja wir sollten überhaupt erwachsen werden, ohne dabei das kindliche Bewußtsein zu verlieren. D. h., wir sollten den rationalen Intellekt als Ergänzung zur ursprünglichen intuitiven Wahrnehmung hinzugewinnen, anstatt ihn mit deren Verlust zu erkaufen, so daß wir sie dann im Verlauf der Persönlichkeitsreifung mühsam wieder zurückerobern müssen. Der Weise ist in der Tat wieder Kind geworden, aber mit voll entwickeltem Bewußtsein.

Zum Weisewerden in diesem Sinne soll somit die Osterbetrachtung beitragen, indem wir nun immer bewußter gleichermaßen die »Grablegung« im natürlichen Sterbeprozeß der Leiblichkeit in Raum und Zeit wie die »Auferstehung« im übernatürlichen Erkenntnisgewinn der Seele im Licht der Ewigkeit erfahren.

Himmelfahrt

»Der Vater und ich sind eins«

Wie immer kommen wir den Mysterien des Kosmisch-Göttlichen am nächsten, wenn wir uns in das Geschehen der Natur versenken, denn es ist einfach die Außenseite des Bestehens der Übernatur im Inneren: Geistiges Sein und natürliches Werden sind im Grunde identisch.

1. Nehmen wir z. B. den *Kreislauf des Wassers* (in dem ja schon Goethe ein Gleichnis der Seele erblickt):
Aus den Tiefen der Erde quillt die Quelle, einsam und verborgen, unbedeutend und winzig zunächst. Aber sie wächst rasch, indem sie von allen Seiten die Feuchtigkeit (das Wesensverwandte) aufnimmt und so immer größer wird: vom emsigen Bächlein zum kraftvollen Fluß und schließlich zum majestätischen Strom. In einem unstillbaren Drang sucht so alles Wasser den Weg dorthin, wo das Ziel all seines Strömens, die Erfüllung seines Wesens lockt, zum unendlichen Ozean, in dessen Weite es restlos aufgehen kann und in dessen Tiefe alles rastlose Wandern die erlösende Ruhe findet.
Und dennoch ist auch dieser ruhevolle Zustand keineswegs endgültig, sondern seinerseits nur wieder der Beginn neuer Wanderungen und Wandlungen, denn der Ozean ist ja auch nur wieder ein Teil eines noch umfassenderen Zusammenhangs in dem beständigen Rhythmus von Ruhe und Bewegung, Sein und Werden, Vergehen und Neuentstehen. Gerade wenn das Wasser im Ozean zur Ruhe gekommen zu sein scheint, wird es von den Sonnenkräften emporgezogen, erlebt es also seine »Himmelfahrt«, indem es sich zu luftigen Wolken wandelt.
Wer dieses Spiel der Wolken – des in eine neue Dimension eingegangenen Wassers – auf sich wirken läßt, dem wird es zum Symbol des eigenen Ergehens: Wie das Wasser all das zur Tiefe Fließende, abwärts Strebende gerade dann, wenn es am Ziel angelangt zu sein scheint, von den Kräften der Höhe

unwiderstehlich angezogen wird und schließlich als schwerelose Wolke am Himmel schwebt – genauso geschieht es mit dem Menschen, indem seine zur Tiefe strebende Irdischkeit, das ungebärdige Wogen und Wallen seines Gemüts und der ins Uferlose zerfließende Nebel seiner Wünsche und Sehnsüchte gerade dann, wenn alles zu Ende zu sein scheint, mit Urgewalt von höheren Mächten erfaßt und in höhere Bewußtseinsbereiche gehoben wird, um dort ungeahnte Metamorphosen der Seele zu erfahren, so daß schließlich gerade das als Höchstes sich zeigt, was vorher als Tiefstes erschien!
Aber selbst dabei bleibt es nicht: Auch die höchste Erhebung des Gemüts in Schauern ekstatischer Begeisterung, auch die letztmögliche mystische Erfahrung des vollkommenen Verströmens im All-Einen – sie dürfen niemals Selbstzweck sein! Die Wolke bleibt ja nicht am Himmel, sondern kehrt nach der erreichten Höhe wieder zurück zur Erde als segnender Regen (darum ist Regenwasser so rein, ja heilkräftig, weil es ein anderes Wasser ist als das im Ozean, nämlich gewandelt und geläutert von den Kräften der Höhe).
So ist also das märchenhafte Spiel der Wolkenbildungen ein eindrucksvolles Gleichnis unseres eigenen Seelenlebens: Die Kräfte des Gemüts werden im Spiel der Phantasie emporgehoben und in den Höhen der Glaubenserfahrung geläutert und gewandelt, so daß sie zwar stärker und intensiver werden als je zuvor, doch alles Unreine, Niederziehende und Unheilvolle ist ihnen nun genommen. Beglückend und befruchtend, heilend und heiligend ist dann die segensreiche Kraft, die aus dem gereinigten Gemütsleben strömt wie der erquickende Regen aus den Wolken!

2. Noch eindrucksvoller als in der kontemplativen Naturbetrachtung können wir in der eigenen Aktivität des *Fliegens* das kosmische Geschehen der Himmelfahrt gleichnishaft erfahren:
Es ist schon ein unerhörtes, unvergeßliches Erlebnis, im fast senkrechten Steigflug von den Zwängen der Horizontalen befreit zu werden und mit zunehmender Höhe immer mehr all

den engen Begrenzungen und leidvollen Beschränkungen zu entgleiten, denen man sonst in der Tiefe unterworfen ist. Es ist unbeschreiblich beglückend, wie so alles Irdische immer übersichtlicher, einfacher und klarer, aber auch immer kleiner, unbedeutender und unwichtiger wird. Und wenn schließlich die Erde völlig den Blicken entschwunden ist und wir eingetaucht sind in die schweigende Unendlichkeit des Äthers, in dem weder Höhe noch Geschwindigkeit mehr spürbar sind, dann verliert auch das Gemüt alle Erdenschwere und kommt immer mehr zur Ruhe. Wenn über den Wolken wirklich nichts mehr ist als grenzenloses Blau und ungetrübt strahlende Sonne, dann bekommen wir tatsächlich auf physischer Ebene eine Ahnung von der analogen spirituellen Erfahrung des unaufhaltsamen Aufwärtssteigens der Seele in die Unermeßlichkeit der Geisteswelten! Dann aber wird uns die Sehnsucht nicht mehr loslassen, diese mittels der Technik erreichte Erfahrung einmal ohne jedes äußere Hilfsmittel, allein durch die Kraft des innewohnenden »Gottesfunkens« in uns, hervorzurufen. Wenn Technik so zum Gleichnis des Geistes wird, dann kann auch sie zum selben Ziel führen wie Kunst und Religion, nämlich zur »Gottesunmittelbarkeit« (Eckhart), d. h. zum vollbewußten Aufgehen der Menschenseele im Göttlich-Ganzen.

Aber auch das Fliegen ist nicht Selbstzweck und kann nicht unbegrenzt dauern, denn auch das beste Flugzeug muß wieder auf die Erde herunterkommen. Und genauso ist es eben auch beim geistigen Höhenflug. Schon äußerlich ist es ein packendes, vielleicht sogar erschütterndes Erlebnis, wenn man beim Fliegen durch die Wolkendecke stößt und plötzlich die Erde wieder erscheint. Sie kommt rasch näher, wobei einerseits alles bekannter und vertrauter wird, andererseits aber auch die Gefahr der Landung damit verbunden ist (droben im Äther gab es ja keine Gefahr – erst die Berührung mit der Erde ist gefährlich!), das bedeutet die Notwendigkeit erhöhter Aufmerksamkeit und gesteigerter Sinnesanspannung.

Dieses ganze äußere Erleben ist ein genaues Abbild dessen,

was der echte Mystiker innerlich erlebt, wenn er aus den unbeschreiblichen Ausnahmezuständen der Seele wieder in das gewöhnliche »Normalbewußtsein« der Alltäglichkeit zurückkehrt: Je höher die »Himmelfahrt« der rechten seelischen Erhebung führt, desto weniger wird sie dabei die Erde vergessen lassen, so daß gerade der zu vollkommener Geistesreife Erwachte stets nach ebenso vollkommener Lebensmeisterung strebt. Und der ganz in die Ewigkeit des Göttlich-Ganzen Eingegangene verkörpert sich erst recht wieder als »Mensch unter Menschen« (als »Menschensohn«, wie Jesus selbst sich bezeichnete) hier und jetzt auf Erden (Heiland, Avatar, Bodhisattva), allerdings mit einem ganz anderen Bewußtsein vom Menschsein als andere.

3. Das eben ist auch der überzeitliche Sinn in dem überlieferten Ereignis der *Himmelfahrt des Christus Jesus*, der demnach nicht irgendwie in die Höhe schwebte, sondern ebenso in die Tiefe und nach allen Seiten in die Weite wuchs, also einfach immer größer wurde, so daß er schließlich dem begrenzten Blickfeld der Jünger ganz entschwand. In diesem Sinne soll uns die »Himmelfahrt« eigentlich an jedem irdischen Wendepunkt bzw. Besinnungsort die Aufgabe des Menschseins wieder besonders deutlich ins Bewußtsein rufen: durchaus ins All sich ausweiten und in die Unendlichkeit verströmen – nicht aber, um sich darin zu verflüchtigen oder gar zu verlieren, sondern um dadurch die Erdenkräfte erst zur vollen Entwicklung und stärksten Wirkung zu bringen. Dieser »große Atem« der Ausweitung ins All und Rückkehr zum Ich bedeutet also im Grunde das Transparentmachen der irdischen Erscheinungsform für die Kraft und das Licht des ewigen Wesens.
Die menschliche Erscheinungsform ist zwar der Notwendigkeit des Schicksals unterworfen, doch gleichzeitig besitzt das Menschenwesen die volle Freiheit der Schicksalsmeisterung. Religiös ausgedrückt, heißt das: Der Mensch befindet sich so lange im Zustand der »Hölle«, der leidvollen Geistesblindheit, wie er infolge der »Sünde«, d. h. der Absonderung seines Bewußtseins vom Göttlich-Ganzen sein wahres Selbst mit

dem verkörperten Ich verwechselt. Und er hat in dem Augenblick diese »Hölle« überwunden, in dem er jene Absonderung wieder aufhebt durch die »Himmelfahrt« der bewußten Wiederverbindung mit dem göttlichen Ursprung (was ja »religio« wörtlich bedeutet).

Das Ich, das in den »Abgrund der Gottesferne«, in die »äußerste Finsternis« gefallen ist, wieder emporzuheben ins Licht und wieder zu verbinden mit seinem göttlichen Ursprung, es zum ALL-ICH auszuweiten und auszureifen – das ist der letzte Sinn und die höchste Aufgabe des Menschen, um so immer wieder neu die beseligende Gewißheit zu erfahren:

»Der Vater und ich sind eins.«

Pfingsten

Die Geistgeburt im Menschenwesen

Wenn wir den Bericht über das Pfingstgeschehen in der Apostelgeschichte mit wacher Aufmerksamkeit verfolgen, werden wir erkennen, daß fast jedes Wort von besonderer überzeitlicher Bedeutung ist, denn hier wird nicht etwa ein einmaliges geschichtliches Ereignis berichtet, sondern der *äußere Ausdruck eines immerwährenden inneren Geschehens* dargestellt: die Entwicklung des Menschen zu sich selbst – von der ersten Mutation eines Primaten zum vernunftbegabten Wesen bis zum vollendeten »Ebenbild Gottes«. Diese Entwicklung vollzieht sich unaufhaltsam, weil die Schöpfungsidee Mensch als »Entelechie« (= innewohnende Zielgerichtetheit) in der Seelentiefe einer jeden auch noch so unbewußt, unzulänglich oder gar »böse« erscheinenden Menschform wirkt und nicht ruhen wird, bis alle Menschen das Entwicklungsziel der Gattung Mensch erreicht haben: die wesenhafte Göttlichkeit auch in ihrer irdischen Erscheinung vollkommen widerzuspiegeln, also ein »Heiliger« oder »Vollendeter« zu werden.

Lesen wir zunächst die Pfingstgeschichte im Zusammenhang. Dann wird sie im einzelnen erläutert, wobei vorweg darauf hinzuweisen ist, daß es sich hier, in Parallele zu den neun »Seligpreisungen« der Bergpredigt, um neun wesentliche Aussagen handelt, so daß schon dadurch die gleichermaßen zentrale Bedeutung hervorgehoben wird:

»Der Tag der Pfingsten ist erfüllt.
Alle Jünger sind einmütig beisammen.
Da geschieht plötzlich ein Brausen vom Himmel wie von einem gewaltigen Winde.
Und es erfüllt das ganze Haus.
Es erscheinen züngelnde Feuerzungen und senken sich herab auf jeden einzelnen von ihnen.

Sie werden erfüllt vom Heiligen Geiste und fangen an, mit anderen Zungen zu reden, so wie der Geist ihnen eingibt zu sprechen.
Es sind auch zugegen gottesfürchtige Menschen von den verschiedenen Volksstämmen aus allen Himmelsrichtungen.
Da nun dies geschieht, eilt die Menge zusammen, und ein jeglicher hört die Geisterfüllten in seiner Muttersprache reden.
Darüber herrscht Verwunderung und Bestürzung, und man spricht untereinander: Sind nicht alle, die da reden, aus Galiläa?
Wie kann dann ein jeder sie in seiner eigenen Sprache hören? ...
Jeder versteht sie, wie sie die Taten Gottes bezeugen.
Darüber entsetzen sich viele, werden verwirrt und fragen einander: Was soll daraus noch werden?
Andere aber haben nur ihren Spott daran und sagen: Sie sind voll süßen Weines!«

1. »Der Tag der Pfingsten ist erfüllt«

Das bedeutet: Alles geschieht zur rechten Zeit gemäß dem Plan der Evolution. Erst wenn »Tag und Stunde« tatsächlich erfüllt sind, kann ein fälliges Geschehen ablaufen. Das gilt im Kleinen für das individuelle Leben des einzelnen ebenso wie im Großen für den generellen Lauf des Universums.
Wir müssen zuerst einmal jeglichen Eigensinn und alle Ungeduld ablegen und uns vor hektischer Betriebsamkeit oder gar gewaltsamem Erreichenwollen hüten, wenn die »Ausgießung des Geistes« auch in uns geschehen soll.

2. »Alle Jünger sind einmütig beisammen«

Die zweite Voraussetzung ist Einmütigkeit, d. h. zumindest der gemeinsame Wille, sich miteinander zu verständigen, Gegensätze zu überwinden und – statt das Trennende zu betonen – das Verbindende zu suchen. Alle Diskussionen und Auseinandersetzungen (wie das Auseinanderstreben anstatt Zusammenkommen in der deutschen Sprache so anschaulich genannt wird) sind also in Wirklichkeit nicht nur sinnlos, sondern sogar schädlich, weil sie nur dem »scharfen« (= trennenden, abgrenzenden) Verstand entstammen und daher auch nur zu Zweifel und Zwietracht führen können.

Erst wenn eine gemeinsame Basis gefunden wurde, wenn die Übereinstimmung größer als die Unterschiede und der Einklang stärker als die Dissonanzen geworden sind – erst dann kann sich der Heilige Geist im Frieden der stille gewordenen Gemüter offenbaren.

3. »Da geschieht plötzlich ein Brausen vom Himmel wie von einem gewaltigen Winde«

Dann aber wird die polare Gegenwirkung erfahren in der Begegnung mit dem Übermenschlichen, Urgewaltigen und Überwältigenden, mit dem Ewigen. Da in der Symbolik stets Luft gleichbedeutend mit Bewußtsein ist (Atman – Pneuma – Ruach), symbolisiert das Brausen der im Sturm bewegten Luft einen Aufruhr im Bewußtsein durch eine aufrüttelnde Erkenntnis, die uns zutiefst bewegt und im Innersten erschüttert, weil sie über das oberflächliche, unverbindliche Begreifen intellektueller Theorien hinaus zur intensiven Ergriffenheit intuitiver Wesenserfahrung führt und uns deren verpflichtende Verantwortlichkeit bewußtmacht.

Sowohl die Propheten als auch Jesus haben diesen notwendigen Vorgang »metanoia« genannt, was Umdenken, Sinnesänderung, Neubesinnung heißt. Ohne diese grundsätzliche »Umstellung der Lichter« (wie der esoterische Ausdruck lautet), d. h. eine radikale Wende unserer bisherigen Weltanschauung und Lebenseinstellung von außen nach innen, von der Erscheinung zum Wesen, vom Haben zum Sein, kann wiederum das Pfingstgeschehen in der Seele sich nicht bis in unseren körperlichen Zustand und unser alltägliches Handeln hinein auswirken.

4. »Und es erfüllt das ganze Haus«

Das bedeutet, daß es sich hier nicht bloß um einen Teilbereich unseres Lebens und Erlebens handelt, sondern um die zentrale und totale Wesenserfahrung. Solange wir also noch irgendwelche persönlichen »Reservate« haben und etwa zwischen dem »Sakralen« als Ausnahmezustand und dem »Profanen« als dem Üblichen und Gewohnten unterscheiden (sonntags »Gottesdienst«, werktags »Teufelsdienst«!) – so lange wird sich auch der Geist Gottes nicht in seiner Einheit und Ganzheit durch uns auswirken können.
Erst wenn wir absolute, unbedingte Zuwendung zum Ewigen und restlose, ungeteilte Hingabe an das Göttlich-Ganze erreicht haben, sind alle notwendigen Vorbedingungen in Körper, Gemüt und Bewußtsein erfüllt, so daß sich nun das eigentliche Pfingstgeschehen, die »Geistgeburt im Menschenwesen«, vollziehen kann.

5. »Es erscheinen züngelnde Feuerzungen und senken sich herab auf jeden einzelnen von ihnen«

Feuer bedeutet in der Symbolik immer den »Heiligen Geist«, das Höchste Bewußtsein, die unmittelbare Gotterfahrung, vom »brennenden Dornbusch« des Moses und »feurigen Wagen« des Elias bis zu den »Feuerzungen«, die sich auf die Jünger senken und identisch sind mit dem »Fünklein im Seelengrund« (Meister Eckhart), dem verkörperten Gottesfunken, als den sich das göttliche Urfeuer in unendlich vielfacher Variation auf Erden ausdrückt.
Daher wird jeder einzelne von einer besonderen Zunge getroffen, denn die Gotterfahrung ist eben nur dann wirklich unmittelbar, d. h. durch niemanden vermittelte, ureigenste persönliche Angelegenheit, wenn sie der Einmaligkeit und Einzigartigkeit des Individuums entspricht. Es erfahren zwar alle das gleiche, aber jeder in verschiedener Weise: allgemeingültiges Geschehen in individueller Prägung – das vollzieht sich also jeden Augenblick in jedem Menschen.

6. »Sie werden erfüllt vom Heiligen Geiste und fangen an, mit anderen Zungen zu reden, so wie der Geist ihnen eingibt zu sprechen«

Wer wahrhaft be-geistert, d. h. vom Geist erfüllt, ist, der redet nicht mehr in der gewohnten, mehr oder weniger oberflächlichen, gedankenlosen oder leichtfertigen Weise, er bedient sich vielmehr einer ungewohnt tiefgründigen, sinnerfüllten und prägnanten Sprache (weshalb Linguistik = Sprachdeutung ein besonderes esoterisches Studium darstellt).
Der griechische Ausdruck für Begeisterung – »Enthusiasmus« – heißt wörtlich: »von Gott erfüllt sein«. Und ebendiesen Ausdruck gebrauchte Jesus auch in der Bergpredigt, so daß die übliche Übersetzung »selig« die tatsächliche Bedeutung dieser Aussage nur ungenügend wiedergibt.
Der Gotterfüllte ist also vom Intellekt zur Intuition gelangt, vom reflektierenden Denken zur kreativen Imagination, von der rationalen Konstruktion zur metaphysischen Inspiration, von der theoretischen Betrachtung (Theologie) zur praktischen Erfahrung (Theurgie). So kann er Gott durch sich und als sich zu unverfälschtem Ausdruck bringen (»Lautsprecher« für die Stimme Gottes durch Verzicht auf »Eigensendung«).

7. »Es sind auch zugegen gottesfürchtige Menschen von den verschiedenen Volksstämmen aus allen Himmelsrichtungen. Da nun dies geschieht, eilt die Menge zusammen, und ein jeglicher hört die Geisterfüllten in seiner Muttersprache reden. Darüber herrscht Verwunderung und Bestürzung, und man spricht untereinander: Sind nicht alle, die da reden, aus Galiläa? Wie kann dann ein jeder sie in seiner eigenen Sprache hören?... Jeder versteht sie, wie sie die Taten Gottes bezeugen«

Weil der Mensch ein Doppelwesen ist, ein Kraftfeld zwischen den Polen Individuum und Kollektiv, steht die individuelle Gotterfahrung in polarer Wechselwirkung zum Gemeinschaftserlebnis der gleichgesinnten Gemeinde. So bewirkt der Heilige Geist nicht nur die Bewußtseinssteigerung des einzelnen vom Intellekt zur Intuition, sondern zugleich auch in der Menschheit die Aufhebung der »babylonischen Sprachverwirrung«. Dieses Einander-Mißverstehen ist ja die unvermeidliche Folge der egoistischen Isolierung in einem ebenso vom Göttlich-Ganzen wie von der mitmenschlichen Gemeinschaft abgetrennten Bewußtsein. Das ist die eigentliche »Erbsünde« (Sünde = Absonderung), und »Hölle« ist demnach kein Ort, sondern ebendieser Bewußtseinszustand der Gottesferne, der »Umnachtung«. Er bewirkt sowohl das Herausfallen aus der Naturverbundenheit mit den Folgen von Mißbrauch und schließlicher Zerstörung der Natur als auch die Blockierung der mitmenschlichen Beziehungen mit der Folge von gegenseitiger Ausbeutung und schließlicher Vernichtung.

Noch niemals in der Menschheitsgeschichte war der selbstzerstörerische »Turmbau zu Babel« aktueller als jetzt!

Erst die Aufhebung der egoistischen Einzelinteressen durch die Wiederherstellung der ursprünglichen »Einfalt« (Symbol der gefalteten Hände im Kultus und des »Einfältigen« im Märchen!), durch die Erkenntnis des allen Gemeinsamen und Allgemeingültigen, bewirkt die Einheitlichkeit im Mannigfaltigen, die All-Einheit des Wesens in der Unterschiedlichkeit der Erscheinung, die direkte Begegnung mit Gott in all seinen Ausdrucksformen (Bewußtseinszustand des »Himmelreichs«).

So erfährt zwar jeder Gott in individueller Weise – aber es ist stets der gleiche Gott, den jeder in seiner Weise erfährt! »Das Einsamste ist das Gemeinsamste«, sagt Goethe: Die individuelle Gotterfahrung ist zugleich das generelle Kennzeichen des Menschseins, durch das tatsächlich alle Menschen zu »Geschwistern« werden als Kinder des einen »Vaters« oder – genauer ausgedrückt – als irdische Manifestationen der kosmischen Ehe von Gottesgeist (»Urvater«) und Weltseele (»Urmutter«).

Demnach ist das Pfingstgeschehen identisch mit *Erleuchtung* (das »Licht der Erkenntnis« löst die »Nacht der Unwissenheit« auf) oder *Erweckung* (das »Höchste Bewußtsein« läßt die Seele aus dem »Traum« der Identifikation mit ihrer irdischen Verkörperung erwachen). So bewirkt dieses »Schwinden des Sonderscheins« (Meister Eckhart) die endgültige *Befreiung* aus jeglicher vermeintlichen Begrenzung oder Beschränkung durch das Aufgehen in der grenzenlosen Weite und unerschöpflichen Fülle der wahren Wirklichkeit.

8. »Darüber entsetzen sich viele, werden verwirrt und fragen einander: Was soll daraus noch werden?«

Auch hier wieder eine Parallele zur Bergpredigt, denn dort wird mit den gleichen Worten berichtet: »Die Menge aber entsetzte sich über seine Rede.«
Der Bewußtseinszustand des Eins-Seins über allen Unterschieden, der wesenhaften Ganzheit über allen Teilerscheinungen, muß für alle noch im begrenzten Bewußtsein egoistischer Ich-Verhaftung und Selbsttäuschung Befangenen unbegreiflich und unfaßbar bleiben, kann nur Furcht und Entsetzen hervorrufen. Nie kann die »Finsternis« (= Unwissenheit) das »Licht« (= Erkenntnis) begreifen, denn Finsternis ist ja nichts anderes als Abwesenheit von Licht, und wo Licht ist, kann daher keine Finsternis sein.
Der Erwachte wird sich demnach nie mehr von den Massenreaktionen ängstlichen Infragestellens, negativen Mißverstehens oder ignoranter Ablehnung in seiner fraglosen Gewißheit, in seinem vollkommenen Verständnis und in seiner absoluten Bejahung beirren oder verwirren lassen: Er wird überhaupt nicht darauf reagieren und unerschütterlich weiterschreiten, denn einerseits entschwindet er dem begrenzten Fassungsvermögen der Zurückbleibenden (»Himmelfahrt«), andererseits ist er »selbst zum Weg geworden« für die ihm Nachfolgenden.

9. »Andere aber haben nur ihren Spott daran und sagen: Sie sind voll süßen Weines«

In der gegenwärtigen Evolutionsphase wird es immer noch völlig Geistesblinde, Unbelehrbare, ja Böswillige geben, die auch durch noch so offenkundige Tatsachen und noch so unbestreitbare Erkenntnisse nicht zu überzeugen sind. Daher werden sie stets grundsätzlich auch das Gesichertste noch leugnen und auch das Positivste noch negativ deuten, ja sogar das Erhabenste noch in den Schmutz ziehen.

Gerade sie sind daher aber auch der Prüfstein für die Echtheit der Pfingsterfahrung, die immer beides bringt: einerseits das beglückende Erleben der problemlosen Verständigung mit allen Gleichgesinnten, »auf der gleichen Welle Schwingenden«, in der ganzen Welt – andererseits die bedrückende Erfahrung völliger Verständnislosigkeit, oft sogar seitens unserer nächsten Umgebung oder unserer Blutsverwandten, so daß wir uns vorkommen »wie auf einem anderen Stern«.

Der wahrhaft Erleuchtete bleibt jedoch in unerschütterlicher Gelassenheit – sowohl dem einen als auch dem anderen gegenüber, denn er bedarf weder der Bestätigung, noch beeinträchtigt ihn Ablehnung. Die Sonne wird nicht dadurch heller, daß sie sich in unzähligen blanken Flächen widerspiegelt, sie wird aber auch dadurch nicht dunkler, daß arme Blinde sie überhaupt nicht sehen können. Sie »scheint gleichermaßen über Gerechte und Ungerechte«, weil es einfach ihr Wesen ist, Licht auszustrahlen.

Darum vollzieht sich das Pfingstgeschehen ständig in der ganzen Menschheit, unabhängig davon, wie viele Einzelmenschen es schon vollbewußt mitzuerleben vermögen. Die Bewußtseinsunterschiede zwischen den Menschen sind ja keine absoluten Gegensätze, sie beruhen vielmehr nur auf der relativen Zeitverschiebung infolge des verschiedenen Entwicklungstempos. So gibt es tatsächlich nur »ältere und jüngere Geschwister«, wobei ja gerade die Älteren sich nicht über die Jüngeren erheben oder sie gar ausnützen, vielmehr umgekehrt sich hilfreich ihnen zuwenden, sie leiten und fördern sollten.

Und ebendas wird auch ein jeder von uns in dem Maße tun, in dem das Pfingstgeschehen bereits in ihm wirksam geworden ist.

Yoga: Anjochen und Einswerden

Der achtfache Pfad des Patanjali

1. Stufe: Yama = Absterben (wörtlich: der Todesgott)

»Wer nicht *sein* Leben verliert, wird nicht *das* Leben gewinnen« (Jesus).
»Und setzet ihr nicht das Leben ein, nie wird euch das Leben gewonnen sein« (Schiller).
Das ist ein ebenso physikalisches wie biologisches Grundgesetz: Ehe irgendwo etwas hineinkann, muß vorher das heraus, was darin war, und ehe etwas neu entstehen kann, muß das vergehen, was vorher bestand (die Knospen hinter den abfallenden Blättern, die Puppe aus der Raupe und der Schmetterling aus der Puppe usw.).
Dieses »Stirb und werde«, wie es Goethe genannt hat, ist nicht nur das Grundgesetz des Lebens, sondern auch des Geistes. Es ist auch die Grundbedingung für jede menschliche Entwicklung: Wer nicht ständig innerlich sterben kann und will, der kann auch nicht Neues in sich gebären und sich wandeln.
Nur daraus erwächst das Leid, denn Leiden ist praktisch das Nichtsterbenkönnen, d. h. das Nichtverzichtenkönnen, Nichtopfernwollen, das Anhaften, das Festhalten und das Verharren. Buddhas »Achtfacher Pfad der Leidvernichtung« ist infolgedessen identisch mit den acht Stufen des Yoga. Und die erste Stufe entspricht dem christlichen Sakrament der »Ölung« (siehe das Kapitel »Die sieben Chakras und die sieben Sakramente«).
Sterben bedeutet: aufgeben und lassen, sozusagen die ständige »Entrümpelung«, indem wir uns von unnützen Trieben,

Gefühlen, Gedanken und Willensimpulsen befreien, indem wir »mein« nicht mehr als besitzanzeigendes Fürwort betrachten (»mein Geld, Haus, Partner, Kind« usw.), sondern stets dessen eingedenk sind, daß uns nichts persönlich gehört, höchstens zugehört im Sinne von »anvertraut sein als pfleglich zu behandelnde Leihgabe«.

Darum gehört die Ehrfurcht vor dem Leben ebenfalls zu dieser Stufe: Wir sollen nicht selbst leben wollen und andere sterben lassen, sondern selbst sterben und andere leben lassen. Solange wir dies jedoch noch nicht uneingeschränkt tun können, weil wir uns ernähren müssen, verpflichtet uns dies zu doppelter Ehrfurcht vor den Lebewesen, deren Opfer wir annehmen, so daß wir dem Gesamtleben durch unsere eigene Dienstleistung mindestens ebenso viel wiederzugeben haben, wie wir von ihm nehmen (siehe dazu das Kapitel »Die dreifache Speise des Menschen«).

2. Stufe: Niyama = Reinigung

In den meisten Religionen bestehen die verschiedenartigsten Reinigungsvorschriften bis zu Nasen- und Darmspülungen. Doch, abgesehen von der allgemeinen Gesundheitsförderung, ist das Wesentlichste bei jeglicher äußeren Reinigung ihre symbolische Bedeutung für die notwendige innere Läuterung des Gemüts von allen negativen Gefühlen und Gedanken.

Wir erinnern uns an das Symbol der Fußwaschung bei Jesus: Dadurch wurde deutlich veranschaulicht, daß das äußere Waschen der Füße die innere Einstellung der Demut und des Dienens symbolisiert, ohne die Menschen nicht in Frieden zusammenleben können.

Zuerst müssen wir also durch konsequente Psychohygiene (= »Gemütswäsche«) den Frieden in uns selbst hergestellt haben, um dadurch auch nach außen friedfertig (= Friede fertigend) zu wirken. Wir sind dann also nicht nur passiv friedlich geworden, sondern aktiv Frieden schaffend in unserer Umgebung (christliche Symbolfigur dafür ist Franz von Assisi).

Zur Reinigung gehört auch der ganze geschlechtliche Bereich, in dem noch die größten Irrtümer bestehen, so daß gar nicht oft und deutlich genug betont werden kann: Hier ist allein die Reinheit der Gesinnung entscheidend und nicht etwa das Unterlassen des Geschlechtsverkehrs! Was nützt äußere Enthaltsamkeit, wenn man innerlich um so mehr von Trieben getrieben wird? Wenn man Triebe gewaltsam zu unterdrücken versucht, werden sie nur bösartig und entarten zu den schlimmsten Perversionen. Triebe kann man mit wilden Tieren vergleichen: Wenn man sie einsperrt oder gar hungern läßt, werden sie nur noch wilder. Wenn man sie aber liebevoll behandelt und geduldig zähmt, werden sie unsere nützlichsten und treuesten Haustiere. Genauso gehören die gezügelten Triebe zu den wertvollsten menschlichen Qualitäten, weil sie die individuelle Auswirkung der generellen Lebensenergie darstellen (indisch: »Kundalini« = geistdurchdrungene Lebenskraft).

Reinheit bedeutet nicht »Abtötung«, sondern vollkommene Beherrschung des Trieblebens. Richtig verstanden ist daher »unbefleckte Empfängnis« oder »platonische Liebe« nicht Unterlassung des Geschlechtsverkehrs, sondern wie beim »tantrischen Yoga« seine Sublimierung durch die Lauterkeit des Herzens und die Einbeziehung des ganzen Körpers in die seelische Gottbegegnung. Darum ist in Indien der männliche Gott (Schiva) in geschlechtlicher Vereinigung mit der weiblichen Göttin (Schakti) dargestellt als Symbol der geistig-seelischen Verschmelzung. Und auch wir Menschen können es dahin bringen, den körperlichen Vorgang ohne jede grobsinnliche Lustempfindung rein meditativ als eine Art »Körpergebet« zu erfahren, indem wir die kosmische Vereinigung des Gottesgeistes mit der Weltseele auf Erden nachvollziehen.

Schließlich bezieht sich Nyama auch noch auf die Reinigung der Denkprozesse, denn was nützt körperliche Askese, wenn die Gedanken um so schlimmer wuchern? Unser Bewußtsein sollte vielmehr so gründlich geläutert werden, daß jeder unreine Gedanke geradezu körperlich weh tut, daß wir also tatsächlich Kopfweh bekommen, wenn wir etwas Unrechtes denken! Die spezielle Bezeichnung für ein solches Bewußtsein ist Achtsamkeit oder Gewahrsein, was bedeutet, daß wir unseren Körper vollkommen beherrschen, unsere Gefühle in den Griff bekommen haben und unsere Gedanken bzw. Worte unter sorgfältiger Kontrolle halten.

Die totale Reinigung bewirkt Sauberkeit des Körpers, Lauterkeit des Gemüts und Klarheit des Bewußtseins, umfaßt also alle menschlichen Wirkungsbereiche. So erlangen wir jenen ruhevollen Gemütszustand, den Meister Eckhart Gelassenheit nennt und der uns zu nie versagender Geduld mit uns selbst und unseren Mitmenschen befähigt. Diese ist wiederum die unerläßliche Voraussetzung für das konsequente Fortschreiten auf dem Yoga-Pfad, denn jegliche Ungeduld oder gar Gewaltsamkeit wirft uns nur zurück, weil dadurch Energie verzehrt anstatt gewonnen wird. Es ist wie beim Bergsteigen: Wer sich selbst richtig einschätzt und sein individuelles Schrittempo von Anfang bis Ende zügig durchhält, wird den Gipfel rascher und sicherer erreichen als ein vermeintlicher »Gipfelstürmer«, der anfangs so unvernünftig losrast, daß er sich bald verausgabt hat, daher immer häufigere und längere Pausen einlegen und schließlich vielleicht sogar aufgeben muß.

3. Stufe: Asanas = Körperhaltungen

Es sind dies die gesamten Stellungen des Hatha-Yoga, die erst in Verbindung mit den genannten charakterlichen Voraussetzungen sinnvoll sind. Weil diese letzteren in dem, was bei uns vielfach als »Yoga« bezeichnet wird, mehr oder weniger unberücksichtigt bleiben, haben solche Praktiken mit dem echten Yoga-Pfad wenig zu tun und sollten daher richtigerweise als Gymnastik bezeichnet werden.

Ursprünglich bedeuten die Asanas meditative »Körper-Kontemplation«, und zwar gleichermaßen als Gottesdienst wie als Gesundheitsmaßnahmen, denn die alten Yoga-Lehrer hatten zwar in erster Linie eine priesterliche Aufgabe, waren aber ebenso gute Mediziner und Psychologen, weil ihnen in Anbetracht der Ganzheit und Einheit des Menschen die verhängnisvolle Spezialisierung unserer Zeit völlig absurd erschienen wäre.

Darum hat jede einzelne Stellung ihre genau gezielte psychophysische Wirkung, wenn die spirituelle Voraussetzung erfüllt ist. Denn es handelt sich dabei ja keineswegs um irgendwelche künstlichen Verrenkungen, sondern um ganz natürliche Haltungen, die jedes gesunde Kind ganz von selbst ausführt bzw. einnimmt und die daher auch jedem Erwachsenen ohne weiteres möglich sind, wenn er seinen Körper nicht sträflich vernachlässigt oder gar geschädigt hat. Wir haben es eigentlich nur mit einer im Grunde selbstverständlichen allgemeinen Körperbeherrschung zu tun, durch die unser Leib zu einem möglichst vollkommenen Instrument des Geistes gemacht werden soll.

4. Stufe: Pranayama = Atmung

Ohne vertiefte Atmung kann man weder die Asanas richtig ausführen noch überhaupt richtig leben, denn der Atem ist die Universalfunktion, von der sämtliche menschlichen Wirkungsbereiche abhängen: die Gesundheit des leiblichen Organismus, die Ausgeglichenheit der emotionalen Schwingungen im Gemüt und die volle Leistungsfähigkeit der intellektuellen Denkvorgänge aufgrund der spirituellen Energie des sogenannten Prana (siehe die entsprechenden Ausführungen in den Kapiteln »Meditation als Mittel der Menschwerdung« und »Die esoterische Symbolik des Wassermann-Zeitalters«).

5. Stufe: Pratyahara = Beherrschung der Sinne

Das »Verschließen der Sinnestore« – wie es im Originaltext heißt – bedeutet psychologisch ausgedrückt: Man braucht nicht die Augen zu schließen, um mit den Augen nichts zu sehen, und man braucht nicht Oropax in die Ohren zu stecken, um mit den Ohren nichts mehr zu hören, denn die Sinnesorgane sind tatsächlich nur »Tore«, durch welche die entsprechenden Eindrücke ins Gehirn gelangen. Der eigentliche Vorgang des Hörens und Sehens vollzieht sich dort, im Seh- und Hörzentrum. Man braucht dieses nur abzustellen, um nicht mehr zu sehen und zu hören, was nach wie vor von den Augen und Ohren aufgenommen wird. Darum wird z. B. im Zen mit offenen Augen meditiert, und der meditative Bewußtseinszustand ist erreicht, wenn man dann trotzdem nichts mehr sieht.

Das gleiche gilt auch für die Haut und die Zunge: Man spürt dann keine Kälte oder Hitze und schmeckt nichts Bitteres oder Süßes mehr (dies ist schon in der Hypnose der Fall). Alle Sinneseindrücke sind ebenso abgestellt wie im Tiefschlaf. Aber das ist eben der entscheidende Unterschied: Man bleibt trotzdem hellwach, so daß man zwar alles wahrnimmt, sich aber in keiner Weise mehr dadurch stören läßt. Die Sinneseindrücke werden im entsprechenden Gehirnzentrum zwar noch registriert, aber nicht mehr weitergeleitet. Man kann infolgedessen nachträglich, wenn sozusagen »die Leitung wieder frei ist«, all das bewußt rekapitulieren, was während der Meditation zwar vom Unterbewußtsein registriert wurde, aber nicht ins Wachbewußtsein gedrungen ist (wie wenn man die von einem Telefonanrufbeantworter registrierten Gespräche abhört).

Eigentlich wird hier nur die Richtung der Aufmerksamkeit geändert: Es wird nichts mehr von außen nach innen aufgenommen, sondern es wird von innen nach außen gewirkt. Die Sinnesorgane funktionieren dann praktisch in umgekehrter Richtung: Weil der Wille nicht mehr nach außen, sondern nach innen gerichtet ist, werden die Gedanken nicht mehr wie üblich von außen durch die Sinneseindrücke aktiviert, sondern von innen durch die Intuition mittels des spirituellen Steuerzentrums (»Scheitel-Chakra«) gelenkt.

Dieser Vorgang wird esoterisch als »Umstellung der Lichter« und philosophisch als »metanoia« (= Umdenken bzw. Darüberhinausdenken) bezeichnet.

Die fünf ersten Stufen sind die Grundbedingungen, die zur Erreichung jenes Bewußtseinszustandes notwendig sind, der in den drei letzten Stufen beschrieben wird: die drei Phasen der eigentlichen *Meditation* (siehe das Kapitel »Meditation als Mittel der Menschwerdung«).

6. Stufe: Dharana = Konzentration

Die (wörtlich übersetzt) auf einen Punkt zusammengezogene Aufmerksamkeit bedeutet die totale Sammlung von Körper, Gemüt und Intellekt auf die Wesensmitte hin, die durch das »Herz-Chakra« symbolisiert ist. Das hat psychologisch dieselbe Wirkung wie physikalisch konzentriertes Licht, das durch ein Brennglas gebündelt wird. Die modernste Steigerung dieses Vorgangs im Laserstrahl ist ein noch besseres Gleichnis für die gewaltige Wirkung gesammelter Konzentration der Gedankenkraft – angefangen von Gedächtnistraining, Suggestion und Hypnose bis hin zu den PSI-Phänomenen Telekinese und Materialisation (im Indischen Auswirkungen von »manas«).

7. Stufe: Dhyana = Kontemplation

Die vertiefte Betrachtung – von Goethe »Anschauung« genannt – erzeugt das innere Vorstellungsbild der geistigen Prinzipien oder Schöpfungsideen, die immer größere Bewunderung erwecken, je eingehender wir uns damit befassen bzw. uns in sie versenken. Im Christlichen ist dies das »ewige Leben«, im Indischen die göttliche Qualität »buddhi« (sinngemäß = »Geistlebendigkeit«).
Das Verhältnis von Dharana und Dhyana ist mit einem biologischen Gleichnis sehr gut zu verdeutlichen: Das Samenkorn ist Dharana, d. h. die konzentrierteste Form, und der ganze Baum ist Dhyana, d. h. die ausgedehnteste Entfaltung derselben Schöpfungsidee.

8. Stufe: Sanadhi = Devotion (Hingabe) und Kommunion (Vereinigung)

Rückhaltlose Hingabe des ganzen Wesens führt zum Ziel des Yoga-Pfades, zur Wiedervereinigung mit dem Urgrund, zum Aufgehen der Teilexistenz im Göttlich-Ganzen. Dies ist auch die esoterische Bedeutung der Kommunion: die Verleiblichung des Göttlichen und die Vergöttlichung der Leiblichkeit, die beim vollendeten Menschen in der Verklärung des Leibes zum Ausdruck kommt. Im Indischen wird dieser Zustand »Mokscha« oder »die Befreiung vom Rad der Wiedergeburten« genannt – und damit kehren wir zum Ausgangspunkt zurück: Mit der Erlangung des verklärten Leibes hat das Absterben seinen Sinn erfüllt, und der ganze Weg mündet im Ziel.

Der integrale Yoga des Aurobindo

Daß sich im Osten eine parallele Bewußtseinsentwicklung vollzogen hat wie im Westen, beweist eindrucksvoll der Weg vom klassischen Yoga des Patanjali bis zum integralen Yoga des Aurobindo. Ging es bei Patanjali vorwiegend um die Leidüberwindung des einzelnen und sein Freiwerden vom »Rad der Wiedergeburten«, so eröffnet Aurobindo eine sehr viel weitere Perspektive, in der eben Person und Überperson, Mentales und Supramentales (so nennt Aurobindo das Überbewußtsein), Individuum und Kollektiv, Gott und Welt zur totalen Ganzheit verschmelzen (was »integral« wörtlich bedeutet). Demgemäß ist der integrale Yoga nicht mehr ein spezieller Übungsweg, sondern das ganze Leben wird zum Yoga im Sinne von vorbehaltlosem Dienen als Voraussetzung einer ebenso restlosen Vereinigung (Transformation).
Die Vollendung ist demnach nicht das Resultat eines Verlassens der irdischen Verkörperung, eines »Aus-sich-Heraustretens« (Ekstase) oder »Über-sich-Hinauswachsens« (Entrückung) – obwohl auch diese Erscheinungen als Zwischenstufen

oder Entwicklungsstadien durchaus möglich sind –, sondern gerade umgekehrt eines »In-sich-Hineinnehmens« (Kommunion) und »Miteinander-Verschmelzens« (Verklärung) als eigentlicher Bestimmung der irdischen Verkörperung. Es bedarf also keinerlei besonderer Bemühungen oder gar irgendwelcher gewaltsamer Unterdrückung natürlicher Triebe und Bedürfnisse (Askese, Kasteiung usw.), sondern konsequenter Weiterentwicklung *aller* materiellen und spirituellen Anlagen bis zu ihrer totalen supramentalen Transformation. Das bedeutet praktisch, es braucht gar nichts »geheiligt« oder »vergöttlicht« zu werden, denn alles *ist* in Wirklichkeit heilig und göttlich. Es wurde nur durch die täuschenden Begriffe und Vorstellungen eines wirklichkeitsfernen (»abgesonderten«) Denkens so lange überdeckt (»verkannt«), bis das »Licht der Erkenntnis« diese »Verblendung« aufgehoben hat und das ursprüngliche EINS-SEIN im Göttlich-Ganzen wiederhergestellt ist (siehe das Kapitel »Die neun Geburten der Menschenseele«).

Der integrale Yoga besteht im wesentlichen darin:

1. Das ganze Leben (einschließlich der scheinbar »untersten« Ebenen und »niedrigsten« Erscheinungsformen) wird als göttlich erkannt.

2. Das eigene Leben wird ganz und gar, ohne irgendwelche Vorbehalte und Ausnahmen, dem Göttlichen geweiht.

3. Jegliche Tätigkeit (ob Arbeit oder Vergnügen) wird als »Gottesdienst« im Sinne der Selbstverwirklichung betrachtet.

4. In allem Tun und Lassen erkennt man sich selbst (sein Selbst) als individuelle Manifestation des Göttlichen, das sich durch diese zu einmaligem und einzigartigem Ausdruck bringen will.

5. In der Synthese von selbstverantwortlichem Handeln und vertrauensvollem Geschehenlassen wird das »Tun im Nicht-Tun« geübt.

»Die göttliche Liebe ist tief und weit und still, und man muß selbst tief und weit und still werden, um ihrer bewußt und von ihr erfüllt sein zu können. Dies muß das einzige Lebensziel sein, indem man aus seinem ganzen Leben ein verlangendes Streben und Sichöffnen für diese Liebe macht. Sich selbst hinzugeben (siehe das Kapitel »›Einweihung‹ für den modernen Menschen«), nicht etwas zu fordern oder besitzen zu wollen, ist das Geheimnis des Yoga. Je mehr man sich selbst gibt, desto mehr wächst die Fähigkeit zu empfangen. Dann teilt sich die göttliche Liebe der göttlichen Wahrheit und dem göttlichen Willen gemäß dem Menschen mit, indem sie ihn zu einer umfassenderen und reineren Liebe befähigt, als sich ein begrenztes Gemüt je auszudenken vermag. Wer von dieser Liebe erfüllt ist, der kann ein bewußtes Instrument für die Geburt und die Wirksamkeit der göttlichen Liebe in der Welt werden« (Aurobindo).
So wie sich der Buddhismus im japanischen Zen am meisten der Kulmination westlich-christlicher Religiosität in der *Tat-Mystik* Meister Eckharts und Jakob Böhmes angenähert hat, so der Hinduismus im integralen Yoga Aurobindos. Darum zeigt gerade Aurobindo ein sehr viel adäquateres Verständnis des »Rosenkreuzes« und der »Unio mystica« (siehe »Rose Gottes« und »Ozean der All-Einheit« im Teil 3) als die meisten christlichen Interpreten, denn essentielle Wesensverwandtschaften sind eben entscheidender als formelle Gesichtspunkte. Der westlichen Mission im Osten ist nun die östliche Mission im Westen gefolgt – und das Ziel ist die vollkommene »EHE« von Ost und West in planetarischer Menschlichkeit.

Die acht Urzeichen des I Ging

Die im ältesten überlieferten Weisheitsbuch enthaltenen Ursymbole sind identisch mit der modernsten Symbolik des technischen Zeitalters, die das Funktionieren der Computer ermöglicht:
der ganze Strich ——— (Plus – Ja – Ein) und der geteilte Strich — — (Minus – Nein – Aus).

Damit wurde die Grundpolarität der Schöpfung in der allereinfachsten Weise dargestellt und dennoch ein geniales System zur Kennzeichnung auch der kompliziertesten Zusammenhänge gefunden, indem die Dreier-Kombination der beiden Stricharten (für die physische, psychische und spirituelle Welt) *acht Grundzeichen* ergibt: das Urpaar »Himmel« und »Erde«, aus dem drei weitere Paare – je drei »Söhne« und drei »Töchter« – entstehen, die das männliche und weibliche Grundprinzip in den drei Aspekten des Bewirkenden, Bestehenden und Vollendeten zum Ausdruck bringen.

KIÄN: das Schöpferische, der Himmel (9)

———
———
———

Das Vater-Prinzip der *Stärke* in zeugender und verwandelnder Aktivität (Aufgabe). Die Urgewalt des Männlichen (Yang = hell). Gottes-Geist (Pneuma).

KUN: das Empfangende, die Erde (1)

― ―
― ―
― ―

Das Mutter-Prinzip der *Güte* in aufnehmender und bewahrender Passivität (Hingabe). Die Allgestalt des Weiblichen (Yin = dunkel). Welt-Seele (Hyle).

$$9 + 1 = 10$$

Daß die gesamte Schöpfung aus der Verbindung dieses kosmischen Urpaares hervorgegangen ist, darin stimmen nicht nur sämtliche Mythen der Menschheit überein, sondern auch alle wissenschaftlichen Erklärungen des Weltgeschehens münden in einer letztlich wirksamen Grundpolarität.

DSCHEN: das Erregende, der Donner (8)

― ―
― ―
―――

Das erste Sohn-Prinzip der gewaltsam drängenden *Bewegung* infolge elementarer Spannungsfelder. Die bezwingende Schaffenskraft kreatürlicher Gestaltung. Das von außen her Formende (Umweltprägung).

SUN: das Sanfte, der Wind (2)

———
———
— —

Das erste Tochter-Prinzip der gewaltlos wirksamen *Durchdringung* sublimer Schwingungen. Die unmerklich lenkenden Impulse in der lebendigen Entfaltung. Das von innen her Verursachende (Entelechie).

$$8 + 2 = 10$$

Aus dieser Polarität der bewirkenden Grundkräfte ist alles Gewordene und Geschaffene entstanden, denn nichts geschieht ohne inneren Antrieb und äußere Einwirkung.

KAN: das Abgründige (Wechselnde), das Wasser (7)

— —
———
— —

Das zweite Sohn-Prinzip der ständig drohenden *Gefährdung* aus dem unergründlichen Dunkel geheimnisvoller Tiefe. Das mondhaft Bezaubernde, Wankelmütige und rasch vergänglich Machende. Die vulkanische Glut der Erde (Vibration).
Im Westen ein Aspekt des Weiblichen (archaische Muttergottheiten, Dionysos, Hel).

LI: das Haftende (Beständige), das Feuer (3)

―――――
― ―
―――――

Das zweite Tochter-Prinzip der stetig fortschreitenden *Klärung* aus der erleuchtenden Offenbarung lichter Höhe. Das sonnenhaft Befreiende, Standhafte und Dauer Verleihende. Der galaktische Glanz des Himmels (Strahlung).
Im Westen ein Aspekt des Männlichen (Christus-Logos, Apollo, Baldur).

$$7 + 3 = 10$$

In allem Bestehenden wirkt die Grundpolarität von Licht und Finsternis, »Gut« und »Böse«, Aufbau und Abbau, Schaffen und Zerstören, Zentrierung und Zerstreuung, Zusammenziehen und Auseinanderfallen. Aus diesem Spannungsfeld bestehen sowohl das Leben als auch das Bewußtsein.

GEN: das Stillehalten, der Berg (6)

―――――
― ―
― ―

Das dritte Sohn-Prinzip der gefestigten *Ruhe* im »Stillesein vor Gott«. Die unberührbare »Abgeschiedenheit« erhabener Weltüberlegenheit und die ausgleichende Gerechtigkeit allseitiger Synthese. Die »letzte Einsamkeit« (Nietzsche) des Vollendeten.
Der männliche Vollendungsaspekt (ungetrübte Geistesklarheit).

DUI: das Heitere, der See (4)

⚊ ⚊
─────
─────

Das dritte Tochter-Prinzip der friedevollen *Fröhlichkeit*, die »güldene Heiterkeit« (Nietzsche) des im Wesenszentrum Verankerten. Der »kristallene Spiegel« ungetrübter Wesensschau und die allumfassende Harmonie enthusiastischer (= gotterfüllter) Beschwingtheit.
Der weibliche Vollendungsaspekt (unerschöpfliche Lebensfülle).

$$6+4=10$$

Alles Bestehende strebt einem Vollendungszustand zu, der ebenfalls polar erfahren wird, solange noch eine physische oder psychische Form vorhanden ist. Erst in immaterieller, rein ideeller Spiritualität ist die Polarität aufgehoben in der ungeteilten Einheitlichkeit des Ganzen.

Werden die acht Grundzeichen im Kreis angeordnet, so entstehen verschiedene Mandalas (= Kontemplationsbilder), von denen hier nur die beiden wesentlichsten besprochen werden sollen:

I. Die Weltordnung

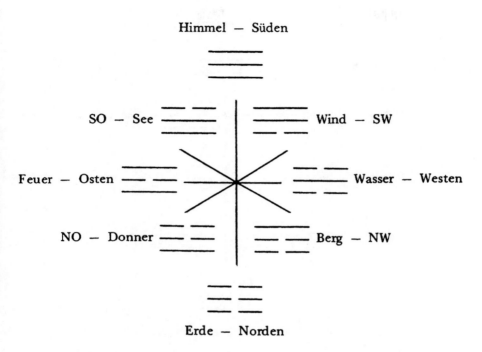

Hier ist die *kosmische Bedeutung* dieser acht Zeichen:

Die Spannung von oben und unten, Süden (im Chinesischen oben) und Norden, Himmels-Vater und Erden-Mutter in der Senkrechten – der Gegensatz von rechts und links, Osten und Westen, Sonne und Mond in der Waagrechten, so daß sich das Hauptkreuz zwischen den vier Urprinzipien ausspannt.

Die Mutter ist umgeben von zwei Söhnen: erregende Bewegung am Anfang und zur Ruhe gekommene Bewegung am Ende.
Der Vater ist umgeben von zwei Töchtern: liebevolle Alldurchdringung des Inneren und weisheitsvolle Harmonie im Äußeren, so daß das Nebenkreuz zwischen den Polen von Anfang und Ende – innen und außen sich spannt.

II. Die Wesensvollendung

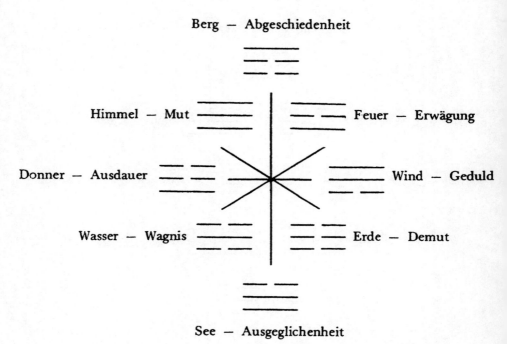

Hier sind die acht Zeichen in ihrer Bedeutung für den *Vollendungsweg* dargestellt:

Nun bilden die Söhne und Töchter des Vollendeten und Bestehenden das Hauptkreuz als die vier Grundpfeiler fortschreitender Bewußtseinssteigerung. Das Nebenkreuz zwischen dem Elternpaar und dem ersten Kinderpaar des Bewirkenden bezeichnet die Grunderfordernisse des »Weges nach innen«, wobei Gegebenheit und Aufgabe, Forderung und Erfüllung sich wechselseitig bedingen und durchdringen.

In ähnlicher Weise ermöglicht die verschiedene Anordnung der Zeichen und die entsprechende Abwandlung ihrer Bedeutung noch weitere Kontemplationen über

die unendliche Wandlung des Ewig-Einen.

Teil 3

Universelle Meditation

Meditation als Mittel der Menschwerdung

Da bei uns – in Anbetracht der ständig wachsenden Schwierigkeiten schon bei der einfachen Lebensbewältigung, geschweige denn bei menschenwürdiger Lebenssteigerung – die meditative Erschließung höherer Bewußtseinsbereiche immer notwendiger wird, müßte das Erlernen und Üben der Meditation eigentlich ebenso selbstverständlich und allgemein verbreitet sein wie das Erlernen und Üben der intellektuellen Fähigkeiten Lesen, Schreiben, Rechnen usw. Deswegen soll hier zunächst einmal eine aus praktischer Erfahrung stammende allgemeinverständliche Einführung in die Meditation gegeben werden. Hierbei bedeutet »universelle Meditation«, diesen allgemeinmenschlichen Vorgang in allgemeingültiger Weise ohne Festlegung auf eine spezielle Methode oder Bindung an einen persönlichen »Guru« auszuüben bzw. zu erfahren.
Wie bereits erwähnt, handelt es sich bei der Meditation um die Erschließung höherer Bewußtseinsbereiche, die in jedem Menschen veranlagt und teilweise auch schon wirksam sind, ohne daß wir bisher wissentlich darauf zu achten oder sie gar willentlich weiterzuentwickeln gelernt haben.
Wir geraten z. B. beim Lesen eines Buches über irgendein Wort ins »Spintisieren«, wir lesen mit den Augen und der entsprechenden Gehirnpartie ruhig weiter und merken vielleicht erst nach einer halben Seite, daß wir von dem Gelesenen gar nichts mehr intellektuell aufgenommen und in Wirklichkeit an etwas ganz anderes gedacht haben. Es waren infolgedessen mindestens zwei verschiedene Bewußtseinsbereiche gleichzeitig tätig. Diesen Vorgang nennt man Tagträumen.

Noch deutlicher wird die Bewußtseinserweiterung beim nächtlichen Träumen, wenn einerseits der Körper ohne Ichbewußtsein daliegt und wir gar nichts mehr wahrnehmen, andererseits aber gleichzeitig im Traum alles Mögliche und Unmögliche erleben (z. B. fliegen und durch Wände gehen, mehrere Personen zugleich verkörpern, an verschiedenen Orten gleichzeitig gegenwärtig sein oder Vergangenheit und Zukunft als Gegenwart erleben können usw.).

Daß dies keineswegs nur sogenannte »Einbildungen« zu sein brauchen, beweisen die Somnambulen, die Schlafwandler, denn bei diesen werden die Träume so intensiv, daß sie den träumenden Körper mitnehmen und dann sogar zu Dingen befähigen, die man im Wachbewußtsein nicht kann (etwa auf dem Dach spazierengehen, weil man im Traum eben keine Angst hat).

Doch solche »supranormalen« Fähigkeiten sind nicht nur im Traum verfügbar. Jeder Mensch ist dazu veranlagt und kann sie daher entwickeln: entweder spontan, etwa in akuter Lebensgefahr, starker Gefühlserregung und ähnlichen Ausnahmesituationen oder bewußt und gezielt durch spirituelle Schulung.

Telepathie, d. h. mentale Gedankenübertragung, Telekinese, d. h. materielle Fernbewegung durch Willensimpulse, Prophetie, d. h. Zukunftsschau (in Norddeutschland »Spökenkieken« genannt), sind also im Grunde durchaus normale menschliche Fähigkeiten, und wir sind demnach eigentlich »unnormal« bzw. unentwickelt, solange wir diese Fähigkeiten nicht bewußt beherrschen.

Darüber hinaus gibt es – ähnlich wie es besonders musikalische oder sprachbegabte Menschen gibt – Menschen mit besonderen medialen Fähigkeiten: Sie können z. B. in »Trance« (einem tiefschlafähnlichen Zustand) lauter Dinge tun (malen, musizieren, fremde Sprachen sprechen, komplizierte wissenschaftliche Apparaturen handhaben, medizinische Diagnosen stellen usw.), von denen sie im Wachbewußtsein keine blasse Ahnung haben. Bei manchen zeigen sich sogar sogenannte okkulte Phänomene, d. h. Erscheinungen bzw. Vorgänge, deren naturgesetzliche Grundlagen uns noch unbekannt sind: etwa Raumdurchdringung, Levitation, Aussenden des Doppelgängers, Kommunikation mit unverkörperten Intelligenzen, Spuk usw.

Auf dieses vielfältige Gesamtgebiet, das man heute mit PSI bezeichnet, können wir hier nicht näher eingehen, doch gibt es darüber bereits eine derart umfangreiche Literatur, daß jeder Interessierte sich jederzeit genauer orientieren kann.

Auch in der Hypnose sind die psychischen Energien zu erstaunlichen Leistungen fähig, die im Wachbewußtsein nicht möglich sind: etwa das tatsächliche Erscheinen einer Brandblase, wenn der in der Hand gehaltene Stein als glühende Kohle erklärt wird, oder die totale Versteifung des Körpers, so daß man ihn wie ein Brett über zwei Kanten legen kann.

Damit nähern wir uns bereits dem Phänomen der Katalepsie, also des Scheintodes, in dem der körperliche Organismus unter Umständen bei vollem Bewußtsein total gelähmt sein kann. Dieser Zustand kann entweder als Krankheits- bzw. Unfallfolge spontan auftreten oder – etwa von Yogis – willkürlich herbeigeführt und (es gibt bezeugte Fälle) sogar monatelang aufrechterhalten werden.

Von einfachen Tagträumen bis zur totalen Katalepsie besitzt demnach jeder Mensch eine erstaunlich große Spannweite von psychischen Energien. Meditation bedeutet nun nichts anderes, als diese latent vorhandenen Energien, die beim unentwickelten Menschen meist nur unwillkürlich, unter Bewußtseinsdämpfung oder gar Bewußtseinsverlust, aufbrechen und dann nicht ungefährlich sind, mit voll entwickeltem Bewußtsein und zentral gesteuertem Willen in den Griff zu bekommen, so daß sie eben der fortschreitenden Persönlichkeitssteigerung und immer vollkommeneren Lebensmeisterung dienen.

Hierzu sind allerdings einige *Vorbedingungen* zu erfüllen: zunächst die möglichst gründliche Beseitigung der physischen, emotionalen und mentalen Hindernisse und dann die konsequente Weiterentwicklung aller veranlagten Fähigkeiten.

Beginnen wir mit dem *Körper:*

Leider ist der körperliche Organismus der meisten erwachsenen Menschen nur noch ein schlechtes Instrument der Seele, denn er ist nicht nur vielfach unterentwickelt, sondern auch durch mancherlei Funktionsstörungen, Verkrampfungen oder Verkümmerungen mehr oder weniger schwer behindert. Dies ist keineswegs naturnotwendig, denn natürlicherweise könnte die Beweglichkeit und Elastizität des Kindes bis ins höchste Alter hinein voll erhalten bleiben, wenn wir unseren Körper nicht durch unvernünftige Lebens- und Arbeitsweise schädigen, sondern ihn mindestens ebenso sorgfältig der »Gebrauchsanweisung« gemäß behandeln und pflegen würden, wie wir dies etwa bei einer wertvollen Maschine selbstverständlich tun. Immerhin gibt es genügend Beispiele alter Menschen, die keine Opfer eigener oder fremder Unvernunft sind und sich infolgedessen bester Gesundheit ebenso wie ungeschmälerter Leistungsfähigkeit erfreuen.
Wie können wir nun am einfachsten die Funktionstüchtigkeit unseres Körpers feststellen?
Indem wir die erste Vorbedingung der Meditation erfüllen: das *Stillsitzen* (japanisch: Za-Zen).
Wer meint, das sei doch allzu einfach, der hat bestimmt noch nicht versucht, wirklich still zu sitzen, d. h. beliebig lange Zeit nicht nur kein Glied zu rühren, sondern auch die geringste unwillkürliche Bewegung zu vermeiden, also tatsächlich dazusitzen wie eine Statue, bis schließlich sogar der Lidschlag aufhört und man mit offenen Augen ins Leere blickt, ohne noch irgend etwas Gegenständliches wahrzunehmen. Wer es also versucht, der wird schon bei dieser »ganz einfachen« Übung merken – nun, was eben noch alles zu üben ist, bis man wirklich meditieren kann.
Wenn nun jemand meint, das *Stilliegen* sei vielleicht einfacher, so braucht er dies nur ebenfalls ernstlich zu versuchen, um seine Meinung rasch zu korrigieren. Nicht umsonst heißt die entsprechende Yoga-Übung »Totenlage«, denn hier muß man tatsächlich genauso bewegungslos liegen können wie ein

Toter. Nur auf diese Weise können wir nämlich feststellen, ob der gesamte Organismus völlig in Ordnung ist, denn in der Hektik des Tagesablaufes sowohl bei der Arbeit als auch beim Vergnügen sind wir viel zu sehr beansprucht, um das Funktionieren und den Zustand unseres Körpers noch mit der nötigen Sorgfalt kontrollieren zu können. So bekommt der Körper meist gar keine Gelegenheit mehr, sich rechtzeitig warnend bemerkbar zu machen, ehe er bereits Schäden erlitten hat.

Dies ist also der Grund dafür, daß wir im allgemeinen keineswegs gleich zur Ruhe kommen, wenn wir versuchen, wirklich still zu liegen. Denn nun wird eben unser geplagter Körper zunächst einmal allerhand nervöse Zuckungen, schmerzende Verspannungen, allergische Reaktionen usw. produzieren, um uns so darauf aufmerksam zu machen, in welch unvernünftiger Weise er bisher entweder überstrapaziert oder vernachlässigt wurde. Darum sind Stillsitzen und Stilliegen anfangs so schwierig – aber auch so wichtig!

Möglichst vollständige körperliche *Entspannung* ist somit die notwendige Voraussetzung sowohl für die Meditation als auch für die Gesundheit überhaupt. Wenn man wirklich entspannt ist, dann kann man es immer und überall sein: nicht nur im Liegen und Sitzen, sondern auch im Gehen und Stehen, so daß man ohne Ermüdung erstaunlich lange Strecken zurücklegen und viel längere Zeit als die armen gehetzten Zeitgenossen ohne jeglichen Streß auf den Beinen sein kann, weil nur aus solcher Entspannung heraus dann die jeweils notwendige Anspannung ohne Verkrampfung entstehen kann.

Jeder hat die Möglichkeit, den Grad seiner Entspanntheit sofort festzustellen, indem er sich zum Schlafen einmal nicht in, sondern vor das Bett auf den Boden legt (wobei Zudecken mit der warmen Bettdecke durchaus erlaubt, als Unterlage aber höchstens eine Decke gestattet ist). Wenn man dann ebenso gut oder vielleicht noch besser schläft als im Bett, ist der Körper in Ordnung, denn entspannte Muskeln und lockere Gelenke passen sich auch dem härtesten Boden schmerzfrei an, wie man nicht nur bei Tieren, sondern auch bei gesunden Kindern jederzeit beobachten kann. Nur verspannte Muskeln

und verhärtete Gelenke schmerzen, um dadurch deutlich zu bekunden, daß schleunigst psychophysische Gesundheitspflege betrieben werden müßte, um die natürliche körperliche Weichheit und Beweglichkeit wiederherzustellen. Es gibt darüber schon eine Menge guter Bücher, doch nützen diese wenig, wenn man sie bloß liest, ohne das darin Empfohlene konsequent und ausdauernd in die Tat umzusetzen.
Aber Entspannung ist nur die eine Hälfte der körperlichen Vorbereitung auf die Meditation. Die andere Hälfte bedeutet eigentlich das Gegenteil, nämlich die *Straffung*.
Da völlige Entspannung zwangsläufig zum Einschlafen führt, wenn sonst nichts geschieht, muß nun also der entspannte Körper ganz bewußt wieder gestrafft werden, so daß die labile Grenzsituation zwischen Wachen und Schlafen möglichst lange und ungezwungen aufrechterhalten werden kann. In der Tat geschieht dies ganz wörtlich durch die *aufrechte Haltung*, die stets Voraussetzung der eigentlichen Meditation ist, denn selbst im Liegen wird zumindest gedanklich bzw. vorstellungsgemäß diese Haltung eingenommen, d. h. der Körper bewußt gestreckt. Das deutsche Wort »Haltung« hat infolgedessen ja auch eine Doppelbedeutung: Es bezieht sich sowohl auf den Körper als auch auf den Charakter – und das mit Recht, denn beides steht in direktem Zusammenhang.
Im Hatha-Yoga gibt es daher eine Fülle von Körperhaltungen (Asanas), die alle sowohl eine organische als auch eine emotionale und mentale Wirkung haben. Aber auch der sogenannte Diamantsitz auf den Fersen oder der »ägyptische Pharaonensitz« ebenso wie die verschiedenen Gebetshaltungen im Kultus aller Religionen haben die gleiche Bedeutung: den Körper ebenso sicher am Zügel zu halten wie der Reiter sein Pferd, ja ihn schließlich sogar so zwanglos lenken zu können, wie dies ein geübter Reiter vermag, der seinen Willen ohne Zügel mittels Schenkeldruck oder nur mit Gedanken auf das Pferd überträgt.
Möglichst ungezwungene Körperbeherrschung, so daß man den Körper praktisch sich selbst überlassen kann, nachdem er einmal die richtige Haltung eingenommen hat, in der er ent-

spannt und dennoch aufrecht in sich ruht – das ist also, kurz gesagt, die erste Vorbereitungsstufe.

Befassen wir uns daraufhin mit dem *Gemüt:*

Der unentwickelte Mensch schwimmt in den hin und her wogenden Lebensenergien und psychischen Schwingungen gewissermaßen wie ein Fisch im Wasser oder – noch treffender – wie ein vollgesogener Schwamm ohne jede Möglichkeit eigener Einwirkung. Die Gefühle, die uns den ganzen Tag durchwogen, die wir teils aussenden, teils empfangen, sind meist so mächtig, daß sie uns auch noch bis weit in den Schlaf hinein verfolgen: Ein Großteil des Traumerlebens besteht daher im sogenannten Abreagieren dieser unkontrollierten und unbeherrschten Gefühle. Und auch ein Großteil unseres Verhaltens den ganzen Tag über entspringt ja nicht der bewußten Überlegung oder gar dem klaren, festen Willen, sondern es sind mehr oder weniger emotionale Reaktionen, die uns im täglichen Leben bestimmen.
In dieses Chaos muß also Ordnung gebracht werden. Es gibt ein eindrucksvolles Gleichnis für den zu erreichenden Zustand: Wie in einem ganz ruhigen, klaren Bergsee die Gipfel und der Himmel sich so deutlich spiegeln, daß man gar nicht unterscheiden kann, was Wirklichkeit und was Spiegelung ist, so klar und still sollte unser Gemüt geworden sein, dann kann die geistige Wirklichkeit sich in ihm genauso deutlich spiegeln.
Aber schon das geringste Gekräusel an der Oberfläche des Bergsees macht die Spiegelung zunichte, und das tut also auch die geringste Gefühlserregung. Bei den üblichen Affekten und Aggressionen kann sich nichts Seelisch-Geistiges mehr spiegeln, so daß es also beständige Aufgabe bleibt, die hochgehenden Wogen des Gefühlslebens immer mehr zu beruhigen, bis auch unser Gemüt schließlich einem stillen, abgeschiedenen Bergsee gleicht (weshalb Meister Eckhart diesen Zustand treffend »Abgeschiedenheit« nennt).
Bei diesem Bemühen um Gefühlsberuhigung und Erzeugung

einer positiven Gesamtstimmung sind sämtliche Sinneseindrücke hilfreich: Bilder und Formen, Symbole und Sinnsprüche (Mandalas und Mantras), Instrumentalmusik und ganz besonders Gesang, denn dabei sind wir ja selbst Instrument und schwingen selbst mit. Der Geruchssinn ist um so empfindlicher, je entwickelter bzw. feinnerviger ein Mensch ist, und er stimuliert insbesondere das Erinnerungsvermögen. Deswegen sind Weihrauch und andere Wohlgerüche Bestandteil jedes Kultus, genügt aber auch schon der Duft von Blumen und Kräutern oder die würzige Waldluft zur positiven »Umpolung« der Gefühle.

Je mehr also konsequente Psychohygiene (auf deutsch »Gemütswäsche«) bereits ebenso zur Selbstverständlichkeit geworden ist wie gründliche Körperpflege, desto leichter wird die spezielle Zubereitung des Gemüts für die Meditation fallen, so daß es schließlich gelingt, ohne irgendwelche äußeren Hilfsmittel sogar in der Straßenbahn oder mitten in einer Großstadtstraße eine so wirksame innere Schutzschicht aufzubauen, daß man darin völlig abgeschirmt gegen alle lärmende Unruhe um sich herum in sich ruhen kann – etwa wie in einem vollklimatisierten Düsenjet in der Atmosphäre oder in einer Taucherglocke in der Tiefsee. Das kann man durch konsequente Übung tatsächlich erreichen.

Aber auch hier muß zu dieser möglichst vollkommenen Gemütsruhe noch eine zusätzliche positive Gemütsbewegung hinzukommen. Das heißt, ähnlich wie zu der körperlichen Entspannung noch die bewußte Haltung hinzukommen muß, ist hier nach der Beruhigung der Gefühle eine *aktive Gemütserhebung* notwendig. Diese Erhebung, Erbauung, Andacht, Devotion oder wie immer man sie nennt, kann durch eindrucksvolle bildhafte Vorstellungen oder zielbewußte konzentrierte Gedanken oder am besten durch beides zusammen erzeugt werden. Den daraus resultierenden Zustand voller Vertrauen nennt Meister Eckhart »Gelassenheit« – worin bekanntlich »lassen« enthalten ist, denn je mehr wir lassen können (und zwar im Doppelsinne von geschehen lassen und hergeben), desto gelassener werden wir in der Tat.

Zuerst alle Gefühle zum Schweigen bringen und in ungestörtem inneren Gleichgewicht in sich ruhen, dann in andächtiger Gemütserhebung sich aufschwingen und sich rückhaltlos dem Erhabenen öffnen – das ist also, kurz gesagt, die zweite Vorbereitungsstufe.

Danach wenden wir uns dem *Bewußtseinsinhalt* zu:

Für uns Europäer ist allerdings die Beherrschung der Mentalsphäre, d. h. die möglichst vollständige Gedankenkontrolle oder gar das völlige Abstellen der Gedanken, weitaus am schwierigsten. Schon aus diesem Grunde sind die meisten östlichen Meditationsanweisungen für uns nicht ohne weiteres brauchbar, denn da wird immer so ganz selbstverständlich das »Abschalten der Gedanken« gefordert – als ob das die leichteste und einfachste Sache der Welt sei!
Nun, für die östlichen Menschen ist das auch sehr viel einfacher als für uns, weil sie rational nicht so übertrainiert sind und nicht in unserer intellektuellen Atmosphäre leben müssen.
Es gibt im Östlichen ein sehr treffendes Bild für die notwendige Gedankenkontrolle: das »Anbinden der Affen«. Wer schon einmal im Zoo oder Fernsehen eine Affenherde gesehen hat, wie sie alle kreuz und quer in den verschiedensten Richtungen durcheinanderspringen und dabei ein Riesengeschrei vollführen, der erkennt darin tatsächlich ein anschauliches Gleichnis für unsere Gedanken! Die Aufgabe, jeden einzelnen dieser Affen-Gedanken zu fangen und anzubinden – d. h. zu kontrollieren und zu fixieren –, erscheint also fast unmöglich.
Auch das westliche Gleichnis für diese Aufgabe betont ihre Schwierigkeit: das »Einfangen der Bienen«. Hier geht es zwar nicht um ein turbulentes Durcheinander, sondern um geschäftigen »Bienenfleiß«. Doch all die in der ganzen Welt zerstreuten Bienen-Gedanken einzusammeln und zur ungeteilten Aufmerksamkeit auf den wesentlichen Punkt zu bringen, das ist bestimmt nicht leichter als das »Anbinden der Affen«!

Es gibt grundsätzlich zwei Möglichkeiten, wie wir diese Aufgabe dennoch bewältigen können: eine mehr östlich orientierte, passive und eine mehr westliche orientierte, aktive.
Die *passive Möglichkeit* besteht in geduldigem Geschehenlassen und dennoch unbeirrbarem Weitermachen. Wer schon einmal praktisch zu meditieren versucht hat, mußte sicherlich auch schon die Erfahrung machen, daß ihm zwar Körperhaltung und Seelenruhe schon einigermaßen gelangen, die Gedanken sich aber immer wieder jeder Kontrolle entzogen: Je mehr man sich zu konzentrieren versuchte, desto größer wurde nur das Durcheinander, und desto mehr völlig unmotivierte, ja geradezu absurde Gedanken tauchten auf! Da muß man es nun fertigbringen, die Gedanken einfach zu lassen und selbst möglichst unbeteiligt zu bleiben bzw. sich selbst zuzusehen wie einem Fremden (Krishnamurti nennt dies den »Beobachter«). Man darf nicht ungeduldig werden oder sich gar ärgern, sondern muß wie beim sportlichen Training trotz aller anfänglichen Mißerfolge mit beständiger Konsequenz und Ausdauer weitermachen. Wenn selbst beim hundertsten, ja beim tausendsten Mal die volle Konzentration immer noch nicht gelingt, weil wieder so ein blödsinniger Störgedanke dazwischengefunkt hat – dann eben trotzdem ruhig und gelassen bleiben und ungerührt wieder von vorne anfangen!
Auch hier gilt das Wort: »Wer den längeren Atem hat, der gewinnt«. Denn wenn die Beharrlichkeit tatsächlich stärker ist als die Unrast der Gedanken, dann wird schließlich auch die Beharrlichkeit obsiegen.
Befassen wir uns aber noch etwas eingehender mit dem Ausdruck »längerer Atem«, denn dieser ist ganz wörtlich zu nehmen: Je größer Geduld und Gelassenheit, Ausdauer und Durchsetzungsvermögen sind, desto länger und tiefer werden auch die Atemzüge. Und deswegen kann man ebenso umgekehrt durch sorgsame und konsequente *Atemübung* nicht nur die körperliche Gesundheit und Leistungsfähigkeit steigern, sondern auch die seelische Ausgeglichenheit und ruhevolle Gemütsverfassung. Beobachten wir doch einmal, was mit unserem Atem passiert, wenn wir uns z. B. ärgern. Wir atmen

natürlich schneller, kürzer und stoßweise. Wenn wir versuchen, langsam und tief zu atmen, solange wir uns ärgern, wird uns das nicht gelingen, denn entweder wir ärgern uns, dann können wir nicht ruhig und tief atmen, oder wir schaffen die vertiefte lange Atmung, dann ärgern wir uns nicht mehr.
Und so ist es bei jeder Gemütserregung, ja schon bei der geringsten Gefühlsschwankung: Sie äußert sich einerseits unwillkürlich durch eine Veränderung des Atems und kann darum andererseits willkürlich durch bewußte Atempflege weitgehend reguliert werden.
Doch die Wirkung des Atems reich noch viel weiter: Er ist nämlich nicht nur ein physischer Vorgang, sondern auch ein feinstoffliches Geschehen, indem er uns das sogenannte »Prana« vermittelt. Das ist ein indischer Ausdruck für die spirituelle Schwingung, die sich entsprechend unserem Bewußtseinsgrad im Atem auswirkt, so daß sowohl der Inhalt der Gedanken als auch deren Konzentrationskraft mit der Atemqualität zusammenhängt. Deswegen nennt man im Indischen einen Heiligen »Mahatma«, was sowohl »großer Atem« als auch »große Seele« bedeutet, denn beides ist eben identisch: »Atman« ist gleichermaßen der universelle Allgeist, den wir »Christus« nennen, und dessen individuelle Ausprägung in der Einzelseele, das wahre Selbst.
Auch im Griechischen bedeutet »Pneuma« sowohl die physische Atemluft als auch den spirituellen Geist. Und ebenso ist im Hebräischen »Ruach« der Hauch Gottes, mit dem er den neugeschaffenen Menschen nicht nur belebt, sondern ihm auch sein Geistbewußtsein einhaucht. Dieser tiefe Zusammenhang zwischen Geist und Atem ist eben allgemeingültig, und deswegen ist die bewußte Atmung auch für die Meditation der universelle Schlüssel aller drei Bereiche des Physischen, Psychischen und Spirituellen (siehe hierzu die Ausführungen über das »Atemkreuz« im Kapitel »Die esoterische Symbolik des Wassermann-Zeitalters« und die Kassette »Atemtraining« im Fitneßprogramm Methode Dr. Endres).
Kommen wir nun aber zurück zur *aktiven Methode* der Gedankenkontrolle: Sie besteht darin, den störenden Gedanken

nicht geduldig nachzugeben, bis sie von selbst versiegen, sondern jedem einzelnen sorgsam nachzugehen, bis man seinen Ursprung herausgefunden hat, oder ihn gründlich durchzudenken bis zu den letzten denkbaren Konsequenzen.

Auf diese Weise kann man bei entsprechender Sorgfalt und Ausdauer erreichen, daß schließlich alle Störgedanken bewußt verarbeitet sind und infolgedessen nicht mehr auftauchen. So könnte ein Meditationslehrer etwa empfehlen: Immer wenn Sie sich konzentrieren wollen, kommt hartnäckig ein Störgedanke, etwa die Erinnerung an den roten Hut der Tante Frieda. Versuchen Sie nun einmal, anstatt sich über diesen »konstanten Blödsinn« zu ärgern, möglichst sorgfältig zu überlegen, was dieser Störenfried eigentlich zu bedeuten hat. Denn wenn dieser Gedanke wirklich nur blödsinnig oder bedeutungslos wäre, käme er nicht immer wieder. Tatsächlich weist er auf irgendein für Sie bedeutungsvolles Erlebnis hin, das Sie bewußt schon lange vergessen haben oder das so früh in Ihre Kindheit zurückreicht, daß Sie es überhaupt noch nicht bewußt wahrnehmen konnten. Unterbewußt spukt es aber nach wie vor in Ihrem Gemüt, weil Sie entweder von einer Ungerechtigkeit, Enttäuschung und dergleichen zu tief betroffen oder auch von einem außergewöhnlich erfreulichen bzw. beglückenden Geschehen zu sehr beeindruckt waren. Diesen eigentlichen Anlaß aber haben Sie, wie gesagt, vergessen oder gar verdrängt (das ist der psychologische Fachausdruck dafür, daß man etwas Unangenehmes oder Schmerzliches mit aller Gewalt vergessen will und doch nicht vergessen kann). Der tatsächliche Anlaß ist also in Ihrem Unterbewußtsein gewissermaßen »begraben«, und in Ihrem Bewußtsein ist davon nur besagter »roter Hut der Tante Frieda« sozusagen als »Grabstein« übriggeblieben, d. h., die Tante Frieda mit ihrem auffälligen Hut war irgendwie mit dem entscheidenden Erlebnis verknüpft.

Darum mahnt nun dieser »Grabstein« in Ihrem Bewußtsein so lange an das darunter verborgene Erlebnis, bis es Sie nicht mehr innerlich umtreibt, weil Sie sich endlich bewußt daran erinnern und es auch so verarbeiten konnten.

Genau das gleiche ist übrigens der Fall, wenn sich ein Traum häufig wiederholt. Erst wenn Ihnen der geschilderte Zusammenhang ganz klar geworden ist und Sie die notwendigen Schlußfolgerungen für Ihre Persönlichkeitsentwicklung daraus gezogen haben, werden Sie von dieser Störung frei geworden sein. Auf diese Weise können Sie also einen Störgedanken oder bedrängenden Traum nach dem anderen bewußt »aufarbeiten«, bis Sie schließlich alle losgeworden sind.
Diese Methode der modernen Psychotherapie ist keineswegs nur bei krankhaften neurotischen Störungen anwendbar, sondern hilft auch bei gesunden Menschen, die üblichen Konzentrationsschwierigkeiten zu überwinden.
Man kann nun die Störgedanken nicht nur nach rückwärts in die Vergangenheit bis zu ihrem Ursprung verfolgen, sondern auch entgegengesetzt vorwärts in die Zukunft weiterführen und konsequent zu Ende denken. Dies ist besonders zu empfehlen, wenn es sich um Angst- oder Wunschgedanken handelt. Wer also von irgendwelchen Ängsten verfolgt wird, der sollte sich möglichst lebhaft vorstellen, wie es sein wird, wenn das Befürchtete tatsächlich eingetreten ist. Was kann denn überhaupt schlimmstenfalls passieren? Ich kann vielleicht blind oder verkrüppelt werden. Nun, es gibt viele Menschen, die nicht nur so leben müssen, sondern ein solches Schicksal sogar in bewundernswerter Weise gemeistert haben! Oder ich kann sterben. Aber was von mir stirbt überhaupt? Bin ich wirklich »tot«, wenn mein Körper zerfällt? Wir kommen somit notwendigerweise irgendwann einmal zu den sogenannten »letzten Dingen«, wenn wir einen Angstgedanken folgerichtig zu Ende denken. Und dieses Sichbefassen mit den »letzten Dingen« ist ja eigentlich schon Meditation bzw. leitet unmittelbar dazu über.
Wenn uns irgendein Wunsch nicht losläßt, können wir genauso vorgehen, indem wir uns möglichst plastisch die vollendete Wunscherfüllung vorstellen – aber mit allen Konsequenzen, d. h. nicht nur mit den erwarteten positiven Folgen, sondern auch mit allen möglichen negativen Begleiterscheinungen. Manche Märchen, wie etwa »Der Fischer und seine

Frau«, »Die drei Wünsche«, »Rumpelstilzchen« und andere, wollen hier beherzigenswerte Lehren erteilen. Oder haben Sie schon einmal bedacht, was geschieht, wenn wirklich alle Ihre Wünsche in Erfüllung gegangen sind und überhaupt nichts mehr zu wünschen übrigbleibt?

In einer sehr sinnreichen Legende wird gerade das als schlimmste Höllenstrafe geschildert! Auch hierbei kommen wir also bei folgerichtigem Zuendedenken unweigerlich zu philosophischen bzw. religiösen Betrachtungen und damit an die Schwelle der Meditation.

Es ist klar, daß sowohl die körperliche Entspannung und Haltung als auch die Beruhigung und Erhebung im Gemüt und erst recht die gedankliche Konzentration bis zum völligen Abschalten des »Denkapparates« nicht von heute auf morgen zu schaffen sind. Darum sind die *Haupterfordernisse* bei der Vorbereitung zur Meditation: unbeirrbare *Geduld* und unermüdliche *Ausdauer* – nicht nur über Tage und Wochen, sondern über Monate, Jahre, ja sogar Jahrzehnte hinaus!

Viele verlieren die Geduld schon nach kurzer Zeit oder bringen es von vorneherein gar nicht fertig, mit der notwendigen Regelmäßigkeit zu üben, weil immer wieder »etwas dazwischenkommt«. Dann resignieren sie und behaupten, Meditation sei entweder überhaupt nichts wert oder für sie eben nicht das richtige. Eine solche Behauptung ist jedoch genauso unvernünftig, wie wenn jemand, der begonnen hat, eine Fremdsprache zu erlernen oder ein Musikinstrument zu spielen, nach kurzer Zeit wieder aufhören würde, weil er mit seinen Fortschritten nicht zufrieden ist, dann aber, anstatt sich selbst dafür verantwortlich zu machen, die Fremdsprache oder das Instrument abwerten würde.

Wenn man bedenkt, welch langer und intensiver Bemühungen es bedarf, bis man überhaupt eine Fremdsprache fließend sprechen oder ein Instrument meisterhaft spielen kann, und wie konsequent man gerade dann täglich weiter üben muß, um die gewonnene Fertigkeit nicht wieder zu verlieren, dann wird doch jeder normale Mensch einsehen, daß für die Meditation zumindest die gleichen Bedingungen gelten!

Jeder ernsthaft Strebende darf aber auch dessen gewiß sein, daß keine aufgewandte Mühe umsonst ist, denn wenn schon im Physikalischen kein Energieaufwand ohne den entsprechenden Effekt bleibt, so gilt dies im Spirituellen erst recht. Hören wir also nochmals den Meditationslehrer: Selbst wenn Sie wirklich schon jahrelang geübt haben sollten, ohne Ihrer Meinung nach einen wesentlichen Fortschritt zu erzielen, so hätten Sie immer noch keinen Grund zur Resignation. Denn was wissen Sie von den bisher verborgenen inneren Wirkungen, die vielleicht um so tiefgreifender sind, je weniger sie nach außen in Erscheinung treten? So wie es Pflanzen gibt, die jahrelang brauchen, bis sie – dann aber besonders prächtige – Blüten hervorbringen, können sich auch bei Ihnen eines Tages ganz plötzlich die wunderbarsten Resultate zeigen, die Sie vorher nicht einmal im Traum erwartet hätten!
Es ist auch niemals zu spät, mit dem Üben zu beginnen, denn das Leben eines jeden Menschen verläuft haargenau so, wie es der Bestimmung seiner Individualität entspricht, auch wenn er selbst sich dessen noch gar nicht bewußt ist. Er wird dann eben so lange ohne seine bewußte Zustimmung und Mitwirkung vom Überbewußtsein durch sogenannte Schicksalsschläge oder schicksalhafte Fügungen geführt, bis er zu sich selbst erwacht ist und dann rückblickend alles bisher als zufällig oder gar willkürlich Erscheinende als in Wirklichkeit genau passende Teilstücke eines großen »Puzzlespiels« erkennt. Daraufhin vermag er nun selbst vorausblickend aktiv mitzuspielen, weil er aus den ineinanderpassenden Teilstücken seines bisherigen Lebens bereits das Gesamtbild erschließen kann, zu dem auch die künftigen Lebensabschnitte zusammengefügt werden sollen.
Wer davon überzeugt ist, daß der Ewige Geist nicht unseren eng begrenzten irdischen Vorstellungen folgt, sondern wirkt, wann, wo und wie er will, der wird niemals den Mut verlieren oder gar verzweifeln, auch wenn die Wanderung durch Nacht und Nebel noch so lange und beschwerlich zu sein scheint. Denn auch für ihn gilt das Wort in Goethes Faust: »Wer immer strebend sich bemüht, den können wir erlösen!«

In diesem Spruch kommt es tatsächlich auf jedes Wort an: Nicht nur ab und zu einmal nach Lust und Laune, sondern *immer*, d. h. unablässig in beständiger Ausdauer, müssen wir uns bemühen. Und nicht plan- und ziellos sollen wir herumirren, sondern *strebend*, d. h. vollbewußt und zielsicher der Bestimmung unserer Individualität folgend, ohne uns davon abbringen zu lassen.

Und schließlich handelt es sich nicht um spielerische Abenteuer, sondern um ernsthaftes *Bemühen* aus ganzem Herzen und mit aller Kraft, deren wir fähig sind. Wer aber diese Bedingungen erfüllt, der erreicht mit naturgesetzlicher Notwendigkeit und geistgesetzlicher Gewißheit das Ziel – nichts ist sicherer als dies!

Nach den Vorbereitungen soll nun der *eigentliche Vorgang der Meditation* näher beschrieben werden. Das Wort selbst umschreibt diesen Vorgang sehr deutlich, wenn wir es richtig übersetzen. Das lateinische Wort »meditari« bedeutet sinngemäß: »den Umkreis ermessend in der Mitte stehen«. Dabei ist mit »Umkreis« die Reichweite des Bewußtseins gemeint. Tatsächlich sprechen wir ja auch vom »geistigen Horizont« eines Menschen und meinen damit den Ausschnitt aus dem Gesamtbewußtsein, den sein persönliches Denk- und Vorstellungsvermögen umfaßt. Meditation bedeutet fortschreitende Erweiterung des persönlichen Bewußtseins bis zum geistigen Entwicklungsziel der Gattung Mensch: »Entgrenzung« (Dürckheim) durch »Aufhebung des Sonderscheins« (Eckhart) und vollkommenes Aufgehen in der überpersönlichen Absolutheit des kosmischen Bewußtseins. Ob wir dies »Übergotten Gottheit« (Böhme), »Seins-Erkenntnis-Seligkeit« (Vedanta) oder sonstwie nennen – hier endet in jedem Falle die Möglichkeit theoretischer Beschreibung und beginnt der Bereich ureigenster, nicht mehr mitteilbarer Erfahrung.

Und was hier »Mitte« bedeutet, ist ebenfalls ganz klar: So wie es im Kreis nur einen Punkt gibt, von dem man den gesamten Umfang gleichermaßen ermessen kann, so gibt es auch im menschlichen Bewußtsein ein Zentrum, um welches das gesamte Bewußtsein kreist bzw. von dem seine Reichweite bestimmt wird: ICH BIN, unsterbliche Seele, Monade, Selbst, Wesenszentrum, Persönlichkeitskern, individuelle Entelechie, Meister im Herzen, Fünklein im Seelengrund, Gottesfunke – und wie sonst noch die vielen Bezeichnungen für die eine Mitte lauten mögen.

Sobald jedoch das Bewußtsein nicht mehr um dieses ewige geistige Zentrum, sondern um irgendeinen räumlich-zeitlichen Bezugspunkt kreist (Geld und Geltung, Macht und Besitz, Lust und Unlust usw.), sind wir »aus der Wesensmitte herausgefallen« und bewegen uns an der vergänglichen Peripherie, anstatt im bleibenden Mittelpunkt zu ruhen. Und die Meditation soll dann eben das Bewußtsein wieder ins Zentrum zurückführen, aus der Zerstreuung heimholen und auf das allein Wesentliche konzentrieren. Nur das ist wirkliche Meditation, die dies erstrebt und bewirkt!

Demnach kann man Meditation zusammenfassend etwa so definieren: Sie ist die bewußt kontrollierte, von der Entelechie der Individualität (Wesenskern = Gottesfunke) gesteuerte Aktivierung aller Schichten zu keinerlei anderem Zweck als allein zur Aufhebung des intellektuellen Subjekt-Objekt-Gegensatzes (»Sonderscheins«) und zur Wiedergewinnung der ursprünglichen, ungeteilten Ganzheit des Menschenwesens (»Adam Kadmon«). So ist echte Meditation ein zutiefst religiöses Geschehen, denn »religio« bedeutet ja Wiedervereinigung des Getrennten – Wiederverbindung mit dem Urgrund.

Die meditative Bewußtseinserweiterung geschieht in den drei Bereichen des Physischen, Psychischen und Spirituellen.

Die *erste Stufe,* durch die der erste überbewußte Bereich der *Imagination* erschlossen wird, ist die *Konzentration* – zu deutsch: *Sammlung* und Zusammenfassung der Gedanken im Wesenszentrum. Im Englischen sagt man dazu »one-pointed consciousness«, d. h. das in einem Punkt gesammelte Bewußtsein. Wer schon einmal die Wirkung der durch eine Linse gebündelten und auf einen Punkt konzentrierten Sonnenstrahlen auf der Haut gespürt oder ein Blatt Papier damit angezündet hat, der weiß, daß die Bezeichnung »Brennpunkt« hier ganz wörtlich zu verstehen ist. Und über die konsequente Weiterentwicklung im Laserstrahl hat jeder zumindest schon gelesen oder gehört. Was aber physikalisch der konzentrierte Lichtstrahl vermag, das vermag psychisch die konzentrierte Gedankenkraft mindestens ebenso intensiv!

Die zweite Stufe der meditativen Bewußtseinssteigerung, durch die der Bereich der *Inspiration* erschlossen wird, ist die *Kontemplation* – zu deutsch: *intensive Betrachtung*. Dafür ist bestmögliche Konzentration die notwendige Voraussetzung, dann aber muß noch mehr hinzukommen: Die intensive Betrachtung muß mindestens ebenso sehr den ganzen Menschen erfüllen, wie wenn etwa zwei Liebende sich unverwandt anschauen und dabei ihre Umwelt und sich selbst völlig vergessen und nur noch den geliebten Menschen mit allen Fasern des Herzens in sich aufnehmen. Oder wie wenn ein Kind in gleicher Weise vollkommen selbstvergessen in die Betrachtung eines ihm bisher unbekannten Wesens versunken ist, um dieses ganz in sich aufzunehmen.

Erst die dritte Stufe bedeutet die Krönung der individuellen Persönlichkeitsreifung (sie wird daher tatsächlich oft mit der Strahlenkrone symbolisiert) und generell das Entwicklungsziel der Gattung Mensch auf dieser Erde: die vollkommene *Devotion* – zu deutsch: *Anbetung* – in rückhaltloser *Hingabe*. Diese führt noch weiter als die intensive Betrachtung, weil sie einen noch stärkeren persönlichen Einsatz bedeutet, denn wenn es dort galt, das Objekt der Betrachtung möglichst frei von subjektiven Begrenzungen und Deutungen möglichst rein und ungeteilt in sich aufzunehmen, so bemüht man sich hier umgekehrt, selbst ganz und gar im anderen aufzugehen, so daß überhaupt kein Subjekt-Objekt-Gegensatz mehr üb-

rigbleibt. Erst daraus erwächst jene liebevolle Vereinigung, die wahre Erkenntnis, d. h. Wesensbegegnung, bedeutet und die totale Verschmelzung in der All-Einheit bewirkt. Darum ist Devotion schlicht und einfach gleichbedeutend mit echter Gottesliebe, die ja die Liebe zu aller Kreatur miteinschließt und nichts mehr für sich selber begehrt, weil ja gar kein egoistisches Ich mehr übriggeblieben ist (siehe Paulus-Brief Korinther 13).
Symbolisch ausgedrückt: Der um das zentrale Licht der Sonne kreisende Planet ist nun selbst zur Sonne geworden, indem er nur noch Licht ausstrahlt und mit diesem Licht seine Umwelt erleuchtet und belebt. Meister Eckhart nennt diesen Vorgang die »Aufhebung des Sonderscheins«, Jakob Böhme die »Entsinkung ins Weiselose« – und alle zum kosmischen Bewußtsein Gelangten versuchten und versuchen immer wieder, dem begrenzenden Bewußtsein ihrer Zeitgenossen das dem Verstande Unbegreifliche gleichnishaft zu verdeutlichen.

Nach der grundsätzlichen Klärung, was Meditation bedeutet, wie sie eingeleitet wird und wohin sie führen kann, sollen nun noch einige praktische Hinweise folgen.

1. Die wirksame Meditationspraxis wird erheblich erleichtert und gesteigert durch eine möglichst gründliche theoretische Kenntnis des historischen und gegenwärtigen Schrifttums, also durch ein *umfassendes Studium*. Doch damit dürfen wir uns nicht begnügen. Es bedarf vielmehr dann der selbständigen, durchaus dem eigenen Wesen entsprechenden *Verarbeitung* bzw. schöpferischen *Modifizierung* des Aufgenommenen. Es darf sich niemals um bloße Nachahmung handeln, die Meditation muß vielmehr zu einer tatsächlichen »Einverleibung« führen in einem intensiven geistig-seelischen »Verdauungsprozeß«, der mindestens ebenso wichtig ist wie der körperliche Verwandlungsprozeß des Stoffwechsels. Es sollte ihm daher auch mindestens ebenso viel Zeit und Aufmerk-

samkeit *in regelmäßiger täglicher Übung* gewidmet werden wie der leiblichen Ernährung. Wenn schon die Bekömmlichkeit eines materiellen Mahles abhängig ist von der dafür aufgewandten Aufmerksamkeit und Sorgfalt, so gilt dies erst recht für das seelisch-geistige Mahl der Meditation.

2. Dabei ist allerdings größte *Wachsamkeit* nötig, um den gefährlichen Versuchungen jeglicher spirituellen Bemühung wirksam begegnen zu können: Neugier und Ehrfurchtslosigkeit, Schwärmerei und Haltlosigkeit, Übersteigerung und Verstiegenheit, Hochmut und Lieblosigkeit, egoistischer oder gar machtgieriger Mißbrauch. Nur wenn Meditation weder Selbstzweck ist, indem sie etwa zum sublimen Genuß oder gar Rausch wird, noch als bloßes Mittel für irgendeinen profanen Zweck gebraucht wird (Erlangung psychischer Fähigkeiten, Lebenserfolg, Gesundheit usw.) – wenn sie vielmehr *allein der zentralen Aufgabe gottgewollter Wesensentfaltung* dient –, nur dann kann sie heilvoll sein und segensreich wirken.

Darum mahnt Rudolf Steiner so eindringlich: »Jeder Schritt vorwärts in der Erkenntnis der Wahrheit muß zugleich drei Schritte vorwärts in der Vervollkommnung des Charakters bedeuten.«

Und darum lautet ein Hauptgrundsatz der Arcan-Schule: »Jede Meditation ist gefährlich, wenn der Wille zum Dienen fehlt. Ehe von dem bereits gegebenen Licht nicht in jeder Hinsicht der rechte Gebrauch gemacht wird, kann keine weitere Erleuchtung erfolgen. *Darum ist nichts wichtiger als Dienen.*«

Das bedeutet praktisch, daß keinerlei einseitige oder gar intolerante Festgefahrenheit in starrer Dogmatik, keinerlei intellektuelle Besserwisserei oder Bekehrungssucht, keinerlei spirituelle Überheblichkeit irgendeiner »Auserwähltheit« oder Höherwertigkeit den Blick trüben und das Herz verhärten darf. Vielmehr sollte nur noch allseitige Geistesfreiheit und allumfassende Liebeskraft das ganze Wesen erfüllen oder wenigstens alles Bemühen beständig auf dieses Ziel gerichtet sein.

3. Dieser grundsätzlichen Einsicht gemäß gehört es zur notwendigen Vorbereitung jeder Meditation, immer wieder in ehrlicher und sorgfältiger *Selbstprüfung* den eigenen Reifegrad und die als nächstes notwendigen Schritte zu dessen Vervollkommnung festzustellen, damit die fortschreitende meditative Bewußtseinssteigerung entsprechende praktische Früchte zeitigen kann.
Nicht umsonst lautet die klassische Einweihungsformel: »Erkenne dich selbst«. Denn möglichst gründliche Selbsterkenntnis, d. h. klare Einsicht in die Möglichkeiten und Grenzen der eigenen Geisterfahrung und Lebenswirksamkeit, ist in der Tat der einzige Schlüssel, der das Tor zur wahrhaften Gotteserkenntnis erschließt. Nur so kann in jedem konkreten Einzelfalle sicher und richtig unterschieden werden, ob man sich in irreführende Abwege zu verrennen droht oder noch auf dem rechten Pfad des individuellen Weges zu dem einen Ziel ist.

4. Man sollte nur das meditieren, was individuell erfahrbare *Wirklichkeit* für uns ist und infolgedessen auch zu entsprechender *Wirksamkeit* durch uns gelangen kann. Um die »eingehend erwägende und umfassend ermessende Mitte« rechter Meditation zu finden, gilt es also stets sorgsam das Gleichgewicht zu halten zwischen »Kopf« und »Herz«, »Himmel« und »Erde«, »Ich« und »All«.
Demütiges Empfangen in gottbegnadeter Schau *und* mutiges Überzeugen in selbstverantwortlicher Tat, befreiendes Verströmen in ruhevoller Gelassenheit *und* bindende Konzentration in dynamischer Aktivität zugleich: Das ist eben das »große Geheimnis«, das die Tore öffnet sowohl zu den Sternenweiten der Geisteswelten als auch zu den Lebensgründen der eigenen Wesenstiefe.
In wundervoller Weise hat Christian Morgenstern dieses überwältigende Geschehen meditativer Erfahrung geschildert – von der allmählichen Durchleuchtung der sinnlichen Wahrnehmung durch die fortschreitende Geisterkenntnis bis zur stetig sich steigernden Bewußtseinserweiterung aufgrund

immer rückhaltloserer Hingabe und zur schließlichen Erreichung des Ziels, des Einswerdens mit dem Absoluten:

> Gib mir den Anblick deines Seins, o Welt,
> den Sinnenschein laß langsam mich durchdringen,
> so wie ein Haus sich nach und nach erhellt,
> bis es des Tages Strahlen ganz durchschwingen,
> und so wie wenn das Haus dem Himmelsglanz
> noch Dach und Wand zum Opfer könnte bringen, –
> daß es zuletzt, von goldner Fülle ganz
> durchströmt, als wie ein Geisterbauwerk stände,
> gleich einer geistdurchleuchteten Monstranz:
> so möchte auch die Starrheit meiner Wände
> sich lösen, daß dein volles Sein in mein,
> mein volles Sein in dein Sein Einlaß fände –
> *und so sich rein vereinte Sein mit Sein.*

Einstimmung in die Meditation

1. Ich bin ganz und gar bereit.

Pläne und Probleme, Sorgen und Wünsche sind
   zurückgelassen.
Alles andere ist vergessen.
Nur noch das Hier-Sein ist wichtig.
Ich bin frei von allem wie in den Ferien
und habe Urlaub genommen für das allein Wesentliche.

2. Ich bin ganz ruhig und gelöst.

Alle Hetze und Hektik ist von mir abgefallen.
Alle Nervosität und Gefühlserregung ist abgeklungen.
Es atmet tief und lang durch mich hindurch.
Ich habe alles gelassen
und bin nun voller Gelassenheit.

3. Ich bin ganz furchtlos und sicher.

Ich bin hier geschützt und ungestört.
Nichts kann mich hier behelligen oder belästigen.
Es gibt keine Gefahren und Schwierigkeiten.
Ich brauche keinerlei Angst mehr zu haben
und kann mich ganz geborgen fühlen.

4. Ich habe sehr viel Zeit.

Für mich steht die Zeit jetzt still.
Alles, was vorher war, ist vergangen.
Alles, was nachher sein wird, liegt noch in der Zukunft.
Jetzt ist nur diese Gegenwart,
und ich erlebe in ihr die Ewigkeit im Augenblick

5. Ich bin ganz und gar entspannt.

Alle Muskeln ruhen, alle Gelenke sind locker.
Mein Organismus schwingt sich ein in die großen
  Lebensrhythmen.
Ich bin körperlich und seelisch völlig im Gleichgewicht.
Ich fühle mich innerlich und äußerlich wohl
und ruhe selbstvergessen in meinem Selbst.

6. Ich bin ganz und gar gesammelt.

Alle Sinnesorgane sind geschlossen.
Alle Gefühle und Triebe schweigen.
Alle Gedanken kreisen um das eine Zentrum.
Ich bin nur noch auf den Wesenskern konzentriert
und lasse mich mehr und mehr von ihm erfüllen.

7. Ich öffne mich rückhaltlos.

Keinerlei engstirnige Kritik behindert mehr
die reinen Offenbarungen der wahren Wirklichkeit.
Keinerlei egoistische Zurückhaltung verhindert mehr
die vollkommene Hingabe des ganzen Wesens.
Ich bin ein gereinigtes und leer gewordenes Gefäß,
bereit für die Fülle.

Die Quintessenz der Meditation

I

Haltung des Leibes (Position)

Aufgerichtet und in sich ausgewogen:
Entspannung und Beherrschung

RUHE

II

Reinigung des Gemüts (Präparation)

Inneres Stillewerden und Gefühlskontrolle:
intensive Besinnung auf besonders geliebte
Menschen, Tiere und Dinge

LIEBESSCHWINGUNG

III

Klärung der Gedanken (Konzentration)

Abschalten des Negativen und Besinnung auf Positives:
erhebendstes und beglückendstes
Erlebnis in Erinnerung rufen

FRIEDE UND FREUDE

IV

Ergriffenheit des ganzen Wesens (Kontemplation)

Andachtsvolles Sichöffnen für das Heiligste,
das man zu fassen vermag
bzw. bisher erfahren hat

HINGABE

V

Selbstvergessenheit (Devotion)

Der Körper wird nicht mehr gespürt... Alle
Gefühlsregungen, Denkfunktionen und Willensimpulse
hören auf... Immer freier
wird die Seele – immer weiter das Bewußtsein

AUFGEHEN

Kontemplations-Beispiele

Das Gebet des Franz von Assisi

O Herr, mach mich zu einem Werkzeug Deines Friedens:
daß ich Liebe übe – wo man sich haßt;
daß ich verzeihe – wo man sich beleidigt;
daß ich verbinde – da, wo Streit ist;
daß ich die Wahrheit sage – wo der Irrtum herrscht;
daß ich den Glauben bringe – wo der Zweifel drückt;
daß ich Hoffnung wecke – wo Verzweiflung quält;
daß ich Dein Licht anzünde – wo die Finsternis regiert;
daß ich Freude mache – wo der Kummer wohnt.

Ach Herr, laß Du mich trachten:
nicht, daß ich getröstet werde,
sondern daß ich andere tröste;
nicht, daß ich verstanden werde,
sondern daß ich andere verstehe;
nicht, daß ich geliebt werde,
sondern daß ich andere liebe.

Denn:
Wer da hingibt – der empfängt;
wer sich selbst vergißt – der findet;
wer verzeiht – dem wird verziehen;
und wer da stirbt – erwacht zum ewigen Leben.

Kontemplationswinke

In diesem Gebet ist alles enthalten, was zu einer geistbewußten Lebensführung gehört und eine vollkommene Erfüllung der irdischen Aufgaben des Menschen gewährleistet. Man sollte es daher als regelmäßigen Tagesauftakt und als Maßstab der abendlichen Rückschau benützen.
Im »Werkzeug Deines Friedens« ist alles andere mit eingeschlossen und eigentlich schon das Wesentlichste gesagt.
Die acht folgenden Bitten entsprechen dem »Achtfachen Pfad«, dem »steilen Weg«, der in unendlichen Spiralwindungen das Licht der Ewigkeit zur lebensvollen, allüberwindenden, heilenden und heiligenden Erfahrung werden läßt.
Die drei zweigeteilten Bitten (Polarität negativ–positiv, nehmen – geben, fordern – dienen usw.) erinnern an die Christuskraft, die über das eng begrenzte Persönlichkeitsbewußtsein hinaus in die ALL-ICH-Verantwortlichkeit des kosmischen Bewußtseins führen will.
Die vier letzten Feststellungen deuten auf das Entwicklungsgesetz der Schöpfung, der werdenden Welt im göttlichen Sein – das Kreuz.

Das Gebet des erwachten Menschen

UREWIGER,
wesend in ALL-ICH-Verantwortlichkeit!
Allheilig ist Dein NAME.
Allgegenwärtig ist Dein REICH.
Stets und überall geschieht Dein WILLE,
in der Harmonie der Sphären wie im Reigen der Monaden.

Unsere NAHRUNG diene der alchemischen
Verwandlung, und selbst unsere SCHULD möge zur
immer vollkommeneren Erfüllung unserer irdischen
Bestimmung dienen, so wie auch wir mitverantwortlich
sind für alle Schuld, die an uns geschieht.

Die Kraft des Geistes führe uns in der VERSUCHUNG des Lebens und lasse uns so würdig werden, mitzuhelfen an der ERLÖSUNG allen Übels hier und jetzt in Ewigkeit –

AUM und AMEN.

Kontemplationswinke

Die drei ersten Punkte beziehen sich auf das Göttlich-Ideelle, sie bezeichnen ewige Wahrheit und Wirklichkeit, weshalb hier die Form von Bitten nicht mehr angebracht ist.

DREIFALTIGKEIT

von

WILLE

Vater – Wesen – Liebe – Ursprung – Impuls – Uranos – Sein (Schöpfer)

NAME

Sohn – Walten – Licht – Richtung – Idee – Logos – Gesetz (Plan)

REICH

Geist – Wirken – Leben – Vollendung – Erfüllung – Kosmos – Werden (Welt)

Die weiteren vier Punkte beziehen sich auf das Irdisch-Materielle, auf die fortschreitende Offenbarung und Verwirklichung des Göttlich-Ideellen, weshalb hier Bitten noch berechtigt sind.

QUADRATUR

von

NAHRUNG – VERWANDLUNG

Erde – Körper – Wähnen – Schlaf – Gewirktheit – Physis (grobstofflich)

SCHULD – VERVOLLKOMMNUNG

Wasser – Gemüt – Wünschen – Traum – Wirkung – Psyche (ätherisch-astral)

VERSUCHUNG – KRAFT

Luft – Seele – Wissen – Wachen – Wirksamkeit – Magnales (astral-mental)

ÜBEL – ERLÖSUNG

Feuer – Geist – Weisheit – Erwecken – Wirklichkeit – Spirituale (energetisch-universal)

Rose Gottes

ROSE GOTTES, Scharlachglut im Saphirblau des Himmels –
ROSE DER GLÜCKSELIGKEIT, siebenfarbige feurige Süßigkeit siebenfacher Entrückung –
Erblühe du im Menschheitsherzen, o flammendes Geheimnis!
Passionsblume des Namenlosen –
Knospe des mystischen Namens.

ROSE GOTTES, Blüte der großen Weisheit über den Gipfeln des Seins –
ROSE DES LICHTES, unnahbares innerstes Mark der letzten Schauung –

Erstehe du im Sinn des Erdendaseins, o Mysterium der Goldenen Blüte!
Sonne am Haupte des Zeitlosen –
Botin der prophetischen Stunde.

ROSE GOTTES, Damaszenerklinge des Unendlichen, blutrotes Gleichnis der Allmacht –
ROSE DER STÄRKE, die Nacht durchdringender diamantener Strahl –
Erfülle du den Willen der Menschen, o bestimmende Richtschnur des ewigen Planes!
Bild der Unerschütterlichkeit im Geschehen –
Ausdruck der Gottheit im Menschenwesen.

ROSE GOTTES, zauberhafter Purpur des fleischgewordenen göttlichen Wortes –
ROSE DES LEBENS, in der vollendeten Harmonie aller Farben schimmernde Blütenkrone –
Verwandle du den sterblichen Leib in einen lieblichen heiligen Schrein!
Schlage die Brücke zwischen unserer Irdischkeit und Himmelswesenheit –
Mache unsterblich uns Kinder der Zeit.

ROSE GOTTES, holdes Erröten des Entzückens im Antlitz der Ewigkeit –
ROSE DER LIEBE, im Wesensgrund erglühender Rubin huldvoller Gnade –
Erhebe du dich aus der Sehnsucht des Herzens, das da seufzt im Abgrund der Natur!
Lasse die Erde zur Heimat des Wunderbaren werden –
Und unser Leben zu einem Kuß der ewigen Schönheit.

Sri Aurobindo

(Übersetzung: H. Endres)

Kontemplation zur »Rose Gottes«

GLÜCKSELIGKEIT IM EINS — SEIN
(sat-chit-ananda = Seins-Erkenntnis-Seligkeit)

Göttlichkeit — Ewigkeit

Erblühe . . .
ICH BIN

„Der Baum der Erkenntnis"　　　　　　　„Der Baum des Lebens"
Wahrheit — Wirklichkeit (SCHAU)　　　　Liebe — Weisheit (TAT)

Erstehe . . .　　　　　　　　　　　　　　Erfülle . . .
URSPRUNG　　　　　　　　　　　　　　ALLMACHT
Licht des Wissens　　　　　　　　　　　　Stärke des Willens

Erhebe . . .　　　　　　　　　　　　　　Verwandle . . .
LOGOS　　　　　　　　　　　　　　　　LEBEN
Führung von innen　　　　　　　　　　　Erfahrung von außen

Menschlichkeit — Unendlichkeit

DER WEG DER WIEDER · VER · EIN · ICH · UNG (TAO)

Schöpfungsrhythmus:　　　　　　　　　　Atemschwingung:

ICH BIN　　　　　　　　　　　　　　　　AMEIN
　1
　　　　　　　　　　　　　　　　Scheitel　　　　I
3　　　　　4
LOGOS　　LEBEN　　　　　　　　　Hals　　　　　　E

　　　　　　　　　　　　　　　　Körpermitte　　A
5　　　　　2
　　　　　　　　　　　　　　　　Bauch　　　O
ALLMACHT　　URSPRUNG
(Vollendung)　　(Beginn)　　　　　Geschlecht　　　U

　　　　　　　　　　　　　　　　　　　　　　AOUM

Vision der Siebenheit

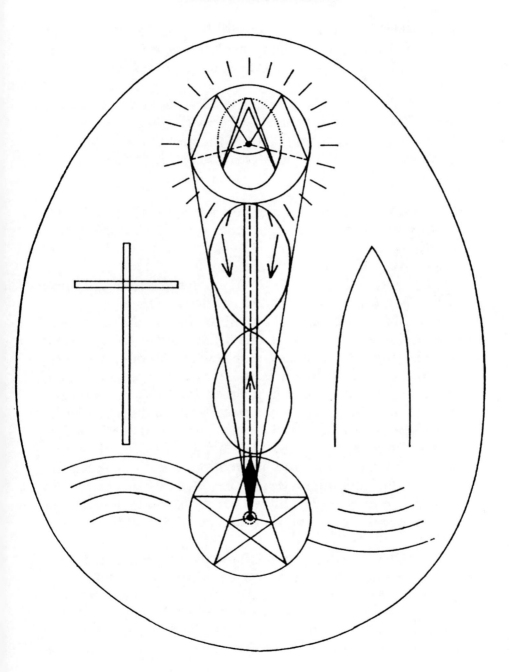

Kontemplationshinweise zur »Vision der Siebenheit«

Das ewige Geschehen der Gottesgeburt im Menschenwesen und der Menschheitserfüllung im Gotteswesen – dargestellt in den sieben Stufen oder Strahlen innerhalb des All-Einen:

1. Der VATER – die strahlende Geist-Sonne des Ewigen WILLENS – der unfaßbare und unbegreifliche »weiselose« URGRUND alles Seins (TAO – Brahma – Uranos – Sohar) – der Strahl des »Willens zur Macht«, der schöpferischen Energie.

2. Der SOHN – das dem Vater innewohnende Heilige WORT – der gestaltende, erhaltende und waltende URSINN alles Geschehens (TE – Vischnu – Logos – Thora) – der Strahl der »Liebe-Weisheit«, des Schöpfungsplans.
Hier symbolisiert durch AOUM, worin tatsächlich die ganze Schöpfung urbildlich enthalten ist: der Anfang (Urbeginn), das »*A*lpha«, der Laut der Herz-Mitte, und das Ende (Vollendung), das »*O*mega«, der Doppel-Laut der Lebensganzheit, dessen sichtbarer Teil, das *U*nten (Diesseits), nur mit der Ergänzung des unsichtbaren Teils, des *O*ben (Jenseits), zusammen die ganze allseitige Wirklichkeit darstellt (weshalb beim Ertönen des Heiligen Lautes durch OM mehr die seelenhafte, jenseitige Schwingung und durch AUM mehr die leibliche, diesseitige Schwingung geist-lebendiger Allseitigkeit betont wird). Und zum Heiligen Laut gehört der universale Konsonant M: die Ur-*M*utter »*M*aria«, das *M*eer als die »Wiege des Lebens«, die *M*aterie, und der Ur-*M*ensch »*M*anu« als der »Vollender des Lebens«, die *M*anifestation Gottes.

3. Der GEIST – die »Emanation«, die von Vater und Sohn ausgeht und in der Wesensmitte des »Ebenbildes« mündet –, das REICH der unendlichen Wechselbeziehung (8) zwischen Himmel und Erde, Gott und Mensch (die Welt als LILA, das Königliche Spiel – Schiwa – Kosmos – Elohim), der Strahl der aktiven Intelligenz, des »Regisseurs« des Schöpfungsdramas.

Das Wesen der Welt besteht also im Grunde aus einer einzigen Doppelbeziehung: dem aus der göttlichen Schöpferkraft in das Zentrum des Menschenwesens einstrahlenden (absteigenden) »Licht der Offenbarung« (in den überlieferten Mythen und Weisheitslehren aller Zonen und Zeiten) und dem aus der menschlichen Erkenntniskraft in die Wesenheit Gottes zielenden (aufsteigenden) »Licht der Erfahrung« (die »Himmelsleiter Jakobs«, auf der die »Engel« – die göttlichen Ideen und die menschlichen Gedanken – »auf- und niedersteigen«).

Dabei ist vor allem die genaue Entsprechung von »oben« und »unten«, von göttlichem Urbild und menschlichem Abbild zu beachten, also die tatsächlich in jeder Hinsicht vollkommene Ebenbildlichkeit der Erscheinung oder Spiegelung, deren Wesenskern ein individualisiertes »Fünklein« der universalen »Ursonne« ist.

Dieser *Trinität* der göttlichen Offenbarungsweisen entspringt die *Quadratur* (= Doppelpolarität) der menschlichen Erfahrungsweisen (zwei weibliche und zwei männliche Ausdrucksformen des dritten Strahls):

4. Die SENKRECHTE – die direkte Verbindung von Gott und Mensch im »Heiligen Mahl«, im »BROT des Lebens«. Hier wird in der Spanne von Haupt und Herz, von mentalem und vegetativem Erleben, von der Empfindungstiefe göttlicher Versenkung und der Bewußtseinshöhe menschlicher Erhebung (Überschneidung der Spitze der »Emanation« mit der Spitze des Pentagramms) die ganze Spannweite zwischen Freiheit und Notwendigkeit, Aufgabe und Hingabe, Verhalten und Verhältnissen erfahren. Dies ist also tatsächlich die »Speise«, die der Mensch durch ständige »Transsubstantiation« zu »verdauen« hat, indem er durch Einverleibung in immer höhere Bewußtseinssphären fortschreitende Sublimierung (= Verfeinerung, Schwingungserhöhung) bewirkt.

Strahl der Harmonie, der Vollendung der Form.

5. Die WAAGRECHTE – die unlösliche Verbindung mit der Materie im »WASSER des Lebens«, das jeden Menschen durchströmt: Hier wird in der Gegensatzspannung von links und rechts, Passivität und Aktivität, Konzentration und Expansion, Individuum und Kollektiv die ganze Schwierigkeit und Beglückung des irdischen Wirkens erfahren. Die zurückweichende Abwärtsbewegung des Nehmens – das sowohl positiv im Aufsichnehmen und Opfern als auch negativ im Ansichreißen und Rauben geschehen kann – ist die Gebärde der Ergebung in die Unausweichlichkeit des »Schuldigwerdens« um der ständigen Vervollkommnung willen. Die weitausgreifende Aufwärtsbewegung des Gebens – ebenfalls positiv als Gabe (= Bereicherung) und negativ als Gift (= Beeinträchtigung) sich auswirkend – ist die Gebärde der »Vergebung aller Schuld« durch den unermüdlichen Mut zum Bessermachen aus der Kraft verstehender Verantwortlichkeit heraus.

Strahl der Wahrheit, der Klärung der Norm.

6. Das TOR – die Notwendigkeit dauernder WANDLUNG: niemals stehenbleiben, immer weiterschreiten, sich stets im Übergang befinden (»Stirb und werde«). Das bewirken wiederum zwei entgegengesetzte Pole: Im Negativen der ständige Stachel der »Versuchung«, die für den ihr Verfallenen die »Hölle« (= Gottverlassenheit) bedeutet, im Positiven der sichere Stab der »Führung«, die dem Gehorchenden (= Horchenden und Folgenden) die Kraft der Beständigkeit im Wechsel verleiht und so das »Paradies« (= Gottverbundenheit) schon auf Erden erreichbar macht.

Strahl der dienenden Hingabe, der mystischen Schau.

7. Das KREUZ (die Vereinigung der Senkrechten und Waagrechten) – die Möglichkeit letztlicher ÜBERWINDUNG durch die Bejahung des Schicksals (Karma) aus der Einsicht in seine Notwendigkeit: Ist das Kreuz doch einerseits der In-

begriff des Übels, des unerbittlichen Leidenmüssens, der Bedrohung und des Unheils, solange wir unwissend daran geheftet sind, und andererseits das Zeichen der Erlösung, des gnadenvollen Reifendürfens, der Befreiung und des Heils, wenn wir es willig-bewußt auf uns genommen haben. Dann wird es im Tragen nicht schwerer, sondern immer leichter und transparenter, bis es schließlich nur noch als »Fadenkreuz« sicherer Orientierung vor unserem inneren Auge steht und entsprechend zielgerichtetes Handeln gewährleistet (»richten« nicht mehr negativ als Gericht, sondern positiv als Richtung weisen).

Strahl der okkulten Tradition, der magischen Tat.

Dieses ganze, immer wieder neu sich vollziehende GESCHEHEN ist keimhaft enthalten im »Welten-Ei« jedes Äons, damit das Ideal des Ewigen Menschen sich fortwährend in Unendlicher Menschlichkeit realisieren kann.

Die sieben Stufen der Synthese

1. EIN-Sicht

Grundvoraussetzung der »metanoia« (= Umdenken), der »Umstellung der Lichter« (= Bewußtseinswandel) und nötigenfalls der Umkehr (wenn man sich in Irrwege verrannt hat), aufgrund konsequenter Einkehr (»Kehrtwendung« von außen nach innen) und vertiefter Selbst-Besinnung (Selbst-Erkenntnis).

2. EIN-Klang

Geöffnetsein für die »Sphärenharmonie« des Kosmos und bewußtes Mitspielen der eigenen Partie in der universellen »Symphonie der Schöpfung« (individuelle Imagination).

3. Über-EIN-Stimmung

Über alles Trennende hinweg die »eine Stimme« des Menschen-Urbildes, der Schöpfungsidee Mensch in jeder menschlichen Erscheinungsform erfahren (generelle Inspiration).

4. EIN-Führung

Das bedeutet wörtlich Intuition, die höchste Steigerung des menschlichen Bewußtseins, die sowohl im Denken als auch im Fühlen aufgenommen werden kann, aber niemals mehr damit verwechselt wird (»Entelechie« = innewohnende Zielgerichtetheit).

5. EIN-Weihung

Die Initiation, die »Erweckung« aus dem Schlaf des »Sonderscheins« (der scheinbaren Sonderexistenz), die »Erleuchtung«, die aus dem Dunkel der Unwissenheit in das Licht der Weisheit führt, die »Geistgeburt« aus der materiellen Form in die spirituelle Norm.

6. EIN-Falt

Die Bedeutung der gefalteten Hände: die Heimkehr aus der Vielfalt der vergänglichen Erscheinungsformen in die unvergängliche Einheitlichkeit des ursprünglichen Wesens (religio = Wiederverbindung alles Getrennten).

7. Ver-EIN-ICH-ung

Das totale Aufgehen des verkörperten »Gottesfunkens« im ewigen »Urfeuer« des Göttlich-Ganzen, des winzigen »Tropfens« der Einzelseele im unendlichen »Ozean« der Weltseele – im

EINS-SEIN.

Glaubensbekenntnis

ICH BIN

nicht nur mein Körper, nicht nur mein Gemüt (Gefühle und Triebe), nicht nur meine Gedanken (Intelligenz) – sondern *eine unsterbliche Seele, Trägerin eines ewigen Gottesfunkens,* und habe diese Hüllen angenommen, um damit die *einmalige und einzigartige Bestimmung* meiner gegenwärtigen Verkörperung zu erfüllen.

ICH SOLL

mich selbst verwirklichen.
Es ist meine *einzige Lebensaufgabe,* meine Bestimmung richtig zu erkennen und ihr gemäß mich zu vervollkommnen, d. h. täglich ein bewußterer Mensch oder bewußter Mensch zu werden, also die kosmische Schöpfungsidee Mensch in irdischer Menschform zu realisieren.

ICH GEHÖRE

als winziges, aber wichtiges Teilchen einer Ganzheit an,
von der ich mit fortschreitendem Bewußtsein immer größere Zusammenhänge zu erfassen vermag:

So wie Milliarden Zellen den Organismus des Menschen bilden, sind Milliarden Menschen Zellen im Organismus der Erde, Milliarden Sonnen, Planeten und Monde Zellen im Organismus unserer Galaxie und Milliarden Galaxien Zellen im Organismus des Kosmos (Gottes).

ICH ERKENNE

und anerkenne als letzte und höchste Instanz, der ich mich verantwortlich weiß, mein *angeborenes Gewissen* (die Entelechie meiner jetzigen irdischen Existenz), gleichbedeutend mit der generellen *Wesenheit Gottes* (höchstes Bewußtsein und stärkste Energie), deren individueller Ausdruck

ICH BIN

WOHER – WOHIN?

Wie eine Sternschnuppe ist meine Seele: ein göttlicher Energiestrahl, der aus der Ewigkeit kommt und wieder in die Ewigkeit eingeht – dazwischen sich kurz mit der Endlichkeit von Raum und Zeit (der »Maja«) verbindet und dabei aufleuchtend Licht (= Erkenntnis) und Wärme (= Liebe) entwickelt, um dann wieder zu verglühen (d. h. die Ego-Identifikation aufzulösen und wieder in der Formlosigkeit des höchsten Bewußtseins aufzugehen).
So wie Tausende von Sternschnuppen ihre Leuchtspur am nächtlichen Firmament ziehen, berühren Tausende von Seelen auf ihrer Evolutionsbahn durch die Unendlichkeit die Erdatmosphäre – und auch meine Seele befindet sich gerade in einer solchen Berührung von unendlich kurzer Dauer, am Maßstab der Ewigkeit gemessen, aber von unendlich bedeutsamer Wirkung im Evolutionsplan der Erde:

»Zeit ist wie Ewigkeit und Ewigkeit wie Zeit, so du nur selber nicht machst einen Unterscheid«. (Angelus Silesius).

Der Dreischritt
der meditativen Erfahrung

Wann immer wir über die Begrenztheit unserer irdischen Erscheinungsform hinausgelangen, geschieht dies in einer dreifachen Steigerung: in die umgebende *Natur* – in die Weite des *Kosmos* – in die *Ewigkeit* des Göttlich-Ganzen. Wir wachsen so gewissermaßen in immer größer werdenden konzentrischen Ringen über die Enge unseres egozentrischen Persönlichkeitsbewußtseins hinaus in die Unendlichkeit des unserem Seelenwesen innewohnenden Höchsten Bewußtseins hinein.

I. Natur

Der *erste Schritt* ist selbstverständlich die Begegnung mit der uns umgebenden Natur, denn unser physischer Körper und das mit ihm (in sogenannter »psychophysischer Identität«) verknüpfte Gemüt sind ja ein Teil der Natur. Diese Naturerfahrung geschieht wiederum in dreifacher Weise:

1. Zunächst wird unser Gemüt durch alle sinnenhaft aufgenommenen *Naturerscheinungen und Naturereignisse* unmittelbar berührt. Nicht nur Dichter besingen ihre Naturerlebnisse, sondern jeder einigermaßen empfindsame Mensch spürt seine vielfache Verwobenheit mit dem gesamten Naturgeschehen. Und jeder Höherstrebende öffnet sich immer mehr all den tiefen Eindrücken und Erfahrungen, die ihm die »Große Mutter« beschert, wenn er sich ihr anvertraut. Betrachten wir das Beispiel einer *Bergwanderung*: Was ist es

eigentlich, was uns beim Anblick der hohen, schneebedeckten Gipfel so ergreift und den fast unwiderstehlichen Drang weckt, selbst dort hinauf zu gelangen? Nun, es ist eben der gleichnishafte Nachvollzug des innerlichen Erlebens und Strebens, der »Höhenweg«, der »steile Pfad«, der über die »Niederungen« des Alltags hinausführt und die fortschreitende »Erhebung« über alles Beschwerende ermöglicht, indem man es in unermüdlichem, zielbewußtem »Steigen« immer weiter hinter sich läßt, bis man schließlich das unvergleichlich eindrucksvolle »Gipfelerlebnis« erfahren darf, das so deutlich wie kaum etwas anderes (nur das Fliegen – aber nicht im Jet, sondern im Segler oder Flugdrachen – ist noch eindrucksvoller) den Bewußtseinszustand der Vollendung sinnenhaft spiegelt: In erhabener Höhe (»dem Himmel am nächsten«) und ungestörter Ruhe wird alles ganz klein und fern, was im Tal noch übermächtig und unausweichlich erschien. Was unten noch verwirrte, behinderte oder bedrohte, ist nun vollständig überschaubar und von oben her einsichtig geworden, zeigt seine Begrenztheit und Winzigkeit dem wahrhaft Weiten und Großen gegenüber. Welch wundervolles Gleichnis synthetischer Über-Schau und esoterischer Ein-Sicht! Und schließlich die dünne, klare Luft als Symbol der Feinheit und Reinheit des erleuchteten Bewußtseins, so daß man am liebsten nie mehr zurück möchte in den Dunst und Nebel, in die Enge und Bedrängnis der Tiefe.

Ein weiteres ebenso eindrucksvolles, aber polar entgegengesetztes Beispiel ist die Begegnung mit dem *Ozean:* Er ist ein gewaltiges Lebewesen, das im Rhythmus der rauschenden Wogen atmet und entweder am Sandstrand sich kosend mit dem Lande vermählt oder an der Felsenküste in tosendem Kräftemessen seine unerschöpfliche Energie erweist.

Und wenn wir uns nun furchtlos diesem übermächtigen Wesen anvertrauen, schwimmend oder segelnd von ihm getragen werden oder gar kühn in seine Tiefen tauchen, dann ist dies Ausdruck unerschütterlichen Urvertrauens in das Leben überhaupt, sicherer Geborgenheit im Schoß der »Großen Mutter«. So bedeutet also das Eintauchen in den Ozean das

Aufgehen im Urmütterlichen der Weltseele, in der Unendlichkeit höchsten Bewußtseins, so wie das Stehen auf dem Berggipfel die Entrückung ins Urväterliche des Schöpfergeistes, in die Ewigkeit des göttlichen Willens bedeutet (und beides ist letztlich identisch).

Ganz ähnlich wirken auch die »väterliche« *Sonne* in ihren unbeschreiblichen wundervollen Auf- und Untergängen und der »mütterliche« *Mond*, der nicht nur psychisch das Gemüt besonders bewegt, sondern auch physisch alle Lebensvorgänge beeinflußt. Und wer gar in der Urgewalt eines *Gewitters* im Hochgebirge oder im *Sturm* mit Windstärke zwölf auf der See nicht mehr um sein Leben bangt, sondern die Großartigkeit der entfesselten Natur furchtlos staunend bewundern kann, weil er sich seiner eigenen Unsterblichkeit bewußt ist, für den wird es auch sonst im Leben kaum mehr etwas Furchtbares oder Schreckliches geben.

Allerdings hängt unsere Lebensqualität und Lebensleistung davon ab, wie wir die »Hochspannung« solcher extremer Naturerfahrungen in den »Gebrauchsstrom« des täglichen Tuns und Erlebens transformieren können. Und eben dazu hilft die *uns ständig umgebende Natur:* die grünen Wälder und Wiesen, in denen wir uns ausruhen und erholen können, die lieblichen Bäche und Seen, in denen wir uns schwimmend erquikken und kräftigen können, und all die Gärten und Äcker, Kornfelder und Weinberge, die Zeugnisse naturnahen, bodenständigen Schaffens sind und so ein heilsames Gegengewicht zur naturzerstörenden und entnervenden Technisierung bilden. Schließlich kommt noch das bewußte Miterleben der Jahreszeiten hinzu, von denen jede ihre eigentümliche Schönheit hat und ihre ganz spezifische Wirkung auf uns ausübt.

Doch wie alles Gute, das übertrieben wird, sich dadurch ins Gegenteil verkehrt, so kann auch das Naturerleben übertrieben werden und dadurch in romantische Naturschwärmerei oder gar gefährliche Naturbesessenheit ausarten.

Ob man als »Gipfelstürmer« immer waghalsigere Klettertouren versucht, als Wintersportler immer riskantere Abfahrten ausprobiert oder sonst aus purer Abenteuerlust das eigene Leben und oft auch das Leben anvertrauter Mitmenschen leichtfertig aufs Spiel setzt – man ist der Natur verfallen, anstatt sich von ihr erheben zu lassen.

Doch auch harmlose Naturschwärmer, die grundsätzlich nur noch mit Schlafsack und Rucksack unterwegs sind, ebenso wie fanatische Anhänger irgendwelcher »naturgemäßer Lebensweisen«, die das Rad der Entwicklung zurückzudrehen versuchen, werden nicht durch das gleichnishafte, kontemplative Erleben der Natur über sich hinaus geführt, sondern sind in der Natur steckengeblieben und blockieren dadurch ihre persönliche Weiterentwicklung innerhalb der Evolution der Menschheit.

2. Darum genügt die einfache sinnenhafte Naturerfahrung allein noch nicht, wir müssen vielmehr zur *bewußten kreativen Umgestaltung und Veredelung* der Natur in der *Kunst* gelangen.

Nicht umsonst ist jedes normale Kind sogar universell musisch begabt: Es singt und tanzt, malt und formt und liebt Musik jeder Art. Und wenn der erwachsene Mensch nicht in seinem Gemüt verkümmern und verhärten will, dann muß er unbedingt seine musischen Talente weiterentwickeln und in irgendeiner Weise künstlerisch tätig bleiben. Deswegen hat jegliche Kunst kultischen Ursprung und ist bis heute in jeder Religion Bestandteil des Kultus geblieben.

Ob wir durch Gesang und Bewegungskunst das Instrument unseres eigenen Körpers verfeinern, ob wir zeichnend und malend, bildend und formend natürliche Materie veredeln oder in der Musik die Sphärenklänge des Universums für irdische Ohren hörbar werden lassen, ob wir in der Dichtkunst die Sprache über ihre Bedeutung als intellektuelles Verständigungsmittel hinaus zum Ausdrucksmittel der höheren Bewußtseinsbereiche Imagination, Inspiration und Intuition erheben – stets wird dadurch sowohl unsere eigene Natur als auch unsere natürliche Umwelt verschönt und veredelt, und wird durch die Gottesgabe der Kreativität bedrängende Begrenzung in die beglückende Erfahrung unbegrenzter Möglichkeiten gewandelt.

Allerdings besteht auch hier wieder die Gefahr der Übertreibung, indem die Kunst zum Selbstzweck wird und dann sogar ein schweres Hindernis auf dem Weg zur Vollendung werden kann. Dies ist auch der Fall, wenn sie – wie heute bei vielen Menschen – zum Ersatz für echte Religiosität wird. Das kann man oft in einem Konzert erschütternd erleben: Solange die Zuhörer unter der direkten Einwirkung der Töne stehen, scheinen sie tatsächlich »im Einklang« zu sein, d. h. gleichermaßen erfüllt vom gemeinsamen Erleben, gesammelt und geöffnet, selbstvergessen hingegeben an das über das Gewöhnliche erhebende Durchdrungenwerden von höheren Sphären. Aber weil es in Wirklichkeit doch nur oberflächlicher Genuß ohne wesentliche Tiefenwirkung bleibt, fehlt das spezifisch Religiöse, nämlich die läuternde und veredelnde Nachwirkung und die dauerhafte Wandlung, so daß oft schon wenige Minuten nach der Beendigung der Musik nicht nur alltägliches Geschwätz und hitzige Diskussionen beginnen, sondern sogar im wütenden Kampf an der Garderobe der ungewandelte Egoismus besonders kraß zum Ausdruck kommt! Wenn also Kunst sich segensreich auswirken soll, muß sie ihrem religiösen Ursprung treu bleiben und Schönheit als einen Aspekt des Göttlichen erfahren lassen.

3. Aber es gibt noch eine dritte Art der Naturerfahrung, die inzwischen zur totalen Naturveränderung geführt hat: die *rationale Verwertung und Bearbeitung* der Natur durch *Naturwissenschaft und Technik*. Gerade hier liegt ja für uns moderne Menschen des Abendlandes unsere größte Verantwortung, denn uns ist damit das Schicksal der künftigen Menschheit, ja der ganzen Erde, in die Hände gelegt worden. So stehen wir in unserer Zivilisation heute schon tagtäglich vor der entscheidenden Frage: Daß wir bei elektrischem Licht in zentralgeheizten oder gar vollklimatisierten Räumen sitzen und dabei durch Radio und Satellitenfernsehen mit der ganzen Welt in unmittelbarer Verbindung stehen können, daß wir

mittels Bahn und Schiff, Auto und Flugzeug in immer kürzeren Zeiten überallhin gelangen und per Rakete sogar schon den Mond besucht haben, ja daß für Physik und Chemie, Biologie und Medizin überhaupt nichts mehr unmöglich (aber auch nichts mehr heilig!) erscheint, so daß die Wunder von gestern zu den Selbstverständlichkeiten von morgen gehören werden – bedeutet all das nun Segen oder Fluch, Aufstieg oder Untergang? Das eben hängt allein von unserem eigenen Bewußtsein ab!
Wenn wir uns von der Technik unser Leben diktieren lassen, anstatt sie souverän in den Dienst der menschlichen Evolution zu stellen, dann verwandeln wir selbst den Segen in Fluch, dann verspielen wir selbst die Möglichkeit zu ungeahntem Aufstieg und treiben dem unvermeidlichen Untergang entgegen!
So ist z. B. die wachsende Anzahl der Verkehrsunfälle ein deutlicher Beweis für die Unfähigkeit, selbsterschaffene Maschinen auch sicher zu beherrschen. Noch viel schlimmer wirkt sich diese Unfähigkeit in der rapide fortschreitenden Zerstörung der allgemeinen Lebensgrundlagen aus, denn ihr fallen nicht nur einzelne zum Opfer, sondern sie führt zwangsläufig zur Selbstvernichtung der ganzen Menschheit, wenn nicht rechtzeitig die Entwicklung neuer, ebenso naturgemäßer wie menschenwürdiger Techniken gelingt. Und selbst wer sich von dieser Bedrohung noch nicht direkt betroffen fühlt, spürt doch täglich mehr oder weniger die »Sachzwänge«, die ihn an einem menschenwürdigen Leben hindern. Da werden z. B. immer zeitsparendere Maschinen und immer arbeitssparendere Methoden erfunden – wo aber bleibt die eingesparte Zeit und Arbeitskraft? Tatsächlich haben doch alle immer weniger Zeit und geraten immer mehr in Streß! Da muß doch ein grundsätzlicher Rechenfehler vorliegen. Allerdings – er wurde bereits genannt: Wir lassen uns in unvernünftiger Weise von der Technik beherrschen, anstatt sie vernunftgemäß zu benützen. Die gedankenlos gebrauchte Redensart »ein Mensch bedient eine Maschine« zeigt bei einigem Nachdenken diesen Grundirrtum deutlich genug, denn selbstver-

ständlich sollte es umgekehrt sein: Die Maschine sollte dem Menschen dienen. Tatsächlich wäre es heute schon möglich, den Menschen gerade mittels der Technik aus der Versklavung durch die Technik zu befreien, denn wir gehen ja mit Riesenschritten der Vollautomatisierung entgegen. Das bedeutet, daß bei den computergesteuerten Automaten, die quantitativ und qualitativ unendlich leistungsfähiger sind als der Mensch, die menschliche »Bedienung« immer überflüssiger wird, so daß die dadurch frei werdende Arbeitszeit und Arbeitskraft für die eigentliche Aufgabe des Menschen genutzt werden könnte: wahrhaft Mensch zu werden (man kann es auch wissenschaftlich ausdrücken: ein möglichst vollkommenes Exemplar der Gattung Mensch zu werden). Das bedeutet praktisch, endlich einmal wieder all das tun zu können, was wir bisher eben nicht mehr ausreichend tun konnten: unseren Körper zu erholen und zu regenerieren, unser Gemüt zu erquicken und zu erbauen, unser Bewußtsein immer aufnahmefähiger zu machen für das Ewige und Göttliche. Niemand braucht mehr schwere, menschenunwürdige oder gesundheitsschädliche Arbeit zu leisten, seine Muskeln und Nerven zu überanstrengen oder umgekehrt in Denken und Fühlen gleichermaßen abstumpfender mechanischer Routine zu verkommen, vielmehr kann daher jeder in seiner Weise die Arbeit wieder zu dem machen, was sie eigentlich sein soll: ein befriedigender wesentlicher Bestandteil des menschlichen Lebens, der gleichermaßen zur Steigerung des allgemeinen Wohlstandes und des persönlichen Wohlbefindens beiträgt. Warum ist es noch nicht soweit? Weil wir zwar eine zukunftsweisende Technik geschaffen haben, aber in der Entwicklung unseres eigenen Bewußtseins noch weit zurückgeblieben sind. Etwas überspitzt ausgedrückt: Wir haben heute bereits Maschinen von morgen und übermorgen, aber wir bedienen sie mit einem mittelalterlichen, ja oft geradezu steinzeitlichen Bewußtsein, anstatt sie mit einem wirklich überlegenen kosmischen Bewußtsein vollkommen zu beherrschen.
Eine eindrucksvolle Demonstration dessen, wie es heute schon sein könnte und wie wenig wir tatsächlich noch damit

anzufangen wissen, habe ich bei der Besichtigung eines vollautomatisierten Werkes selbst erlebt. Dort müssen nur noch ein paar Menschen die Tätigkeit der Automaten überwachen, um im Störungsfall eingreifen zu können. Ich kam also an eine solche Kontrollbrücke, auf der eine Arbeiterin mehr lag als saß, nämlich völlig locker und entspannt auf ihrem Stuhl »hingegossen«, ein Urbild des »Auf-der-faulen-Haut-Liegens«. Doch der Schein trog: Als die Arbeiterin mich bemerkte, setzte sie sich sofort »ordentlich« hin, denn sie hatte offenbar bei der ihrer Tätigkeit durchaus angemessenen Haltung sogar ein schlechtes Gewissen, weil diese nicht der gewohnten Vorstellung von »Arbeit« entsprach. Und als ich ihr dann sagte, sie könne ruhig so bleiben und ich würde sie sogar beneiden, denn bei vielen verspannten und verkrampften Menschen könne ich trotz intensiven Bemühens oft diesen Grad völliger Entspanntheit, den sie so sinnfällig demonstriert hatte, leider nicht mehr erreichen – da fing sie an zu schimpfen: »Diese Scheißarbeit stinkt mir schon lange! Ich würde hundertmal lieber wieder etwas Ordentliches arbeiten, als so dasitzen und mich den ganzen Tag fürchterlich langweilen. Man darf dabei ja nicht einmal lesen oder stricken oder sonst etwas Vernünftiges tun, weil man ja ständig diese mistigen Lämpchen und Zeiger im Auge behalten muß. Den Quatsch mache ich nicht mehr lange mit!« Und tatsächlich müssen z. B. die Arbeiter auf den Kontrollbrücken vollautomatischer Walzwerke teilweise stündlich abgelöst werden, weil sie die außergewöhnliche Beanspruchung durch den krassen Gegensatz zwischen erzwungener totaler Untätigkeit einerseits und schnellstmöglichen Reagierenmüssens im Störfall andererseits (denn jede Sekunde Verzögerung kann unter Umständen Zehntausende von Mark kosten!) eben nicht länger aushalten.
Hier also zeigt sich besonders deutlich das völlige Ungenügen unseres bisherigen Bildungs- und Ausbildungssystems den künftigen Arbeitsanforderungen und Lebensumständen gegenüber. Hätte jene Arbeiterin nämlich gelernt, nicht nur körperlich zu entspannen, sondern sich dabei auch seelisch-geistig zu betätigen, ohne die notwendige intellektuelle Auf-

merksamkeit zu beeinträchtigen – also etwa autogenes Training, Yoga, Meditation bzw. Kontemplation in der jeweils möglichen bzw. angemessenen Weise zu betreiben –, dann könnte sie tatsächlich unter idealen Arbeitsbedingungen mit einem Minimum an Anstrengungen ein Maximum der menschlicher Natur gemäßen Leistung erzielen, und zwar sowohl hinsichtlich der aufgetragenen Arbeit als auch hinsichtlich ihrer eigenen Persönlichkeitsentwicklung. Dies braucht also keineswegs notwendigerweise ein Gegensatz zu sein, denn das »in Ruhe tätig sein« (Eckhart), das »Tun im Nichttun« (Laotse), das »Bete und arbeite« (Christus) wäre auf diese Weise ganz praktisch während der Arbeit, ja sogar als Arbeit zu vollziehen!

So weit haben also die scheinbaren Gegensätze sich heute schon einander angenähert, daß die fortschrittliche Technik, die Vollautomation, gerade das gebieterisch fordert, womit sich seit Jahrtausenden Philosophie und Religion befassen: gesteigerte Erfahrung des Menschseins durch Verinnerlichung und Besinnung auf das Wesentliche, Erweiterung und Vertiefung des Bewußtseins durch Meditation und Kontemplation. Religion und Technik sind also heute nicht mehr zu trennen, denn ohne engste Verbindung und Ergänzung können beide in Zukunft nicht mehr existieren: Religion und spirituelle Bestrebungen können ihren Sinn nicht mehr erfüllen, wenn sie an der Welt der Technik vorbeigehen, und die Technik wird sich selbst vernichten, wenn sie noch meint, vorbeigehen zu können an der Welt des Geistes und der Religion. In diesem Sinne ist in der Tat die Begegnung mit der Natur in der Technik der entscheidende Wendepunkt, der uns entweder zum nächsthöheren Entwicklungsstadium der menschlichen Evolution führt oder aber in den Abgrund der Vernichtung stürzen läßt.

II. Kosmos

Wenn wir die dreifache Begegnung mit der Natur – im sinnenhaften Erleben, künstlerischen Gestalten und technischen Verwerten – in der richtigen Weise als Gleichnis seelisch-geistiger Wirklichkeit erfahren, dann ergibt sich ganz von selbst der *zweite Schritt,* der uns genauso, wie wir durch die Naturbegegnung über unsere persönliche Begrenzung hinaus gelangen, nun über die Begrenzung der irdischen Natur in die grenzenlose Weite des Kosmos führt. Und zwar geschieht das in zwei Phasen:

1. Die erste Phase ist die äußere Erweiterung unseres »Gesichtsfeldes« durch fortschreitende *Erkenntnis der Zusammenhänge des Weltalls,* die zugleich eine immer konsequentere *Verinnerlichung und Vergeistigung* bedeutet, also eine Wende von außen nach innen, vom Sichtbaren zum Unsichtbaren, vom Rationalen zum Irrationalen, von den Wirkungen zum Bewirkenden. Wenn wir nämlich die Naturerfahrung wirklich konsequent zu Ende verfolgen, dann gibt es überhaupt nichts Natürliches, das nicht darüber hinaus ins Kosmisch-Ganze, in die Welt der Ursachen und Prinzipien führt. So führt der Anfang des Lebens genauso ins Unendliche wie das Ende des Lebens.
Nehmen wir z. B. ein *Samenkorn:* Wo und was ist die Kraft, die aus diesem winzigen Stückchen Materie einen riesigen Baum entstehen läßt? Steckt sie in der Materie drin, oder wirkt sie von außen darauf ein? Da diese Kraft bewirkt, daß aus Milliarden Samenkörnern immer wieder der gleiche Baum entsteht bzw. daß die offenbar vorgegebene Idealform sich sogar im Kampf gegen alle äußeren Einflüsse in der jeweils bestmöglichen Weise durchsetzt, können Energie und Ideal nur im Samen selbst stecken. Die moderne Biologie benützt dafür die schon von Aristoteles geprägte Bezeichnung »Entelechie« (= innewohnende Zielgerichtetheit). Durch raffinierte Transplantationsversuche wurde zweifelsfrei bewiesen, daß diese Entelechie sich entweder allen Störversu-

chen gegenüber erfolgreich durchzusetzen weiß oder bei übermächtiger Beeinflussung einfach neue materielle Träger bildet (Mutationen). Die schon von den Griechen gewonnene Erkenntnis »Es ist der Geist, der sich den Körper baut« wird also durch die moderne Lebensforschung erneut bestätigt.
Das gilt natürlich auch für den Menschen: Auch jeder von uns trägt das Idealbild des Menschenwesens, die »Schöpfungsidee Mensch«, unauslöschlich in sich und erstrebt infolgedessen in seinem Innersten ihre materielle Realisierung als »vollkommenes Exemplar der Gattung Mensch«, auch wenn er sich dessen gar nicht bewußt ist oder diese Tatsache sogar intellektuell ablehnt. »Vor jedem steht ein Bild des, was er werden soll. Solang er das nicht ist, ist nicht sein Friede voll« (Rückert). Wir werden uns gleich noch eingehender damit befassen.
Ebenso führt auch das Ende einer lebendigen Form, das *Verenden* oder *Verwesen* (man beachte die Exaktheit der deutschen Sprache: Ver-enden bedeutet »ganz und gar zu Ende kommen«, Ver-wesen bedeutet »ganz und gar zum Wesen gelangen«!), wiederum ins Unendliche. Denn wenn schon die Bestandteile der Materie (Moleküle, Atome, Elektronen usw.) praktisch unsterblich sind und nur ihre Zusammensetzung ändern bzw. die Ordnungssysteme der Formenbildung wechseln, denen sie sich in endloser Folge immer wieder einordnen – wie beständig müssen dann erst die Ordnungssysteme der Kraftfelder selbst sein, ob wir sie nun wissenschaftlich als »Entelechien« oder religiös als »unsterbliche Seelen« bezeichnen.
Darum sind gerade die exakten Naturwissenschaften gewissermaßen zur »Theologie von heute« geworden, wenn sie wirklich »exakt« betrieben werden, d. h., wenn man nicht auf halbem Weg aufhört, folgerichtig zu denken, und dann etwa von »Zufällen« redet, sondern wenn man wirklich in beiden Richtungen konsequent zu Ende denkt: sowohl in der Vergangenheit die Ursachenkette zurückverfolgt (Kausalität) als auch in der Zukunft die Kette der Wirkungen und Folgen vorausbedenkt (Finalität). So haben in allen Bereichen der Na-

turwissenschaft gerade die führenden Geister längst den Materialismus als einen nicht nur ethisch verhängnisvollen, sondern auch in Anbetracht unbestreitbarer Forschungsergebnisse einfach unhaltbar gewordenen Irrtum erkannt und sind zwangsläufig wieder zu Naturphilosophen geworden, wie es die Begründer des naturwissenschaftlichen Zeitalters, die griechischen Naturphilosophen, bereits gewesen sind. Man kann sich eben heute nicht mehr mit der intellektuellen Beschreibung materieller Erscheinungsformen begnügen, sondern muß sich um intuitive Wesenserfahrung in spirituellem Bewußtsein bemühen, wenn man überhaupt noch ernstlich Wissenschaft betreiben, d. h. experimentelle Forschungsergebnisse in prinzipielle Erkenntnisse umsetzen will. Darum erklärt auch Friedrich von Weizsäcker, einer der größten Physiker unserer Zeit, ausdrücklich »Meditation als zureichendes Erkenntnismittel heutiger Naturwissenschaft«, denn nur dadurch gelangt man über die bloße Beschreibung der Erscheinungswelt hinaus zur Erkenntnis des Wesentlichen, des eigentlich Verursachenden und Bewirkenden.

Plato, der große griechische Philosoph und Eingeweihte, nannte die alles bewirkenden Urprinzipien »Ideen«, denn er erkannte klar, daß alles sichtbar Gewordene zuerst im Unsichtbaren als »Urbild« bestehen muß, ehe es als »Abbild« in Erscheinung treten kann. Im christlichen Bereich wird schon im Johannes-Evangelium die Welt der Ideen als »Logos«, als »Das Wort« (= Ursinn, Schöpfungsplan, Ursprung alles Gewordenen und Sinnerfüllung alles Geschehens), bezeichnet und so zieht heute Teilhard de Chardin, der »Plato der Gegenwart«, alle wissenschaftlichen und religiösen Konsequenzen aus der grundsätzlichen Einsicht vom Primat des Geistes über die Materie. Ob wir über die Erforschung des Sternenhimmels ins unendlich Große geraten und erkennen, daß der Kosmos kein Mechanismus sein kann, sondern ein Organismus sein muß, so daß das ganze erkennbare Universum gewissermaßen nur eine Zelle in einem noch viel gewaltigeren, für uns nicht mehr erkennbaren Organismus ist (den man nach wie vor am einfachsten mit »Gott« bezeichnet) – oder ob wir über die Erforschung der Struktur der Materie ins unendlich Kleine gelangen und umgekehrt feststellen, daß jede Zelle ein Universum, jedes Atom ein Sonnensystem und jedes Elektron geradezu ein »freies Individuum« ist: Immer mündet das Irdische im Kosmischen, das Materielle im Spirituellen, das Faßbare im Unfaßbaren (aber durchaus unmittelbar Erfahrbaren!).

2. Die zweite Phase ist die konsequente Anwendung dieser Erkenntnis auf uns selbst durch vertiefte »Innenschau«, also die Hinwendung vom uns umgebenden Kosmos der Umwelt zu dem analogen *wesenseigenen Kosmos unserer »Innenwelt«*, von der Welterkenntnis zur *Selbsterkenntnis*. Hier gilt das Einweihungswort der griechischen Mysterien »der Mensch, das Maß des Universums«, d. h., der Erdenmensch ist der »Mikrokosmos«, in dem der »Makrokosmos« der gesamten Schöpfung essentiell (= wesenhaft) enthalten ist.
Das ist nicht nur der Inhalt der griechischen Mysterien, sondern die übereinstimmende Erfahrung aller wahrhaft Wissenden zu allen Zeiten. Ob in unserer Schöpfungsgeschichte der Mensch als »Ebenbild« Gottes geschaffen wurde oder in der Kabbala der »Adam Kadmon«, der kosmische Mensch, die ganze Schöpfung in sich enthält, ob Jakob Böhme den Menschen als die »Essenz« des gesamten Kosmos sieht oder Eckhart die Wesensidentität des Göttlichen und Menschlichen betont, ob die östliche Weisheit von der »Buddhanatur des Menschen« spricht, die in jedem Menschen enthalten ist wie die Pflanze im Samen, oder ob die westliche Mystik das göttliche Urbild als »kosmischen Christus« bezeichnet, nach dem sowohl die Natur als auch der Erdenmensch gebildet wurde, ob Jesus »das Himmelreich (das Kosmisch-Ganze) und seine Gerechtigkeit (die vom Menschen erkennbare und auf Erden zu vollziehende kosmische Gesetzmäßigkeit)« als einzig erstrebenswert nennt, weil daraus alles andere sich von selbst ergibt, oder ob Kant in dem »gestirnten Himmel über mir (als Sinnbild des Kosmisch-Ganzen) und sittlichen Gesetz in mir (als Ausdruck der kosmischen Gesetzmäßigkeit)« die Grund-

lagen der menschlichen Existenz erblickt: Stets und überall werden also wahrhafte Welterkenntnis und wesenhafte Selbsterkenntnis als letztlich identisch erfahren.

Damit ist eine Windung der unendlichen Spirale der Evolution durchlaufen, denn wir sind nun auf höherer Ebene zum Ausgangspunkt zurückgekehrt: Zunächst führte uns die dreifache Naturbegegnung über die persönliche Begrenztheit hinaus, dann gelangten wir in der ersten Phase der Betrachtung des Kosmos auch noch über die Begrenzungen der Natur hinaus in die unendliche Weite der Übernatur, in die Geisteswelt der Ideen und Urprinzipien, um schließlich in der zweiten Phase wieder zu uns selbst zu finden, aber nun nicht mehr als begrenzte Erscheinungsform, sondern als das wahre Wesen und unbegrenzt wirksame Urbild alles Natürlichen und Menschlichen auf Erden und im Kosmos.

III. Ewigkeit

Damit hat aber eigentlich schon der *dritte und letzte Schritt* begonnen, der auch noch über den Kosmos hinaus zur *unmittelbaren Erfahrung der Ewigkeit* führt, denn Ewigkeit ist nicht etwa verlängerte Zeit oder unendlicher Raum, sondern Ewigkeit ist hier und jetzt in Raum und Zeit immer dann erfahrbar, wenn wir an die Grenzen unserer irdischen Existenz überhaupt gelangen (weshalb man dies auch richtig als »existentielle Erfahrung« bezeichnet) – und dann dennoch diese Grenzen überschreiten. Erst damit finden wir durch alle Erscheinungen hindurch (auch der Kosmos ist ja noch Erscheinung, und auch die Urprinzipien sind ja Ausdruck einer primären Intelligenz) zum wahren Wesen, eben zum ewigen Urgrund, der vor allem Anfang ist und nach allem Ende sein wird.

Eine solche unmittelbare Ewigkeitserfahrung hatte Moses, als er in tiefer Meditation plötzlich den Dornbusch, vor dem er saß, in Flammen aufgehen sah, ohne zu verbrennen (Feuer bedeutet in der Symbolik immer reinen Geist oder höchstes

Bewußtsein), und Gott selbst sich ihm offenbarte als »Ich bin, der ICH BIN« – der oder das stets und ständig SICH SELBST gleich Bleibende. Diese Wesensbegegnung ist auch für jeden von uns absolut folgerichtig, wenn wir uns tief genug, konsequent genug und bewußt genug sowohl in den uns umgebenden Kosmos als auch in den Kosmos unserer eigenen Natur versenken.

Darum ist diese Erfahrung des Ewigen, dies Aufgehen im Göttlich-Ganzen, das eigentliche Ziel jeder Kontemplation, jeder Meditation, jedes Gebetes, also jedes Versuches, über die eng begrenzte persönliche Erscheinungsform hinaus zu gelangen. Wenn wir einmal den ersten Schritt auf diesem Wege getan haben, dann gibt es kein Zurück mehr, dann werden wir auf diesem Wege mit absoluter Sicherheit weitergeführt werden bis zur letzten Konsequenz, bis wir eben ins Ewige einmünden wie ein Strom in den Ozean.

Darum braucht man nicht bis nach dem Tode zu warten, um »ins ewige Leben einzugehen«. Hier und jetzt schon die »Ewigkeit im Augenblick« zu erfahren, das ist der Sinn des Menschseins überhaupt, denn dazu ist der Mensch geschaffen, und das ist daher auch nur dem Menschen möglich. Die »Ewigkeit im Augenblick« bedeutet, daß wir diesen Dreischritt der meditativen Erfahrung bis zum Erleben der Ewigkeit in jedem Augenblick vollziehen können. Diese entscheidende Erfahrung geschieht eben außerhalb der Zeit und ist überhaupt an keinerlei Bedingungen geknüpft. Es ist wie ein plötzliches »Aufblitzen« in unserem Bewußtsein, durch das wir von »überhellem Licht« (= höchstem Bewußtsein) erfüllt werden wie einst Saulus vor Damaskus, der dadurch zum »Paulus« wurde, d. h., der dadurch ein anderer Mensch wurde und dessen Leben sich dadurch völlig änderte. Und genau das ist auch bei jedem von uns im Augenblick der »*Erleuchtung*« der Fall, selbst wenn es noch einige Zeit dauern mag, bis die innere Wandlung sich äußerlich auswirkt (siehe das Kapitel »›Einweihung‹ für den modernen Menschen«).

Begrenzen wir uns aber nicht durch die Vorstellung, wir seien von der Erleuchtung noch weit entfernt, gewinnen wir vielmehr die feste Zuversicht, daß diese grundsätzlich *jederzeit* möglich ist, denn wir stehen ja nicht nur hier und jetzt schon in der Ewigkeit, sondern wir selbst *sind* ewig. Natürlich nicht diese vergängliche Erscheinungsform, aber das sind wir auch gar nicht selbst. Wir selbst sind ein verkörperter Gottesfunke, das »Fünklein im Seelengrund« nach Eckhart oder der »Christus in mir« nach Paulus. Das allein ist in jedem Menschen das wahre ewige Selbst, unerschaffen und unvergänglich – Substanz, wesensgleich der göttlichen Substanz.

Sri Aurobindo hat den »Dreischritt der meditativen Erfahrung« in einem seiner schönsten Kontemplations-Gedichte in eindrucksvoller Weise angedeutet:

Ozean der All-Einheit

Stille ist um mich her und unbeschreibliche Weite.
Weiße Vögel tauchen ins Meer und spielen im endlosen Raum.
Ein Ozean von Stille und ein Himmel voll Schweigen –
Azur sich spiegelnd im Azur.

Der Ausgangspunkt ist also ein Naturerlebnis: eine Fahrt auf dem unendlichen Ozean in klarem Sonnenschein, wo am Horizont Wasser und Firmament ineinander übergehen, wo Himmel und Erde, Oben und Unten eins geworden sind und die große weite Stille geradezu körperlich spürbar ist, von keinem Laut gestört. Die einzigen Lebewesen sind die weißen Möwen als Symbol des Lebens überhaupt, das Irdisches und Überirdisches in sich enthält und verbindet. Dieses für jeden, der es schon erfahren durfte, wirklich unvergeßliche Naturerlebnis führt dann auch unmittelbar über die Natur hinaus in die innere Erfahrung:

*Eins geworden mit der lautlosen Stille und grenzenlosen
    Weite,
entsinkt meine Seele im weiselosen Wesen,
bis alle Erscheinungen aufgehen in der All-Einheit,
in dem ungeheuren Schoß der Ewigkeit.*

Die Ergriffenheit vom gleichnishaften Naturgeschehen läßt die schauende Seele eingehen ins Kosmisch-Ganze, läßt im Abbild das Urbild erfahren und so aus dem »Sonderschein« (Eckhart) heimfinden zur All-Einheit. Da aber die All-Einheit gleichbedeutend ist mit der Ewigkeit, ergibt sich daraus folgerichtig die letzte Konsequenz, die Begegnung mit jener absoluten Wesenheit, die sich in dieser Ewigkeit ausdrückt:

*Namenlos und körperlos west darin das Unnennbare.
Urbewußt und einsam, unsterblich und unendlich,
allvereinend in ruhevoller, wandelloser Liebe,
schließt ES unverlierbar alles in sein Herz.*

Dem braucht wohl keine Erklärung mehr hinzugefügt zu werden. Nehmen wir daher nochmals das ganze Gedicht in uns auf und dann mit hinein in die Meditation:

*Stille ist um mich her und unbeschreibliche Weite.
Weiße Vögel tauchen ins Meer und spielen im endlosen
    Raum.
Ein Ozean von Stille und ein Himmel voll Schweigen –
Azur sich spiegelnd im Azur.
Eins geworden mit der lautlosen Stille und grenzenlosen
    Weite,
entsinkt meine Seele im weiselosen Wesen,
bis alle Erscheinungen aufgehen in der All-Einheit,
in dem ungeheuren Schoß der Ewigkeit.
Namenlos und körperlos west darin das Unnennbare.
Urbewußt und einsam, unsterblich und unendlich,
allvereinend in ruhevoller, wandelloser Liebe
schließt ES unverlierbar alles in sein Herz.*

Die esoterische Symbolik des Wassermann-Zeitalters

Die esoterische Symbolik des Wassermann-Zeitalters ist die gleiche, die sie seit eh und je war und immer sein wird, denn es gibt nur *eine* unvergängliche Wahrheit. Aber diese Wahrheit wird in verschiedenen Zeitaltern in verschiedener Weise aufgefaßt, gedeutet und verbreitet. Mit der Entstehung des Menschen auf der Erde geschah die sogenannte »Uroffenbarung«, d. h., schon dem allerersten Menschen war die gesamte Esoterik – das Wissen um die Geheimnisse des Seins – als Wesensmerkmal eingeboren. Was dann allerdings von diesem in der Gattung Mensch latent vorhandenen Wissen jeweils aktualisiert werden kann, d. h. im Bewußtsein des Einzelmenschen verfügbar wird, das hängt sowohl von der generellen menschheitlichen Situation insgesamt (Zeitalter) als auch vom individuellen Entwicklungsstand der einzelnen menschlichen Bewußtseinsträger (Persönlichkeitsreife) ab.
Schon immer aber, in allen Zonen und zu allen Zeiten, hat es »vollendete Exemplare der Gattung Mensch« gegeben, die jene Uroffenbarung voll erfassen konnten. Infolgedessen existiert ein unerschöpflicher Schatz von Überlieferungen, von denen schon viele bekannt geworden sind, sicherlich aber mindestens ebenso viele noch unbekannt sind – und eben immer erst dann, wenn es dafür »an der Zeit ist«, vom sogenannten »Zeitgeist« für das allgemeine Bewußtsein »freigegeben« werden.
Das, was in dem folgenden konzentrierten Überblick erläutert wird, ist eine Systematik der gesamten esoterischen Überlieferung, wie sie erst im Wassermann-Zeitalter möglich ist, denn in diesem Abschnitt der Evolution wird die Mensch-

heit einen gewaltigen Schritt vorwärts in bezug auf allgemeine Bewußtseinssteigerung machen. Das merkt man seit Beginn der *Zeitenwende* (vom Fische- zum Wassermann-Zeitalter) von Jahr zu Jahr deutlicher, denn Dimensionen, die im Fische-Zeitalter noch zum sogenannten Okkulten gehörten, d. h. nur in kleinen Kreisen einer »geistigen Elite« (oder wie immer man sie nennen mag) bekannt waren und streng gehütet wurden, werden nun immer allgemeiner zugänglich.

Doch gerade das ist ja der Sinn der menschlichen Evolution überhaupt, denn qualitativ besteht gar keine Entwicklungsmöglichkeit, weil wie gesagt mit der Entstehung der Gattung Mensch von vorneherein auch der Vollendungszustand dieser Gattung »im Erbgut einprogrammiert« ist. Die gesamte Entwicklung besteht demnach nur in der quantitativen Ausbreitung der »Qualität Mensch«, so daß immer mehr Menschen zur persönlichen Vollendung gelangen können. Nur in dieser Hinsicht also bedeutet das Wassermannzeitalter einen entscheidenden »Entwicklungssprung«, so daß man etwa sagen kann: was noch im Mittelalter allerhöchstes Wissen war und nur an Universitäten oder in geheimen Zirkeln gelehrt wurde, das ist heute weitgehend schon Lehrstoff der Volksschule und Inhalt von Taschenbüchern! Und so wird es sicher weitergehen: Das, was heute erst von ganz wenigen voll erfaßt werden kann, wird in der Mitte des Wassermannzeitalters wieder Lehrstoff der Volksschule (die dann allerdings auch völlig anders sein wird) und Bestandteil des allgemeinen Bewußtseins geworden sein. Darum ist die folgende Systematik der gesamten esoterischen Überlieferung erst heute möglich bzw. kann erst jetzt richtig erfaßt und verstanden werden.

I

Beginnen wir nun mit dem Anfang – nein, mit dem, was vor allem Anfang war: gar nichts! Deswegen ist das erste Zeichen in der numerologischen Symbolik nicht etwa die Eins, sondern die *Null,* d. h. das absolut Unfaßbare, Unbegreifliche, das jegliche Erkenntnismöglichkeit übersteigt und von dem man sich daher auch keinerlei Vorstellung machen kann – eben einfach nichts. Positiv ausgedrückt ist es gleichbedeutend mit »UREWIG« (wer einmal ernstlich »Ewigkeit« zu kontemplieren versucht, dem wird es schließlich schwindlig, denn etwas ohne Anfang und Ende unvergänglich Bestehendes ist für ein durch Raum und Zeit begrenztes Bewußtsein ebenso unfaßlich, wie der Ozean das Fassungsvermögen jedes auch noch so großen Gefäßes übersteigt): der unermeßliche *UR-Grund*.

Im Hebräischen wird das Urewige »SOHAR« genannt, was »überheller Glanz« bedeutet. Das Symbol dafür ist »Jah«, wovon dann »*Jah*ve« und im Christlichen »Hallelu*jah*« abgeleitet werden, also die uneingeschränkte Be*jah*ung: So ist es! Und so, wie es ist, ist es absolut gut und richtig, weil es ja nichts anderes gibt.

Ein Ausdruck der christlichen Mystik für dieses Absolute ist die »Übergotten Gottheit«, d. h. das über alle Gottesbegriffe und Gottesvorstellungen Hinausreichende. Darum lautet ja das erste Gebot »Du sollst Dir kein Bildnis machen!« Das gilt keineswegs nur für die »armen Heiden«, sondern genauso auch für die »armen Christen«, denn sowohl durch jede bildhafte Gottesvorstellung als auch durch jeden erdachten Gottesbegriff bringen wir uns um die zwar unbegreifliche und unbeschreibliche, aber sehr wohl intensivst erlebbare ureigenste *Gotteserfahrung*, die Meister Eckhart »Gottunmittelbarkeit« nennt.

Im Buddhismus heißt das Absolute »Nirwana«, was »das Eigenschaftslose« bedeutet und so wörtlich mit dem Ausdruck Jakob Böhmes: »der weiselose Ungrund«, übereinstimmt. Böhme und Buddha gebrauchen also sogar die gleiche Bezeichnung für das Ewige, in dem alles Sein aufhört – oder besser (nach Goethe) aufgehoben ist im Doppelsinn von aufgehört und aufbewahrt.

Im ältesten noch erhaltenen Weisheitsbuch, dem chinesischen Tao-Te-King des Laotse ist der Inhalt sämtlicher späteren Weisheitslehren sozusagen »im Telegrammstil« vorweggenommen. Hier wird das Absolute »TAO« genannt, was »das mit dem Weg identische Ziel« – das mit dem Werden identische Sein – bedeutet, also wiederum das logisch nicht mehr Faßbare, das Unbegreifliche und Unbeschreibliche. Darum wird hier auch mit aller Deutlichkeit gesagt: »Nennbarer Name ist nicht der Name des Namenlosen«, d. h., wo alle Worte versagen, bleibt nur noch eines – Schweigen! Aus dem Schweigen stammt alles, in das Schweigen mündet wieder alles – worüber man reden kann, das liegt dazwischen.

II

Reden wir also nun vom zweiten Schritt: in der Numerologie *Eins* innerhalb der Null, also das erste »Etwas«, das im »Nichts« entsteht, der *UR-Sprung* von allem Gewordenen im UR-Grund des Absoluten. In der Trinität (Dreifaltigkeit), in der in allen Hochreligionen das Göttliche zu erfassen versucht wird, ist dies die »erste Person Gottes«, d. h. der erste persönliche Aspekt der überpersönlichen Gottheit. Er offenbarte sich Moses im »brennenden Dornbusch«. Immer wenn irgendwo das Feuersymbol auftritt, ist damit der *GEIST GOTTES* gemeint. Im »Feuer, das nicht verzehrt« (so heißt es ausdrücklich), sprach die »Stimme Gottes« auf die Frage des Moses nach der wahren Wirklichkeit: »Ich bin, der ICH BIN« – esoterisch geschrieben (in der linguistischen Semantik der

Wort-Esoterik kann man bestimmte Wörter in besonderer Weise schreiben, um ihre Bedeutung zu verdeutlichen):

Das Absolute, sich selbst *I*dentische, die Achse, um die sich die Welt dreht, offenbart sich im »*H*eiligen *H*auch« des *Ch*ristus (das »*W*ort«, der »*H*err der *H*errlichkeit«) und im »*b*ergenden *B*erg« des *N*irwana oder der *N*ächstenliebe (die »*A*ntwort« im »*B*ogen des *B*ewußtseins«).
Aus Jah wird Jehova (IEOUA), der schaffende Gott – genauer: der *immerwährende Schöpfungswille des »Vaters«*, d. h. des Erzeugers, des Ursprungs von allem Gewordenen, der von Ewigkeit zu Ewigkeit mit sich selbst identisch bleibt als das einzig Beständige in aller Wandlung, das unveränderlich durch die Äonen hindurchgeht wie die unbeweglich ruhende Achse, um die das bewegte Rad sich dreht.
In der »Ebenbildlichkeit« des Menschenwesens ist ER der »Adam Kadmon«, der Ewige Mensch (Kabbala), das »Kleinod im Lotos«, der Gottesgeist in der Erscheinungswelt (Vedanta), das »Fünklein im Seelengrund«, der Gottesfunke in der Menschenseele (Eckhart). Bei Laotse entspricht dem TAO (dem generellen, immateriellen Ewigen) das TE (das individuelle, materialisierte Ewige), analog dem »Brahma« (das Göttlich-Ganze über allem) und dem »Puruscha« (der Göttlichkeitsanteil in jedem) im Hinduismus.
Wenn also Gott wirklich Gott ist, dann kann es nichts außer Gott geben – dann ist die gesamte Schöpfung nichts anderes als der Leib Gottes, in dem sich der Geist Gottes manifestiert. Diese Erkenntnis führt zur »Einheitlichkeit in der Einheit«, zum

          E I N S S E I N
          ⟶   ⟵

Alles ist und bleibt eins im Ewigen – es erscheint nur getrennt in Raum und Zeit. Wir gelangen also vom Irrtum zur Wahrheit, von der Täuschung zur Wirklichkeit, wenn wir alles als eins erkennen und mit allem eins sein können. Darum konnte Jesus sagen »ICH und der Vater sind eins«, weil er zu dieser Wesenserkenntnis gelangt war. Dabei ist besonders darauf hinzuweisen, daß alle Aussagen Jesu, die mit »ICH« verbunden sind, sich nicht auf seine persönliche Erscheinungsform beziehen, sondern auf seine überpersönliche Bedeutung als Christus, d. h. Bewußtseinsträger des Menschenurbildes in jeder Menschform, der Schöpfungsidee MENSCH als »Ebenbild Gottes«, die er als »Menschensohn« beispielhaft für alle Menschen verkörperte.

Wenn Jesus weiterhin sagte »Ehe denn Abraham war, bin ICH«, »ICH BIN der Weg, die Wahrheit und das Leben«, »Es führt kein Weg zum Vater denn durch MICH«, so gilt das also nicht für ihn persönlich, sondern für jeden Menschen, der zu seinem Bewußtsein der »Gotteskindschaft« gelangt ist. Das betonte er selbst unmißverständlich: »Ihr alle seid Kinder Gottes – ihr werdet die gleichen Werke tun, die ich getan, und noch größere« (weil ja das Bewußtsein immer weiter fortschreitet). Ja, er bestätigt die wesenhafte Göttlichkeit des Menschen ganz eindeutig: »Ihr sollt vollkommen sein wie euer Vater in den Himmeln vollkommen ist!«

Diese Erfahrung des Eins-Seins kann man auch so ausdrücken:
    ICH BIN ALL-EIN.

Im vollendeten Bewußtsein hat mein Ich sich ausgeweitet, ist immer weiter und weiter geworden, bis es schließlich identisch ist mit dem All. Genau das ist bei der Himmelfahrt Jesu geschehen, denn er ist nicht etwa mit dem »Fahrstuhl« in den Himmel hinaufgefahren, sondern der genaue Text lautet: »Er wurde größer und größer und entschwand schließlich ihren Blicken«, d. h., er hat sich immer mehr ausgeweitet und wurde schließlich so groß, daß er mit den Augen nicht mehr zu erfassen war – er war ins All eingegangen.

Dieses Geschehen ist gerade heute von höchster Aktualität, denn man beachte den bezeichnenden Doppelsinn von »allein« in der deutschen Sprache: Zunächst ist es gleichbedeutend mit »einsam« und kennzeichnet damit eine der häufigsten Tragödien gerade in unserer Wohlstandsgesellschaft, die Isolierung des einzelnen. »Ich bin ja so allein!« ist eine weitverbreitete Klage. Wenn man sich allerdings nur mit seiner abgesonderten körperlichen Erscheinungsform identifiziert, dann muß man sich natürlich allein fühlen. Aber ich bin ja weder mein Körper noch mein Bewußtsein – ich bin der darin sich ausdrückende Gottesfunke, der immerdar und unverlierbar All-Ein ist, eins mit dem All! Ich bin dann plötzlich nicht mehr in der furchtbaren »Hölle« abgesonderter (= sündiger) Verlassenheit, sondern im wunderbaren »Himmel« allumfassender (= seliger) Vereinigung!

Nur durch diese Erkenntnis kann das Grundübel des Egoismus geheilt werden; denn Egoist kann man nur so lange sein, wie man sich noch mit dem abgesonderten »Ego« identifiziert. Wenn man aber weiß, daß die körperliche Menschform nur die »Haut der Seele« ist, durch die das innere Selbst, der ewige Gottesfunke, mit der scheinbaren Außenwelt in Verbindung tritt, in Wirklichkeit aber identisch ist und bleibt mit dem Selbst in allen anderen Erscheinungsformen, dann ist jeglicher Egoismus unmöglich geworden. Dann ist vielmehr »Nächstenliebe« selbst-verständlich (aus dem Verständnis des Selbst resultierend!), denn das »Nächste« ist eben das eine Selbst in jedem. Eckhart bezeichnet dieses wahrhafte »Zu-sich-selbst-Kommen« als »Überwindung des Sonderscheins«. Jesus schildert es im Gleichnis vom »verlorenen Sohn«, der aus der »Fremde« der Zwiespältigkeit und Zwietracht heimkehrt ins »Vaterhaus« des Eins-Seins.

Der Hinduismus gelangt zur gleichen entscheidenden Erkenntnis, aber auf dem umgekehrten Weg: »Tattvamasi = Das bist du«, d. h., alles, was außer dir erscheint, bist in Wirklichkeit auch du – du bist nicht nur im All, sondern das All ist auch in dir! Der Westen verkörpert mehr den »männlichen« Aspekt der *hingebungsvollen Aufgabe,* der Osten mehr den »weiblichen« Aspekt der *sich aufgebenden Hingabe.* Darum muß der Westen lernen, das persönliche Ich ins All hinein zu erweitern, um dadurch den engstirnigen Egoismus zu überwinden, während der Osten lernen muß, aus der unpersönlichen Allbezogenheit zu sich selbst zu kommen und das All im Ich zu konzentrieren, um so den anonymen Kollektivismus zu überwinden – denn so wie erst Mann und Weib zusammen der ganze Mensch sind, so bilden nur West und Ost zusammen die ganze Menschheit.

III

Erst in einem solchen Bewußtsein kann man wirklich das *WORT GOTTES* erfahren – »Logos« in der christlichen Dreifaltigkeit, »Atman« in der hinduistischen –, d. h. den *UR-Sinn* erkennen. Das ist numerologisch die *Zwei,* die »zweite Person Gottes« (der zweite persönliche Aspekt des Göttlichen). Und so wie 1+2=3 ist, wird aus dem »Vater« (1) und dem »Sohn« (2) der »Geist« (3) geboren: Die Energie des Schöpfungswillens und die Theorie des Schöpfungssinns ergeben die praktische Schöpfungsidee, die sich ständig in der konkreten Gesamtschöpfung manifestiert.

Das geschieht in vielfacher Weise:

Im kosmischen *Yoga* (= Vereinigung), linguistisch Ver. EIN. ICH.ung oder – noch deutlicher – **E¢I⁴I**, d. h., im EIN ist das ICH einbezogen.

In der kosmischen EHE (= »*E*s *H*eiligt *E*s«); denn immer und überall sucht das scheinbar Getrennte sich wieder zu vereinigen, weil ja in allem unverlierbar das Bewußtsein des Eins-Seins lebt.

Im gesamten *Universum* (= das dem Einen Zugewandte) – vom All zum Einen hinein und vom Einen wieder zum All hinaus (lateinisch: »Universum«, griechisch: »Kosmos«). Das ist die Ver.EIN.ICH.ung allen Lebens, das eine Leben in allem.

Universellster Ausdruck des Lebendigen ist die *Pulsation,* die daher auch allem Geschehen zugrunde liegt, der »kosmische Reigen« (Capra) rhythmisch pulsierender Schwingung zwischen Zusammenziehung, Einengung (Konzentration) und Ausdehnung, Weitung (Expansion), zwischen zentripetaler Ballung und zentrifugaler Auflösung. Das besagt der esoterische Spruch »Wie oben – so unten, wie innen – so außen«, denn vom Größten bis ins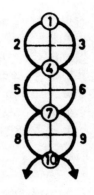
Kleinste steht alles miteinander in wechselseitiger Beziehung: Alles verwandelt sich ständig, geht ineinander über, vereinigt sich und trennt sich, kommt zusammen, geht wieder auseinander und verbindet sich erneut. Ob das Elektronen oder Spiralnebel sind – es ist immer und überall das gleiche Gesetz. »Ein- und Ausatmung Brahmas« nennt daher auch der Hinduismus die gesamte Schöpfung. Und da in der Systole und Diastole des Herzens die gleiche Wechselwirkung von Zusammenziehung und Ausdehnung geschieht, kann man die Schöpfung ebenso als »Herzschlag Gottes« bezeichnen.

Deswegen ist der Atem das sinnfälligste Gleichnis des Gesamtgeschehens, das wir jederzeit selbst in uns erfahren können im *Atem*kreuz:

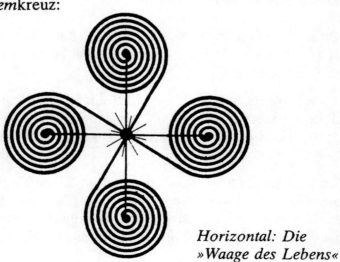

Vertikal: Die »Achse der Welt«

Horizontal: Die »Waage des Lebens«

In der *Vertikalen* bedeutet *oben* (gelb) die *Einatmung*: Geist – Gott – Vater – Himmel – Scheitel-Chakra – Glanz (Sohar) – »Im Anfang war das Wort (Logos)«, die auslösende Aktion, aus der alles Gewordene entstanden ist.

Polar entgegengesetzt ist *unten* (grün) die *Ausatmung:* Leben – Welt – Mutter – Erde – Basis-Chakra – Glut (Vulkan) – »Die Voll-Endung ist die Ant-Wort auf das Wort«, die folgerichtige (logische) Reaktion auf die Aktion, die Manifestation der Schöpfung.

Der Mensch stellt in seiner aufrechten Haltung selbst diese große Achse dar (man beachte den Doppelsinn von »aufrecht« – körperlich und charakterlich!):
In der Gebetsstellung mit erhobenen Händen auf den Zehenspitzen stehend einatmend, zum Himmel strebend – mit zur Segenshaltung nach unten geöffneten Armen die Füße auf den Boden pressend ausatmend, fest in der Erde wurzelnd. Wenn man in diesem Sinne voll bewußt atmet, kann man jeden Atemzug zum Gottesdienst werden lassen. Dann atmet man nicht nur »gewöhnliche Luft«, sondern wird der geistigen Energie teilhaftig, die im Indischen »Prana«, im Griechischen »Pneuma« und im Hebräischen »Ruach« genannt wird. Darum heißt die indische Bezeichnung »Maha-Atma« sowohl »Großer Atem«, als auch »Große Seele« und bedeutet Heiliger.

In der *Horizontalen* bedeutet *links* (blau) die *Ausatmung*: kühl – fern – passiv-magnetisch – weiblich-erhaltend – Tochter – empfangende Hingabe – Leerwerden – Lassen. Physiologisch: Ruhe – Lösung – Entspannung – Dämpfung – Linderung.

Polar entgegengesetzt ist *rechts* (rot) die *Einatmung*: warm – »hautnah« – aktiv-elektrisch – männlich-gestaltend – Sohn – zeugende Aufgabe – Vollwerden – Fassen. Physiologisch: Bewegung – Straffung – Anspannung – Steigerung – Stimulierung.

Aus dieser Wechselwirkung besteht das gesamte *soziale Gefüge* gegenseitigen Aufeinander-angewiesen-Seins, in dem nicht nur der Mensch, sondern die ganze Natur lebt: *Geben und Nehmen* (und zwar genau in dieser Reihenfolge und nicht umgekehrt, sonst geht an der »verkehrten Atmung« sowohl der körperliche als auch der soziale Organismus kaputt!) – also gerne hergeben, aus sich herausgehen, lassen (im Doppelsinn von belassen und entlassen) und ebenso dankbar annehmen, in sich verarbeiten, das Zugehörige behalten und integrieren. Wenn wir einmal die gesamten sozialen Beziehungen – sowohl untereinander als auch zu unserer Umwelt – nach einem solchen einfachen »Atemzug« leben würden, hätten wir keinerlei Probleme mehr! Doch die rücksichtslosen Egoisten versuchen, nur noch einzuatmen und überhaupt nicht mehr auszuatmen, und daran erstickt man bekanntlich. Allerdings geht es den sich aufopfernden Altruisten auch nicht besser, denn sie versuchen, ohne Einatmung auszukommen und nur noch auszuatmen. Aber daran erstickt man schließlich auch.

Jede Einseitigkeit und Unausgeglichenheit (Übertreibung oder Unterlassung) ist eben gleichermaßen verkehrt. Nur wenn die »Waage des Lebens« sich im wohlausgewogenen Gleichgewicht befindet, sind materieller Wohlstand (Lebensgenuß), physisches Wohlbefinden (Lebenserhaltung = Gesundheit), physisches Wohlergehen (Lebensfreude) und spirituelle Wohltätigkeit (Lebenserfüllung = Glück) auf die Dauer gewährleistet.

So vollzieht sich der lebendige Austausch der polaren Energien: Je restloser wir ausatmen, d. h. hergeben und leer werden, desto tiefer können wir einatmen, d. h. wiederbekommen und erfüllt werden. Darin besteht die natürliche Fluktuation, der harmonische *Fluß des Lebens* in allen Bereichen. So einfach ist das im Grunde – und doch offenbar so schwer zu realisieren.

Das Fließen im Lebensstrom bedeutet

BE ƧEHEN + VER ƧEHEN

Diese esoterische Schreibweise bedarf der folgenden linguistischen Erklärung: $\mathcal{S}$ bedeutet »Sanktus« oder »Sankt« (St.) = heilig. Dabei symbolisiert das S die Schlange in ihrer Doppelbedeutung als heilbringende, göttliche Weisheit (Raphael) mit dem Kopf nach oben und unheilvolle, widergöttliche Schlauheit (Luzifer) mit dem Kopf nach unten. Weil schon Adam und Eva der Verführung (Irreführung) durch die »verkehrte Schlange« verfielen, verloren sie das »Paradies« weisheitsvoller Ordnung, und weil die westliche Menschheit dem nicht nur widergöttlichen, sondern auch widernatürlichen »luziferischen« Intellekt verfiel, ist sie heute an den Rand der Selbstvernichtung gelangt.

Rettung und Heilung bedeutet dagegen die aufgerichtete Schlange, die sich um den Stab des zielsicheren Bewußtseins windet. Schon Moses hat mit diesem Zeichen die von den schwarzen Schlangen Gebissenen (vom zerstörenden Intellekt Befallenen) geheilt – und bis heute ist der Äskulap-Stab das Symbol des Heilens durch die göttliche Weisheit in der Natur (was sich diejenigen Ärzte wieder vergegenwärtigen sollten, die der eigentlichen Bedeutung ihres Standeszeichens geradezu entgegenhandeln!).

T bedeutet TAO (die allumfassende Gottheit) und TE (die innewohnende Göttlichkeit) – ebenso wie ☥ (ANKH = das heilbringende Handeln) und die vollbewußte TAT, durch die erst theoretische Kenntnisse zur praktisch wirksamen Erkenntnis werden.

$\mathcal{S}$ erinnert demgemäß an die Synthese von Heilung – Heil – Heiligung (siehe das gleichlautende Kapitel).

EHE in dem bereits erläuterten Sinne ist sowohl im Bestehen der Schöpfung als auch im Verstehen derselben durch den Menschen enthalten, denn erst durch das gegenseitige Sich-Heiligen sind wirkliches Verständnis und dauerhafter Bestand in allen menschlichen und natürlichen Beziehungen möglich.

IV

BE SCH EHE.N (physisch) + VER SCH EHE.N (psychisch) =
GE.ש.EHE.N (spirituell)

Darin ist zum drittenmal EHE enthalten, nun in der höchsten, rein geistigen Beziehung. Darum ist sie hier verbunden mit GE = Gegenwart des Gottes-Geistes – und mit dem heiligen Buchstaben ש (SCHIN) der kabbalistischen Mystik: »SCH« ist der Laut der lodernden Flamme im Unterschied zu »S«, dem Laut der zischenden Schlange. Die drei Flammen auf dem großen Bogen bedeuten die göttliche Dreifaltigkeit bzw. deren Manifestation in den drei Bereichen – dem Physischen, Psychischen und Spirituellen – innerhalb der Ewigkeit des Göttlich-Ganzen. Alles Geschehen ist demnach die immerwährende EHE, in der das »Feuer des Geistes« sich mit dem »Wasser des Lebens« verbindet, der zeugende Gottes-Geist sich in die empfangende Welt-Seele senkt (»Der Geist Gottes schwebt über den Wassern«). Wenn wir also diese kosmische EHE in unseren irdischen Beziehungen nachvollziehen und bewußt im geistdurchglühten Strom des Lebens mitfließen, können wir selbst glücklich sein und rundum beglückend wirken.

Das spirituelle Geschehen ist gleichbedeutend mit dem *REICH GOTTES* – in der christlichen Dreifaltigkeit »Heiliger Geist«, in der hinduistischen »Schiwa«, der »tanzende Gott«, der den »kosmischen Reigen« der Schöpfung tanzt (denn die uralte esoterische Erkenntnis, daß im Grunde *alles* rhythmische Bewegung und harmonische Schwingung ist, hat nun auch die exoterische Naturwissenschaft erneut bestätigt).

Numerologisch die *Drei,* der dritte persönliche Aspekt des Göttlichen, ist also gleichermaßen »wollende Erkenntnis« und »erkennender Wille«.

Demgemäß handelt es sich hier um das *UR-Teil*, ebenfalls in doppeltem Sinne: einerseits das Ur-Teilchen in physikalischer Bedeutung, andererseits das Urteil in intellektueller Bedeutung. Ur-Teil heißt ja wörtlich: Teil des Ur, also Teil des Ganzen, Teil des Alls, Teil Gottes.

Auch ich bin ein solches Ur-Teilchen innerhalb des Göttlich-Ganzen, noch dazu mit der Fähigkeit, mir als solches selbst bewußt zu werden. Der griechische Einweihungsspruch »Erkenne dich selbst!« bedeutet demnach, daß meine Teil-Habe am Ganzen, mein Anteil am kosmischen Bewußtsein, durch die richtige Selbst-Erkenntnis – die stets zugleich auch Gott- und Welt-Erkenntnis ist – bestimmt wird. Ich spreche mir also selbst mein Urteil durch den Grad meiner Erkenntnis, welches Ur-Teil im Ganzen ich bin bzw. welcher Rang innerhalb der göttlichen Hierarchie (= Heilige Ordnung) mir zusteht, denn danach richtet sich mein individuelles Ergehen im generellen Geschehen.

V

Damit kommen wir zum vierten Schritt:

WANDLUNG

*H*andlung = Wandlung, denn jede Handlung ist immer zugleich eine Wandlung, weil es keine Handlung gibt, die nicht irgend etwas wandelt. Eigentlich handelt es sich dabei um eine Spiel-Handlung und um einen Szenen-Wandel im »Schöpfungsdrama«, im »großen Spiel« – indisch *LILA*, griechisch *Hieros Gamos* (= Heiliges Liebes-Spiel!) –, das Gott mit sich selbst spielt. Sein Inhalt bleibt von Ewigkeit zu Ewigkeit der gleiche: *Materialisierung des Geistes und Wiedervergeistigung der Materie.*
Pythagoras hat dieses Spiel *»Tetraktys«* genannt: Ständig verwandelt sich die Drei (das Symbol der geistigen Idee) in die Vier (das Symbol der manifestierten Materie) und wieder die

Vier in die Drei, indem durch die Erkenntnis alles Materielle wieder in das Ideelle zurückgeführt wird:

Im Hinduismus wird das »große Spiel« als »*Maja*« bezeichnet. Das bedeutet nicht etwa »Täuschung« (wie oft fälschlich übersetzt wird), sondern Erscheinung, Spiegelung:

Tatsächlich ist die geschaffene Materie ein getreues Spiegelbild des schöpferischen Geistes, der sich darin eben genauso erkennt, wie wir uns im Spiegel erkennen können. Wenn man allerdings das Spiegelbild mit dem Original verwechselt, dann täuscht man sich. Aber deswegen ist doch der Spiegel keine Täuschung, sondern nur der Betrachter täuscht sich. Wer sich aber nicht täuschen läßt und in allem Materiellen nur ein Gleichnis des Ideellen erkennt, der kann sich nur immer wieder aufs neue an der unendlichen Vielfalt der Spiegelung des Wesens in der Erscheinungswelt erfreuen.

Die Schöpfung gleicht daher auch einem *Kaleidoskop:* Dieses besteht zwar nur aus Steinchen, Glassplittern und Metallstückchen, doch eben durch das Wunder der Spiegelung entsteht daraus bei jeder Drehung eine Welt unendlicher Schönheit in immer neuen Variationen, so daß man sich stundenlang daran erfreuen kann. Aber man muß der Betrachter bleiben und darf sich nicht mit dem Kaleidoskop identifizieren – das wäre die Täuschung. Die Täuschung liegt also niemals in der Welt selbst, sondern nur in einer verkehrten Betrachtungsweise der Welt.

Genauso verhält es sich mit dem *»Karma«:* Maja = Karma, das Gesetz von Saat und Ernte, dem alles unterliegt, was in

Erscheinung tritt. Aber ob wir dieses Gesetz richtig erkennen, klar durchschauen und uns ihm freiwillig einfügen oder ob wir unwissend uns ihm ausgeliefert wähnen und daher unwillig als hilfloser Spielball dienen müssen – das ist der entscheidende Unterschied! Daher lautet ein lateinisches Sprichwort: »Den Willigen führt das Geschick, den Unwilligen schleift es.«

Das Geführtwerden bereitet Freude und Befriedigung, das Geschleiftwerden verursacht Leiden und Frustration! Deswegen hat das Leiden im Gemüt genau die gleiche Funktion wie der Schmerz im Körper: Letzterer macht rechtzeitig darauf aufmerksam, daß in unserem Organismus irgend etwas nicht in Ordnung ist. Ist es in Ordnung gebracht, hört der Schmerz auf und wandelt sich in Wohlbefinden. Ebenso macht das Leid darauf aufmerksam, daß in der Beziehung unseres Gemüts zur Seele irgend etwas nicht in Ordnung ist. Ist es in Ordnung gebracht, wird das Leiden in Freude gewandelt.

Der griechische Ausdruck für Wandlung ist *Metamorphose:* Unveränderlich sind und bleiben nur die geistigen Prinzipien, die ewigen Ideen (Plato) – ihre materielle Manifestation in der Erscheinungswelt von Raum und Zeit ist der ständigen Wandlung unterworfen, denn »alles fließt« (Heraklit), um im unendlichen Fluß der Evolution immer neuen Erscheinungsformen Platz zu machen. (Auch Goethe hat sich besonders eingehend mit dem »Gesetz der Metamorphose« befaßt.)

Die Metamorphose ist das Resultat der *»Metanoia«:* Erst aus dem Umdenken bzw. Darüberhinausdenken ergibt sich die Weiterentwicklung, denn die Wandlung der Erscheinungsformen ist ja die Folge der entsprechenden Wandlung des Bewußtseins, so wie die Änderung einer Handlung der vorausgehenden Sinnesänderung entspringt. Esoterisch nennt man dies die »Umstellung der Lichter« (Licht = Bewußtsein) – wenn man nämlich nicht mehr von außen nach innen, sondern von innen nach außen denkt, nicht mehr auf der Oberfläche der Erscheinungswelt lebt und nach der Wesensmitte strebt, sondern selbst in das Wesen eingegangen ist und von da aus die Erscheinung durchschaut und durchdringt.

Sowohl in der Naturwissenschaft als auch in der Philosophie ist Metamorphose gleichbedeutend mit »*Synthese*«: Im Unterschied zu einem bloßen Konglomerat (Gemisch) ist eine echte Synthese immer etwas Neues, ganz anderes als die Faktoren, aus denen sie entstanden ist.
So besteht z. B. H_2O = Wasser aus den beiden Gasen Wasserstoff und Sauerstoff – dennoch ist Wasser bestimmt kein Gas, sondern eben eine Flüssigkeit! Aber man kann jederzeit das Wasser chemisch teilen, so daß die beiden ursprünglichen Gase wieder daraus entstehen.
Die Synthese selbst ist also etwas ganz anderes als ihre Bestandteile, doch enthält sie diese in gewandelter Form unverlierbar in sich (Absorbierung ohne Zerstörung).
In philosophischer Betrachtungsweise kann man z. B. den Menschen als eine solche Synthese auffassen, und zwar gebildet sowohl aus den verschiedensten physischen und psychischen Bestandteilen, aus denen er sich zusammensetzt, als auch aus den verschiedenartigsten Umweltfaktoren, die auf ihn einwirken. Analog zu den beiden Bestandteilen des Wassers – H und O – sind die beiden Grundbestandteile des Menschen *Veranlagung* und *Umweltprägung*. Aber jeder Mensch, als Synthese von beidem, verkörpert diese Grundbestandteile in einer ganz neuen, völlig gewandelten Form: »geprägte Form, die lebend sich entwickelt« (Goethe). Einerseits wird aus der Veranlagung durch die Umweltprägung der Charakter (= das Geprägte), andererseits wird der Umweltprägung eben durch den Charakter der »persönliche Stempel aufgedrückt«, d. h., sie wird durch die menschliche Willensenergie wiederum verändert. Darum ist eben jeder Mensch ein »Individuum«, d. h. eine einmalige und einzigartige Realisierung der »Idee Mensch«, eine unwiederholbare Synthese sämtlicher irdischer und kosmischer Faktoren seiner Erscheinung – ein absolutes Original!

VI

Letztlich vollzieht sich alles Geschehen durch

Schwingung und Durchdringung.

Es gehört demnach auch zu den Kennzeichen des Wassermann-Zeitalters, daß die Menschheit von diesem eigentlichen Schöpfungsgeheimnis noch viel mehr als bisher zu entdecken und zu verwerten lernen wird, so daß die bisherige weitgehend naturzerstörende Technik durch eine immer sublimere, die Natur vollendende Technik abgelöst werden kann (und es infolgedessen auch keinerlei »Energieprobleme« mehr geben wird!).
Insbesondere wird sich die Bio- und Psycho-Technik derart weiterentwickelt haben, daß nicht nur die bisher noch selten angewandten Methoden der Homöopathie und Spagyrik, Alchemie und Logurgie, Bio-Energetik und Psycho-Kybernetik allgemein praktiziert werden, sondern auch sämtliche bisher noch umstrittenen PSI-Fähigkeiten zum alltäglichen Leben gehören werden – also jegliche Art von Raum- und Zeit-Durchdringung (Psychometrie, Telepathie und Telekinese, Astraldynamik und Prophetie) ebenso wie Stoffdurchdringung (Materialisation und Dematerialisation). In welch vielfältiger Weise überhaupt Durchdringung geschieht, das zeigen uns am deutlichsten die Wortverbindungen mit »Trans« (= Durchdringung): Transmission – Transfusion – Transparenz – Transzendenz – Transformation – Transmutation – Transsubstantiation.
Das sind alles fortschreitende Steigerungen bzw. Verfeinerungen der Durchdringung im Physischen, Psychischen und Spirituellen, in die der Mensch sowohl automatisch, ohne sein bewußtes Zutun, miteinbezogen ist als auch autonom, bewußt handelnd eingreifen kann.
Aufgrund dieser Erkenntnis können wir das, was Laotse als »Tun im Nicht-Tun« und Eckhart als »in Ruhe tätig sein« bezeichnet hat, nun ganz modern ausdrücken als fortschreitende *Erhöhung der Schwingung* und *Verfeinerung der*

Durchdringung. Schon eine einfache technische Beobachtung bestätigt dies: z. B. Wäscheschleuder oder Zentrifuge. Ein Propeller läuft mit zunehmender Geschwindigkeit nicht nur ruhiger, sondern er wird schließlich sogar unsichtbar (!). Nur wenn man die Hand dazwischenbringt, merkt man sehr drastisch, daß er noch da ist!

Genauso verhält es sich auch mit feinstofflichen oder gar rein energetischen Geistwesen: Sie existieren in einer so hohen Schwingung, daß sie zwar für nur im Grobstofflichen Lebende unsichtbar bleiben, aber an ihren Wirkungen oft ebenso drastisch zu erkennen sind. Auch eine auf Höchsttouren laufende Turbine ist so ruhig geworden, als ob sie sich überhaupt nicht drehen würde, so daß sie von einer stehenden nicht mehr anders zu unterscheiden ist als eben durch ihre Wirkung.

Ebenso ist ein Vollendeter mit der höchsten geistigen Schwingung für einen unentwickelten Menschen mit entsprechend träger Schwingung überhaupt nicht als solcher wahrnehmbar. Schwingung ist eben nur dann zu erkennen, wenn man wenigstens annähernd mitschwingen kann (»Resonanz«). Ihre Wirkungen bekommt man allerdings auch als Unwissender bzw. Uneinsichtiger zu spüren, doch bleiben sie dann eben – wie z. B. für die materialistische Wissenschaft – völlig unerklärlich.

Das ist auch der Unterschied zwischen der »Uhr-Zeit« und der *UR-Zeit:* Die von der Uhr gehetzten Menschen gleichen einer rüttelnden, unruhig laufenden Turbine mit viel zu niedriger Drehzahl (entweder erst anlaufend oder abgebremst – was durchaus auf das menschliche Verhalten zu übertragen ist!). Darum rennen sie vergeblich hinter der unerbittlich weiterlaufenden Zeit her und stehen ständig unter »Zeitdruck«.

Wer aber gelernt hat, *nicht mehr nach der Uhr zu leben, sondern im UR zu leben,* der gleicht einer auf vollen Touren laufenden Turbine: Er kann aufgrund seines Mitschwingens in den kosmischen Rhythmen der Ewigkeit (Augustinus: »Unruhig ist mein Herz, bis es ruht, mein Gott, in Dir«) eben gleichermaßen innerlich ruhevoll bleiben und äußerlich höchst aktiv sein, so daß er frei von jeglichem Streß sozusagen »spielend« Höchstleistungen vollbringen kann, wie sie für »niedriger Schwingende« unerreichbar und unerklärlich sind.

In diesem Bewußtsein erfahren wir die »Ewigkeit im Augenblick«, indem wir hier und jetzt uns Raum und Zeit entziehen, stille werden und in uns gehen, um in der eigenen Wesenstiefe dem Ewigen zu begegnen. Dann sind wir bereit, den plötzlich aufleuchtenden »*Blitz der Intuition*« zu empfangen, d. h. vom »überhellen Licht« höchsten Bewußtseins bestrahlt zu werden, das in der Tat jede intellektuelle Denkmöglichkeit ebenso gewaltig übertrifft wie der Blitz auch den stärksten Scheinwerfer. Darum ist die Intuition über jeglichen Zweifel und alle Unsicherheit erhaben und verleiht absolute Sicherheit und Gewißheit (philosophisch: »selbstevidente Gewißheit«; religiös: das »ganz gewisse Wissen« des »Gewissens«; Eckhart: »sunder Warumbe« = fraglos, ohne Warum).

Genau das meinte Jesus, als er von der Wiederkunft des Christus sprach: »So wie der Blitz, der scheint vom Anfang bis zum Niedergang, wird die Wiederkunft des Menschensohnes sein.« Damit hat er alle Spekulationen über ein persönliches Wiedererscheinen widerlegt und deutlich gemacht, daß in jedem Moment, in dem jener »Blitz der Intuition« erfahren wird, der Christus (das innewohnende Menschen-Urbild) »wiederkehrt«, d. h. erneut unmittelbar wirksam wird. Da dies jederzeit und immerdar geschehen kann, brauchen wir nicht erst auf ein äußeres Ereignis zu warten, sondern sollten uns innerlich immer selbstverständlicher dieser Tatsache bewußt werden und demgemäß immer konsequenter handeln.

Dies meinte Angelus Silesius mit seinem Spruch »Zeit ist wie Ewigkeit und Ewigkeit wie Zeit, so du nur selber nicht machst einen Unterscheid.« Das Ich als verkörperter Gottesfunke lebt ja jederzeit im Ewigen, denn – wir erinnern uns – »Ich bin, der ICH BIN«.

Das Leben in Raum und Zeit ist lediglich die Erscheinungsform dieses Wesens, ist die Spiegelung des absoluten SEINS im relativen Bewußtsein (= bewußtes Sein des Menschen im Unterschied zu allen anderen Lebewesen).

Natürlich kommt es auf die Qualität des Spiegels an, wie deutlich sich das Original darin spiegeln kann. Wenn der »Seelenspiegel« überhaupt nicht mehr zu gebrauchen ist, weil eine dicke Staub- und Schmutzschicht von »verstaubten« Gedanken und »verkrusteten« Gefühlen darüberliegt, dann sollte man ihn eben wieder gründlich reinigen und »aufpolieren« (die religiösen Kulte und spirituellen Übungen aller Art bezwecken im Grunde nur dies). Wenn ein Mensch allerdings schon zum »Zerrspiegel« geworden ist, indem er jeden Realitätsbezug verloren hat und nur noch in seiner eigenen verzerrten »Spiegelwelt« lebt (was bei jedem Fanatiker religiöser, wissenschaftlicher oder politischer Art ebenso wie bei allen illusionären Phantasten der Fall ist), dann kann er sich nicht mehr selbst helfen, sondern muß entweder von seinen Mitmenschen oder von seinem eigenen Schicksal (seiner Seele) »zurechtgebogen« werden.

In jedem Falle aber soll und wird einmal jener Gemütszustand erreicht werden, wie er in dem wundervollen Gleichnis vom *stillen Bergsee* geschildert wird: der erhabene, schneebedeckte Berggipfel, der ganz hoch oben in den Himmel ragt und äußerlich nur schwer oder kaum erreichbar ist (etwa im Himalaya), gerade deswegen aber innerlich mit gewaltiger Anziehungskraft eine unwiderstehliche »Höhensehnsucht« weckt – das ist das Sinnbild des erhabenen Geistes, der höchsten Weisheit, des Ewigen und Göttlichen. Und der See am Fuße des Berges ist das Gleichnis des menschlichen Gemüts, das genauso ruhig und spiegelglatt werden soll und kann wie der Bergsee, der den Gipfel so deutlich spiegelt, daß man nicht mehr unterscheiden kann, was der Gipfel und was die Spiegelung ist (wer das nicht schon selbst erleben durfte, hat zumindest ebenso eindrucksvolle Kunstphotographien oder Gemälde gesehen).

Dann sind Gottes-Geist und Menschen-Seele tatsächlich EINS geworden, so daß die kontemplative Betrachtung des Gipfels im See (Gott in der Seele) gleichbedeutend ist mit der körperlichen Besteigung des Gipfels (Eingehen der Seele in Gott).

Damit ist der Kreis geschlossen oder – besser – eine Windung der Evolutionsspirale vollzogen:

Im Anfang steht das absolute JA, das AOUM (die »Entsinkung ins Weiselose«) im Osten und das AMEIN (das »Aufgehen im Ewigen«) im Westen.
Die Voll-Endung wird symbolisiert durch das TAI-CHI im Osten und das SONNENRAD im Westen, indem nun die in SICH ruhende Statik des Ewig-Bestehenden als ständig SICH bewegende Dynamik unendlichen Geschehens zum Ausdruck kommt:

Das Achsenkreuz der UR-Prinzipien

Im ewigen SEIN des Wesens ruhend:

Die Achse der Welt und die Waage des Lebens
im Göttlich-Ganzen.

Das Rad der Evolution

Im unendlichen Werden der Erscheinung sich bewegend:

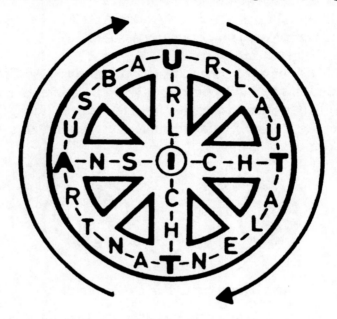

Die Senkrechte wird zum URLICHT des Spirituellen, die Waagrechte seine ANSICHT im Materiellen. Die Ganzheit zerfließt in die vier Abschnitte des Zeitenlaufes: Dem URlicht entspringt der *URlaut* der Schöpfung, der sich im *Talent* (= angeborene Veranlagung) auswirkt und sich durch *Tantra* (= Vereinigung des Männlichen und Weiblichen) manifestiert, um schließlich im mannigfachen *Ausbau* (= fortschreitende Entwicklung) ins UR zurückzukehren und damit zugleich eine neue Runde der unendlichen Drehung zu beginnen.

Der Weg der Schöpfung

0	+	1	+	2	+	3	+	4	=	10

NICHTS	Ich bin der	Erkenne	Werde, der	Das bist Du
Nirwana =	ICH BIN	DICH Selbst	Du bist	ICH bin ALL
Weiseloser Urgrund	Vater =	Sohn =	Geist =	Mensch =
Leerheit	Schöpfergott	Logos	REICH	Achsenkreuz Gottes
Das Absolute	Principium	Maßstab	Kosmos	Spirale der Bewußtwerdung
Ain Soph (Sohar) =	Individuationis	Plan (Wort)	ER·Gänzung	Vollendungsfülle
Das überhelle	Ballung	Strahlung	Bewegung	VER·EIN·ICH·UNG
LICHT	„ICH BIN"	DER WEG	DIE WAHRHEIT	DAS LEBEN"

Das Mandala der universellen Meditation

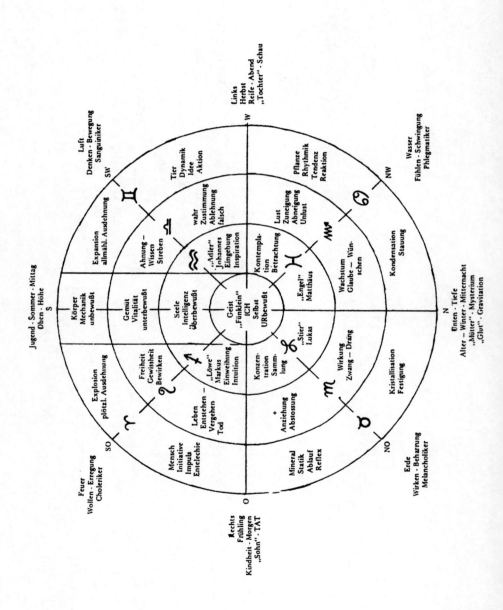

Worterläuterungen

Die »babylonische Sprachverwirrung« ist kein einmaliges geschichtliches bzw. mythisches Ereignis, sondern das ständige unvermeidliche Schicksal aller sprachlichen Verständigungsversuche. Jede begriffliche Formulierung ist mißverständlich, weil Menschen zwar die gleichen Worte benützen, darunter aber etwas ganz anderes, ja oft sogar Gegensätzliches verstehen können gemäß ihrer verschiedenartigen Lebenserfahrung und Bewußtseinsentwicklung. Nur Kinder und Liebende, Meditierende und Erleuchtete können sich unmittelbar ohne Worte verstehen. Solange wir aber miteinander sprechen müssen, ist daher immer zuerst abzuklären, was wir mit den gebrauchten Ausdrücken jeweils wirklich meinen. Wenn wir gar in einem Buch lesen, also nicht einmal direkt beim Autor rückfragen können, ist eine solche Erläuterung der wichtigsten bzw. am häufigsten mißverstandenen Wörter um so notwendiger.

Die nachfolgenden Worterklärungen erheben keinerlei Anspruch auf Vollständigkeit oder Allgemeingültigkeit, sondern sollen nur nochmals verdeutlichen, welche Bedeutung der Autor den genannten Ausdrücken gibt.

Analyse, analytisch: Die Methode, durch Aufspaltung bzw. Auflösung einer Ganzheit in immer zahlreichere und kleinere Einzelteile Aufschluß über ihre Zusammensetzung zu bekommen. Diese Methode hat sich aber schon in der modernen Naturwissenschaft als unzureichend erwiesen, denn wir wissen heute, daß es überhaupt keine »Zusammensetzung« von »Teilchen« geben kann, weil wir es in Wirklichkeit nur mit Energie und Schwingung zu tun haben. Im Bereich des

Lebendigen oder gar Philosophischen ist diese Methode von vornherein unbrauchbar (siehe *Intellekt*).

Astralwelt: Schwingung und Durchdringung, Träume und Schemen (»Filme«), Bilder und Töne, Vorstellungen und Einbildungen. Feinstoffliche Materie, schwerelos und überzeitlich (»Jenseits«). Unterbewußtes, Gemüt, Medialität.

Avatar (buddhistisch »Bodhisattwa«, christlich »Heiland« = Heilsbringer, Erlöser): Ein Vollendeter, in Gott Eingegangener, der sich freiwillig verkörpert, um als »Übermittler reinen Bewußtseins« den Menschen beizustehen.

Bewußtsein: Alles ist Bewußtsein, d. h. bewußtes Sein in verschiedensten Bewußtseinsgraden – vom absoluten, für uns unfaßbaren Bewußtsein und dem universellen, allumfassenden göttlichen Bewußtsein über das kosmische, astrale, planetarische und humane Menschheitsbewußtsein bis zum individuellen Persönlichkeitsbewußtsein des einzelnen Menschen und weiter über das tierische, pflanzliche und mineralische Bewußtsein bis hinab zum molekularen und elementaren Bewußtsein (von Leibniz »Monade« genannt). Demnach ist alles, was in Erscheinung tritt, Bewußtsein in fortschreitender Offenbarung, so daß es sich bei geistiger Entwicklung eigentlich nicht um Bewußtseinserweiterung oder Bewußtseinssteigerung handelt, sondern um immer klareres Gewahrwerden der Tatsache, daß höchstes Bewußtsein das Wesen Gottes und damit auch des Menschen ist. Je ungetrübter das gesamte Denken, Fühlen und Wirken dieses Wesen widerspiegelt, desto vollkommener ist dessen irdische Erscheinungsform.

Devotion: Wörtliche Bedeutung: »andachtsvolle Verehrung«. Die rückhaltlose Hingabe an das Höchste, das man erkennen und anerkennen kann.

Ego: Das personale »Ich«, in dem das transpersonale »Selbst« sich verkörpert und dabei das kosmische Seelen-Bewußtsein aufgibt, so daß das Ego der Täuschung des Getrenntseins, des »Sonderscheins« (Eckhart) verfällt (siehe *Seele* und *Selbst*).

Egoismus: Folgerichtige Verhaltensweise des »unerleuchteten« Egos, das seine materielle Existenz für das einzig Wirkliche hält und daher das Leben als ständigen »Existenzkampf« betrachtet.

Einweihung: Wird immer dann erfahren, wenn wir zu einem größeren Verständnis des Lebens erwachen. (So sagt man ja auch im gewöhnlichen Sprachgebrauch: Man wird in eine Kunst oder in ein Geheimnis eingeweiht.) Es gibt infolgedessen fortschreitende Stufen der Einweihung, bis das letzte Geheimnis offenbart wurde: »Ich bin ein individualisierter Teil Gottes – ein verkörperter Gottesfunke.«

Emotional: Gleichbedeutend mit affektiv oder irrational, d. h. gefühlsmäßig bzw. erlebnishaft.

Energie: Nicht irgendeine anonyme Antriebskraft, sondern die eine göttliche Urgewalt, die das Universum entstehen ließ und bestehen läßt. Auch die Naturwissenschaft hat erkannt, daß das als Materie Erscheinende in Wirklichkeit Energie verschiedener Schwingungsfrequenzen ist.

Erleuchtung: Gleichbedeutend mit Erweckung, Erlösung, Befreiung, weil der Mensch in dieser »Geist-Geburt« aus dem bewußtseinsverdunkelnden »Lebenstraum« zum »Licht der Erkenntnis« erwacht und dadurch von täuschenden Irrtümern erlöst und von begrenzenden Bindungen befreit wird. Damit wird im Ego die Geistesblindheit (Verblendung) aufgehoben und das Seelen-Bewußtsein des unverkörperten Selbst wiedererlangt (siehe *Gewahrsein*).

Essenz: Wörtliche Bedeutung: »das Seiende, das Wesen«, also der eigentliche Gehalt und die wahre Wirklichkeit einer Substanz oder Idee.

Evolution: Wörtliche Bedeutung: »Auswicklung«. Der als fortschreitende Entwicklung in Erscheinung tretende Schöpfungsablauf.

Existenz: Das Bestehende, in irgendeiner Form Erscheinende und Erkennbare.

Freude: Notwendigste Energiequelle für das Gemüt. Reine Seelenqualität, weshalb das gesunde Kind sich noch und der Weise wieder über alles freuen kann, während der Verlust der Freudefähigkeit das erste Anzeichen einer Gemütsstörung ist und die »Ersatzbefriedigung« der Lust um so zwingender wird, je freudloser das Dasein erscheint (eigentliche Ursache aller Süchte). »Glückseligkeit«, d. h. immerwährende ungetrübte Freude, ist daher ein Kennzeichen der Vollendung.

Frustration, frustriert: Gemütsverkümmerung aufgrund von Enttäuschung und Zurücksetzung, Freudlosigkeit und Unbefriedigtheit, Einengung und fehlender Entfaltungsmöglichkeit, also insgesamt durch eine menschenunwürdige Existenz. Eine solche kann gerade auch ein Leben in äußerem Luxus und Überfluß ohne inneren Sinn bedeuten, so daß heute mehr denn je das Paulus-Wort gilt: »Was nützete es dem Menschen, wenn er die ganze Welt gewänne und doch Schaden nähme an seiner Seele.«

Gebet: Wird meist mit »Bitten« verwechselt. Doch wenn man das Wort richtig betont – Ge*bet* –, bedeutet es das Gegenteil, nämlich nicht etwas bekommen oder erreichen wollen, sondern hergeben, sich hingeben, und zwar unbedingt und rückhaltlos. Es gibt also nur ein legitimes Gebet, das uneingeschränkte Dankgebet, die absolute Bejahung, das »Halleluja«. Wer das vermag, der weilt schon auf Erden im »Himmel«, d. h. im unerschütterlichen Urvertrauen.

Geist, geistig: Keinesfalls in dem üblichen Sinn von intellektuell, verstandesmäßig, gedanklich zu verstehen (geisteswissenschaftlich, geistige Anstrengung usw.), sondern als das allumfassende und in allem wirksame Göttlich-Ganze, Absolute, Ewige (siehe *Spiritualität*). Ehe eine Schöpfung manifestiert werden kann, bildet das Göttlich-Ganze in sich die Polarität des »urväterlichen« und »urmütterlichen« Aspektes: der Schöpfungs-Wille (Yang, Jehova) und die Schöpfungs-Gestaltung (Yin, Elohim). Der väterliche Aspekt wird auch Gottesgeist (Impuls, Energie) und der weibliche Aspekt Weltseele (Bewußtsein, Intelligenz) genannt. Beide zusammen schaffen die manifestierte Schöpfung (siehe *Seele*).

Gemüt (englisch »mind« – also nicht mit »Geist« zu übersetzen!): Im verkörperten Seelen-Organismus: der Zwischenbereich zwischen dem Unbewußten (physisch) und dem Überbewußten (psychisch), in dem sich die gesamte mental-emotionale Aktivität abspielt, d. h. sowohl die bewußten Gedankenformen (Begriffe) als auch die unterbewußten Vorstellungsbilder (Eindrücke) entstehen. Zwar muß man Denken und Fühlen theoretisch unterscheiden, doch funktioniert praktisch beides immer gleichzeitig, so daß es sich eigentlich um »denkendes Fühlen« und »fühlendes Denken« mit jeweils verlagertem Schwerpunkt handelt.

Gewahrsein (englisch »awareness«): Das durch die Erleuchtung erlangte Seelenbewußtsein, für das die geistige Wirklichkeit nicht nur einen durch andere vermittelten theoretischen Glaubensinhalt bedeutet, sondern eigene praktische Erfahrung und selbstverständliche Gewißheit ist.

Glauben: Notwendige Voraussetzung der Lernfähigkeit, denn was man ablehnt, damit befaßt man sich erst gar nicht, kann es also auch nicht erlernen. Kritik und Zweifel dürfen also nicht das Glauben verhindern, sondern sollten es ergänzen, indem gerade durch sorgfältige Prüfung der Glaubensinhalte fortschreitendes Wissen ermöglicht wird.

Imagination, imaginativ: Wörtliche Bedeutung: »Einbildung«. Die bildhafte Vorstellung, durch die Gedachtes erst mit seelischer Energie erfüllt wird und so in allen Bewußtseinsbereichen wirksam werden kann. Gleichbedeutend mit Phantasie, d. h. subjektiv geprägtem Erleben und Gestalten des Allgemeingültigen (das »innere Bild«).

Individuum, individuell: Wörtliche Bedeutung: »das Unteilbare«, d. h. die einmalige und einzigartige, unwiederholbare Eigenart jeder Erscheinungsform. Wohl das größte »Wunder« in der Schöpfung ist das »principium individuationis«, d. h. die Tatsache, daß überhaupt nur Originale existieren, denn kein Sandkorn, keine Schneeflocke, keinerlei Gegenstand und erst recht nichts Gewachsenes sind einander völlig gleich. Doch nur der Mensch ist sich dieser Individualität auch bewußt und kann daher »ich« zu sich sagen.

Inspiration, inspiriert: Wörtliche Bedeutung: »Einhauchung«. Einer geistigen Offenbarung entspringende Eingebung, die allgemeingültig und verpflichtend ist und keinerlei subjektive Prägung mehr gestattet. Daher werden inspirierte Schriften und Symbole in allen Zonen und zu allen Zeiten in vollständiger Übereinstimmung verkündet bzw. gestaltet (das »innere Wort«).

Instinkt, instinktiv: Auf einen Reiz hin zwingend ablaufende Reflexkette, durch die das einzelne Tier von der Gattungsseele »ferngesteuert« wird. Instinkte sind begrenzt und unveränderlich (so daß z. B. eine ganze Tierart aussterben muß, wenn ihre Instinkte nicht mehr mit der Evolution übereinstimmen). Beim Menschen sind die Instinkte verkümmert, da sonst kein freier Wille möglich wäre. Die Autonomie der Einzelseele ist also notwendigerweise mit dem Verlust der Instinkte verknüpft, weshalb der Mensch einerseits jeden Blödsinn anstellen kann, vor dem das Tier durch die Instinkte geschützt ist, andererseits aber unbegrenzt lernfähig ist und sich jeder Situation anpassen kann.

Intellekt, intellektuell: Das sehr begrenzte begriffliche Denkvermögen, das wie ein Computer nur Eingegebenes zu verarbeiten vermag. Der Intellekt kann also Kenntnisse sammeln, nicht aber wesenhafte Erkenntnis gewinnen. Er kann Einzelheiten zusammentragen und ordnen (siehe *Analyse*), nicht aber zu übergeordneter Gesamtschau und wesentlicher Einsicht führen (siehe *Synthese*). »Hast du die Teile in der Hand, fehlt leider nur das geistige Band« (Goethe).

Intelligenz: Gleichbedeutend mit Gesamtbewußtsein (siehe *Bewußtsein*), so daß eigentlich alles manifestierte Intelligenz verschiedener Grade ist, wobei in der menschlichen Intelligenz die höchste göttliche Intelligenz zum Ausdruck kommen kann (»Gott hauchte dem Erdenleib seinen Geist ein«).

Intuition, intuitiv: Wörtliche Bedeutung: »Einweisung«. Höchster menschlicher Bewußtseinsbereich als unmittelbarer Ausdruck göttlicher »Liebe-Weisheit«. Direkte, unreflektierte Erfahrung der einen Wahrheit und Wirklichkeit, die jederzeit auch im »unerleuchteten« Bewußtsein blitzartig auftauchen kann und sich dann als das absolut Richtige bzw. Bestmögliche erweist (die »innere Führung«).

Involution: Wörtliche Bedeutung: »Einwicklung«. Der ursächliche Schöpfungsimpuls, aus dem die ganze Evolution hervorgeht.

Karma: Gleichbedeutend mit Schicksal im Sinne der Gesetzmäßigkeit von Ursache und Wirkung, Saat und Ernte. Der zwingende Ablauf von Kausalreihen in der Naturgesetzlichkeit hat sich jedoch im menschlichen Bewußtsein in das geistige Gesetz der Wechselwirkung von Notwendigkeit und Freiheit gewandelt: So wie wir die Notwendigkeit vergangenen Karmas erkennen und erfüllen, gewinnen wir dadurch zugleich die Freiheit zum Schaffen künftigen Karmas. Befreiung vom Karma bedeutet das vollkommene Aufgehen des Eigenwillens im göttlichen Willen, wenn auf dem Wege des Gehorchens (»Nicht mein, sondern dein Wille geschehe«) schließlich die erlösende Gewißheit »Der eine Wille geschieht stets und überall« erlangt wurde.

Kausalwelt: Das alles verursachende und bewirkende Göttlich-Ganze, der eine Wille, der in allem geschieht. Das Absolute, Ewige, dem das Urbewußtsein und die rein geistige Energie entspricht (»Allmacht«).

Kontemplation: Wörtliche Bedeutung: »innige Betrachtung«. Sich immer intensiver mit etwas verbinden, sich immer tiefer hineinversenken und schließlich ganz darin aufgehen (»Identifikation«).

Konzentration: Wörtliche Bedeutung: »auf einen Punkt gerichtete« Aufmerksamkeit. Die Kraft der gesammelten Aufmerksamkeit wirkt psychisch ebenso stark wie physikalisch die Kraft der in einem Brennpunkt gebündelten Lichtstrahlen.

Kreativität, kreativ: Gleichbedeutend mit aktiver Phantasie oder schöpferischem Vermögen. Die überbewußte Intelligenzleistung, die dem Menschen praktisch unbegrenzten Anteil an der göttlichen Schöpferkraft verleiht.

Leid: Wie der Schmerz anzeigt, daß im körperlichen Organismus etwas nicht in Ordnung ist, so tut dies das Leid in bezug auf das Gemüt. Werden die Ursachen erkannt und behoben, so schwinden Leid und Schmerz. Also eine notwendige Lebenshilfe: »Das Leid ist das schnellste Pferd, das zur Vollkommenheit führt« (Eckhart).

Manifestation: Wörtliche Bedeutung: »faßbare Offenbarung, endgültige Festlegung«. Die Welt als greifbarer und sichtbarer Ausdruck des schöpferischen Bewußtseins.

Materie, materiell: Gleichbedeutend mit mechanisch oder anorganisch, d. h. körperlich bzw. stofflich.

Medialität, Medium: Wörtliche Bedeutung: »Mittler, Mittel«. Hier dient also das menschliche Bewußtsein unter Dämpfung oder gar Aufhebung des Intellekts als Mittel (»Kanal«) für Intelligenzen oder Energien der Astralwelt. Von den unterbewußt empfangenen Gefühlsschwingungen bis zu den erstaunlichsten PSI-Fähigkeiten ist ständig Medialität wirksam. Sie bedeutet somit eine ganz natürliche menschliche Gabe – wie etwa Musikalität – in verschiedener Stärke und Ausprägung. Da sie jedoch, wie jede menschliche Begabung, sowohl positiv als auch negativ angewandt werden kann, bedarf sie sorgfältigster Pflege und verantwortungsvollster Kontrolle.

Meditation, meditieren: Wörtliche Bedeutung: »von der Wesensmitte aus den Umkreis (des Bewußtseins) ermessen«. Hier wird also der Intellekt niemals beeinträchtigt, sondern unendlich überhöht und befähigt, in die höchsten Sphären der Mentalwelt hineinzureichen. Während Beten die Hinwendung zum Allumfassend-Göttlichen ist, bedeutet Meditation die Hinwendung zum Innewohnend-Göttlichen. Und nur das ist wirklich Meditation, d. h. wie das echte Gebet reiner »Gottesdienst«. Nur dadurch werden alle Bereiche des Überbewußtseins zugänglich und kann schließlich das permanente meditative Bewußtsein des Vollendeten erreicht werden. Sobald irgendeine andere Absicht damit verknüpft wird, dürfte man strenggenommen nicht mehr von Meditation reden.

Mental: Gleichbedeutend mit rational, d. h. gedanklich zu ordnen und zu formulieren. Folgerichtig, begründbar und vernunftgemäß.

Mentalität: Nicht nur Denkweise, sondern die Gesamthaltung, gleichbedeutend mit Weltanschauung und Lebenseinstellung.

Mentalwelt: Allgemeingültige und unveränderliche Prinzipien und Ideen. Natur- und Geistgesetze (»Gerechtigkeit«). Logos. Sinn, Wert, Bestimmung (Entelechie, Gewissen). Immateriell (»Allseits«), denn Gedanken sind schneller als das Licht – allgegenwärtig vom Augenblick zur Ewigkeit eilend. Überbewußtes, Seele, Meditation.

Metaphysik, metaphysisch: Wörtliche Bedeutung: »hinter bzw. über dem Körperlichen«, also die Lehre von den wirklichen Ursachen und bewirkenden Energien in allen materiellen Vorgängen und Erscheinungen.

Modelle: Prägende Prinzipien oder Vorbilder, die den Ablauf von Geschehnissen oder Entwicklungen bestimmen. Es gibt Denkmodelle, auch »Ideen« genannt, die Grundlage aller bewußten Denkprozesse sind, und Erfahrungsmodelle, auch »Engramme« genannt, die sich in allen unterbewußten Reaktionen auswirken.

Motivation: Auf gründlicher Information (Verständnis) aufbauende Aktivierung der willentlichen Zustimmung (Einverständnis). Der »Beweggrund«, d. h. durch Begründung bewegende Anstoß zum Handeln. Dauerhafte Überzeugung durch Wecken eigener Einsicht und Herbeiführen des freiwilligen Entschlusses im Unterschied zum »Überreden« durch intellektuelle Argumente oder »Überfahren« durch emotionale Suggestion. Die Motivation gleicht also der stetigen Sonne, die wirksam bleibt, auch wenn sie zeitweilig von Wolken verdeckt wird.

Okkult: Wörtliche Bedeutung: »verborgen, geheim«, so daß also auch Atomphysik oder Medizin für jeden Nichtakademiker, aber ebenso technische oder handwerkliche Praktiken für jeden Laien »okkult« sind. Die übliche eingeengte Wortbedeutung in bezug auf unerklärliche Vorgänge und ungewöhnliches Verhalten resultiert daher nur aus einem einseitig materialistisch eingestellten Bildungssystem, weshalb dem solchermaßen eingeengten Bewußtsein vieles als »okkult« erscheint, was z. B. für Ostasiaten völlig klar und selbstverständlich ist.

Physische Welt: Gegenständlichkeit, Raum und Zeit, Triebe und Elementarkräfte, die meß- und wiegbare grobstoffliche Materie, der Schwerkraft unterworfen und undurchdringlich (»Diesseits«). Unbewußte Körperlichkeit, Reflexe.

Psyche, psychisch: Wörtliche Bedeutung: »Seele«, wobei die Griechen diesen Begriff durchaus in dem hier erläuterten Sinne gebrauchten, während heute sowohl im allgemeinen als auch im wissenschaftlichen Sprachgebrauch nicht mehr zwischen Seele und Gemüt unterschieden wird. Der Ausdruck »psychosomatische Erkrankung« bedeutet infolgedessen sinngemäß: »Gemütsstörung, die sich auf den körperlichen Organismus auswirkt« (denn die Seele kann ja nicht erkranken).

Psychohygiene: Reinigung und Pflege des Gemüts; mindestens ebenso notwendig wie die körperliche Hygiene.

Psychosomatisch: Hauptsächlich im medizinischen und psychologischen Bereich gebrauchter Ausdruck für die körperlichen Erscheinungsformen gemütsbedingter Vorgänge.

Raja: Aktivität, Unruhe, bewegende Energie, Levitation.

Ratio, rational: siehe *Mental*.

Realität: Wörtliche Bedeutung: »Wirklichkeit«, wobei es eigentlich nur eine wahre Wirklichkeit (siehe *Substanz*) gibt, so daß alle anderen »Realitäten« energetischer, grob- und feinstofflicher Art nur Erscheinungsformen der einen geistigen Wirklichkeit sind.

Relativität, relativ: Wörtliche Bedeutung: »abhängig, in Beziehung zu etwas stehend«. Da es nur eine wahre Wirklichkeit oder Substanz gibt, ist also alles, was das begrenzte menschliche Bewußtsein und Gemüt davon zu erfassen vermag, eben nur relativ.

Religion: Wörtliche Bedeutung: »Rückbeziehung, Wiederverbindung«, also das jedem Menschen wesenhaft eingeborene Bestreben der Rückkehr in den göttlichen Urgrund und der vollbewußten Wiederverbindung des personalen Ich mit dem transpersonalen Selbst. Nicht zu verwechseln mit *Konfession* (wörtliche Bedeutung: »Bekenntnis«), also mit den verschiedenartigsten Religionsformen, in denen die überzeitliche und allgemeinmenschliche Religion zu räumlich und zeitlich bedingten individuellen Ausprägungen gelangt. Es gibt infolgedessen nur eine generelle Religion, aber so viele individuelle Konfessionen, wie es Menschen gibt.

Samadhi (im Zen »Satori«, im Christlichen »Glückseligkeit«): Die höchstmögliche Steigerung des menschlichen Bewußtseins zum reinen Seelen-Gewahrsein, in dem Wesen und Erscheinung identisch sind. Der Strom ist in den Ozean zurückgeflossen, den er einst als Regentropfen verließ. Diese »Gottunmittelbarkeit« (Eckhart) des Wiederaufgehens im Urgrund des Seins ist das eigentliche Ziel der menschlichen Entwicklung, das allen Vollendeten gemeinsam ist und von dem daher die »Heiligen« oder »Adepten« aller Religionsformen in vollkommener Übereinstimmung künden.

Sattva: Ausgleich, Ausgewogenheit, Balance, Harmonie.

Schuld: Im moralischen Sinne nicht existierend, sondern »banktechnisch« aufzufassen als unser »Schuldenkonto« in bezug auf das Entwicklungsziel der Vollkommenheit. Der jeweilige Abstand dazu ist also die »Schuld«, mit der unser Konto belastet ist, und jeder Schritt auf dem Wege zur Vollkommenheit bedeutet eine Verringerung der Belastung (jedes Abweichen vom Wege allerdings eine Vermehrung). Nach dem Sterben wird »Bilanz gezogen«, und die Seele entscheidet über die Art und Weise der »Schuldentilgung« in der nächsten Inkarnation (siehe *Karma*).

Seele, seelisch:« Alles in Erscheinung Tretende ist ein Teil der Weltseele in verschiedenartigsten Formen der Verkörperung. Ein lebender Mensch *hat* demnach nicht eine Seele, sondern er *ist* eine verkörperte Seele, die beim »Sterben« ihre grob- und feinstofflichen Hüllen wieder ablegt. Und wie ein körperlicher Organismus aus den verschiedensten Organen besteht, so besteht auch der seelische Organismus aus den verschiedensten unterbewußten, oberbewußten und überbewußten Bereichen.

Selbst: »Der individualisierte Teil des Göttlichen«, den die Seele zum Ausdruck bringt. »Das Fünklein im Seelengrund« (Eckhart).

Spirituell: Gleichbedeutend mit geistig (hat also nichts mit »Spiritismus« zu tun, der sich mit »Geistern« und nicht mit »Geist« befaßt). Das »spirituelle Menschenbild« bedeutet die Betrachtung des Menschen als Geistwesen und nicht als bloßen Bestandteil der Materie. »Spirituelle Vollkommenheit« bedeutet die vollkommene Ausprägung und Auswirkung des geistig-göttlichen Wesens in der irdisch-menschlichen Erscheinung.

Sünde: Wörtliche Bedeutung: »Sonderung«, d. h. Verlust der Geborgenheit im All-Einen, Herausfallen aus dem Gesamtzusammenhang des Göttlich-Ganzen in eine begrenzte Teil-Existenz mit allen daraus resultierenden Folgen von Trennung und Gegensätzlichkeit, Zwiespalt und Zwietracht, Ablehnung und Abneigung, Verneinung und Verdammung, woraus wiederum alles Leid der Welt entsteht. Doch in einer polaren Schöpfung ist dies die notwendige Voraussetzung einer generellen Evolution und für eine in dieser Schöpfung verkörperte Seele die ebenso unausweichliche Vorbedingung der individuellen Transformation, um so die ursprüngliche Einheit und Ganzheit wiederzufinden und alles vorübergehende Leid in unvergängliche Freude zu verwandeln. Eben das ist das »große Spiel«, das die Gottheit mit sich selbst spielt.

Suggestion: Unterbewußt wirksame Beeinflussung, die daher um so zwingender ist, je mehr der Intellekt ausgeschaltet wird und die Gefühls- und Triebkräfte angesprochen werden. Daher von jeher das verbreitetste Mittel, um Menschen in positiver wie negativer Hinsicht rasch und leicht manipulieren zu können. Suggestion hält jedoch nie lange an, wenn sie nicht ständig erneuert wird. Sie gleicht einem zwar spektakulären, aber rasch verpuffenden Feuerwerk, darf also nicht mit echter Begeisterung verwechselt werden und ist am treffendsten als Berauschung zu bezeichnen.

Tamas: Passivität, Trägheit, Beharrungstendenz der Materie, Gravitation.

Transformation: Dem fortschreitenden Seelen-Gewahrsein entsprechende Wandlung der Verkörperung in immer höher schwingende und transparentere Existenzformen bis zur letzten, restlos vergeistigten irdischen Form des verklärten Leibes.

Visualisierung, visualisieren: Wörtliche Bedeutung: »sichtbar machen«. Das Vermögen, reine Gedankenformen in möglichst plastische Vorstellungsbilder zu übertragen, also innerlich zu schauen (Goethe nannte dies »Anschauung«). Je besser dies gelingt, desto wirksamer ist die Praxis schöpferischer Imagination.

Weisheit: Durch intuitive Weisung und praktische Erfahrung gewonnene Erkenntnis, die endgültige fraglose Gewißheit verleiht.

Wissen: Durch intellektuelles Lernen angesammelte theoretische Kenntnisse, die einer ständigen Fluktuation unterworfen sind, indem neue hinzukommen und alte sich als Irrtümer erweisen.

Argo Galaxien-, Mondbuch- & Kornkreiskalender

Mondbuch-Kalender 2005
Der Mondbuchkalender hilft Ihnen als täglicher Begleiter bei allen wichtigen Entscheidungen und beweist sich immer wieder als nützlicher Ratgeber in vielen Lebenslagen. Erfahren Sie viele Einzelheiten über Ernährung, Hausarbeiten, Körperpflege oder Gesundheit und planen Sie so Ihren persönlichen optimalen Tagesablauf!
Format DIN A4 quer, farbig, 228 Seiten, Preis: EUR 25,00

Galaxien und Satelliten 2005
In diesem großformatigen Kalender finden Sie faszinierende Aufnahmen von fernen Galaxien und unseren Trabanten, den Satelliten.
Lassen Sie sich ein Jahr lang inspirieren von den unendlichen Weiten unseres Weltraums. Wunderbare Bilder begleiten Sie durch das Jahr 2005
Format A3, Hochformat, farbig, 13 Seiten, Preis: EUR 20,00

Kornkreiskalender 2005
Die Kornkreise haben wahrscheinlich einen viel tiefgründigeren Hintergrund, als bisher angenommen wurde. Zweifellos stellen die Piktogramme im Korn nicht nur eine Augenweide an Harmonie und Präzision sondergleichen dar, sie entspringen sicher auch einer uns noch unbekannten Intelligenz. Es ist an der Zeit, daß wir dies würdigen, denn der Kosmos ist groß und voll von geheimnisvollem Leben.
Format DIN A3 hoch, farbig, 15 Seiten, Preis: EUR 20,00 EUR

Bestellen im Internet: www.magazin2000plus.de

Entdecken Sie die Welt der Grenzwissenschaften mit…

MAGAZIN 2000plus — KOSMOS ERDE MENSCH

Das maßgebende und aktuellste Magazin…

…im deutschsprachigen Raum für die Themenbereiche:
- **Grenzwissenschaften**
- **Zeitgeschichte**
- **UFO-Forschung**
- **Kornkreise**
- **Mystik**
- **Freie Energie**
- **Esoterik und Spiritualität**

Ihr Magazin 2000*plus* informiert Sie seriös, kompetent und mutig über die neuesten Erkenntnisse und Entdeckungen, die von den Massen-Medien nur oberflächlich oder gar nicht erwähnt werden.

MAGAZIN 2000*plus* erscheint alle zwei Monate! Hinzu kommen ca. vier Spezialausgaben im Jahr. 100 Seiten, durchweg farbig; mit vielen Exklusiv-Berichten und Artikeln führender Forscherinnen und Forscher aus aller Welt.

Fordern Sie ein kostenloses Probeexemplar bei uns an:
MAGAZIN 2000*plus* Web-Seite: www.magazin2000plus.de
MAGAZIN 2000*plus* E-Mail: mail@magazin2000plus.de

ISSN: 1434-3088

Abonnementpreise: jeweils 6 Ausgaben inkl. Spezialhefte

Deutschland:	EUR	40,00
Europa:	EUR	49,00
Luftpost u. sonst. Ausland:	EUR	60,00

Erscheinung: 6 mal jährlich + ca. 4 mal Spezial jährlich

Argo-Verlag, Sternstraße 3, 87616 Marktoberdorf • Tel: 0 83 49 / 920 44-0, Fax: 0 83 49 / 920 44 49

Bestellen im Internet: www.magazin2000plus.de

Themen, die die Welt bewegen...

Thomas H. Fuss: Spezies Adam *Argo, EUR 22,00*
Ägyptische Herrscherlisten datieren den Beginn des „Pharaonenreiches" auf 25.000 Jahre vor Christus und setzen keine Menschen, sondern göttliche Könige wie Re oder Osiris an den Anfang dieser sagenhaften Kultur. Die Lehrmeinung will es nicht wahrhaben, doch die einstmalige Ankunft dieser Herrscher auf der Erde ähnelt dem ersten Vers des Alten Testaments auf verblüffende Weise.

Carlos Calvet: Hyperraum *Argo, EUR 22,00*
Das Quantenvakuum ist ein aktueller Begriff und entspringt direkt aus früheren Artikeln vom Anfang dieses Jahrhunderts, als die größten Physiker der Neuzeit die Grundlagen für die moderne Quantenmechanik schufen. Aber es war schon Max Planck, der zuvor die maximalen und minimalen Werte festlegte, welche die spätere Einstein'sche Raumzeit eingrenzten. Demnach hat die Raumzeit gewisse Grenzwerte, die sie vom Hyperraum abgrenzen, und die hatte Planck offenbar gefunden.

J. v. Buttlar/Prof. Dr. K. Meyl: Neutrinopower *Argo, EUR 22,00*
Dem Verlag ist es gelungen, zwei bedeutende Buchautoren und Visionäre zu einem Gespräch zusammenzubringen, die ganz unterschiedlichen Leserkreisen bekannt sind. In dem Spannungsfeld zwischen Sachbuch und Fachbuch, zwischen Lehrbuchkritik und neuen physikalischen Ansätzen, zwischen Sackgassen und neuen Wegen, eröffnen sie dem Leser den Blick in eine neue physikalische und zugleich vereinheitlichte Sicht der Welt. Die angesprochenen Probleme werden analysiert, wobei sich das aus den Lösungen abzeichnende Weltbild als ausgesprochen einfach und überzeugend erweist.

Hartwig Hausdorf: Geheime Geschichte *Argo, EUR 22,00*
Gagarin war nicht der erste Mensch im All. Mitschnitte verzweifelter Funksprüche von früheren Kosmonauten beweisen, daß schon vor dem 12. April 1961 Weltraumversuche durchgeführt wurden. Diese namenlosen Helden jener verunglückten Unternehmen wurden bis zum heutigen Tage verschwiegen. Im Frankreich des 13. Jahrhunderts nutzte ein Rabbiner bereits die Elektrizität und bediente sich eines Wissens aus vorchristlicher Zeit.
Diese und viele andere brisante Fakten verschweigen uns die Historiker. Sind sie sich doch der dramatischen Konsequenzen bewußt: Alle Geschichtsbücher müssen neu geschrieben werden.

H. Hausdorf: Unheimliche Begegnungen der 5. Art *Argo, EUR 22,00*
Ein äußerst bedrohlicher Aspekt des UFO-Phänomens wurde bislang von jenen, die sich mit der Erforschung der Thematik auseinandergesetzt haben, geflissentlich übersehen oder gar ignoriert. Sonst wäre die Tatsache, daß das Phänomen bis auf den heutigen Tag ungezählte Opfer gefordert hat, nicht so konsequent tabuisiert worden. Damit das Thema dem üblichen Schemendenken untergeordnet werden konnte, wurden uns brisante Fakten vorenthalten, mit denen wir erst noch umzugehen lernen müssen.
Eines ist klar: Wir stehen einer latenten Gefahr gegenüber, die jeden von uns zu jeder Zeit an jedem Ort treffen kann!

Bestellen im Internet: www.magazin2000plus.de

Themen, die die Welt bewegen...

Axel Klitzke: **Die Kosmische 6** *Argo, EUR 22,00*
GOTT ist die NULL: Dieses Ergebnis mag vielleicht provozierend erscheinen, doch in unserem logischen Denkvermögen erweist es sich als Schlüssel zum tieferen Verständnis unseres Universums. Der Autor Axel Klitzke entwickelt die „Urschöpfungsformel" anhand des ZAHLENRAUMES, läßt den Leser Schritt für Schritt mit entwickeln und setzt dabei auch keine besonderen Vorkenntnisse voraus. So entstand ein „Mathematik- und Geometrie-Krimi", der uns bis in die Welt von noch verborgenen Dimensionen führt, ohne jemals die wissenschaftliche Basis zu verlassen, und einen wichtigen Baustein zum Verständnis einer holographischen „Gesamtschöpfung" darstellt.

Gerhard G. Seidel: **Bibel, Rätsel, Phänomene** *Argo, EUR 22,00*
Das Interesse an der Bibel wächst ständig und es ergeben sich eine Menge brisanter Fragen: Warum wurde die gesamte Menschheit zu Sündern erklärt, nur weil eine Frau eine Frucht vom Baum nahm? Wie soll man verstehen, daß die Göttersöhne die hübschesten Erdenmädchen schwängerten? Wußten Sie, daß neue archäologische Funde belegen, daß die Israelis tatsächlich in Ägypten waren und das Heer des Pharao in der Tat von gewaltigen Wasserfluten vernichtet wurde? Ist Ihnen bekannt, daß in der Bibel Saurier und/oder „Drachen" beschrieben werden? Woher kommen die Widersprüche in den Evangelien? ...

Peter Krassa: **Die Macht aus dem Dunkeln** *Argo, EUR 20,40*
Die beiden Freunde Ron Clark und Pete Valley werden mit einer geheimnisvollen Gruppierung konfrontiert, die vor allem bei UFO-Forschern als "Men in Black" große Unruhe zu verbreiten vermochte. Die Identität der "Männer in Schwarz", "MIBs" genannt, liegt völlig im Dunkeln...
Peter Krassa reiht in seinem Horror-Thriller ein dramatisches Ereignis an das andere. Die abwechslungsreiche Story lässt bis zu ihrem glücklichen Ende niemanden aus ihrem Bann. Hochspannung und Lesegenuss von der ersten bis letzten Zeile...

Siegfried Lindwurm: **Vorsicht Licht** *Argo, EUR 22,00*
Dieser jährlich Almanach bring Licht in viele Bereiche bis hin zur Politik und Wirtschaftslage. Der Autor studierte hierzu nicht nur hunderte von Quellen, sondern war auch jahrelang im internationalen Managment eines Weltkonzerns tätig, wodurch er einen persönlichen Eindruck gewinnen konnte, was sich wirklich „hinter den Kulissen" abspielt.
Ein verständliches Weltbild der Schöpfung und der Entwicklungsweg des Menschen werden hier gezeichnet, womit Brücken zwischen Überlieferung und Forschung, Offenbarung und Religion sowie Vision und Wissenschaft gebaut werden. Ein umfangreicher Prophezeiungsteil zeigt auf, was die Menschheit bis zum Jahr 2012 erwartet.

Gisela Ermel: **Rätselhafte Tilma von Guadalupe** *Argo, Euro 22,00*
Gibt es noch ungelöste Rätsel? Im Dezember 1531 erschien auf dem Umhang eines einfachen Indios vor dem damaligen Bischof von Mexiko und weiteren Zeugen auf mysteriöse Weise ein farbiges Marienbild. Dieses „Zeichen", als Beweis von einer dem Indianer erscheinenden „lichtstrahlenden Jungfrau" erbeten und gewährt, wird seit über 400 Jahren wieder und wieder wissenschaftlich untersucht, inzwischen mit modernster High Tech. Damals galt das Bild auf dem Kaktusfaserstoff – der Tilma – als „nicht von Menschenhand gemacht", als „überirdisch entstanden".

Bestellen im Internet: www.magazin2000plus.de

Themen, die die Welt bewegen...

Viktor Farkas: Vertuscht *Argo, EUR 22,00*
Geschehen Entwicklungen zufällig oder gibt es unsichtbare Mächte, die dafür verantwortlich sind und hinter der Weltbühne geheime Langzeitpläne verfolgen?" Muß der Lauf der Welt eine ununterbrochene Abfolge negativer, gerade noch möglicher Ereignisse sein? Der Autor hat nach Beweisen für geheime Umtriebe gesucht, Hypothesen überprüft und Top Secret-Akten durchforstet. Er bringt Verborgenes ans Licht und geht alles entscheidenden Frage auf den Grund: Wie sieht die Welt hinter den Kulissen aus, und - was könnte uns alle erwarten?
Ein aufrüttelndes, provokantes Buch, das enthüllt, was viel zu lange verborgen geblieben ist.

Guido Moosbrugger: Flugreisen durch Zeit und Raum *Argo, EUR 22,00*
Dieses Buch befaßt sich mit wichtigen Grundbegriffen, die zum Verständnis der Raumfahrt notwendig sind. Ferner kommen interessante Themen wie „exotische Flugobjekte irdischer Herkunft", „außerirdische Flugobjekte und Warnungen", „Bermudarätsel", „der wahre Untergang von Atlantis" und „Gürtelaufbau unseres Universums" zur Sprache.
Leicht verständlich geschrieben und eine Fülle von Informationen und Fakten enthaltend, bietet Moosbruggers Buch eine unterhaltsam-spannende Lektüre auch für Leser, die seine Theorien und Ansichten nicht teilen, aber offen für unkonventionelle Betrachtungen von Raum- und Zeitreisen sind.

Johannes von Buttlar: Das Alpha Fragment *Argo, EUR 14,90*
Im heißen Sand der Wüste nimmt der Journalist Terence Landsbourgh die Suche auf nach einem Fragment, das Aufschluß über eine noch ungekannte Energiequelle geben könnte - ein unbekanntes Flugobjekt ist nach vertraulichen Angaben über dem Golf von Bahrein explodiert. Doch auch die Geheimdienste aus Ost und West setzen ihre besten Männer auf das Alpha Fragment an, das vielleicht das Energieproblem und die Abhängigkeit der Erde vom Öl der Scheichtümer lösen könnte. So beginnt ein packender Wettlauf auf Leben und Tod ...

Franz Bätz: Indische Geisterstädte *Argo, EUR 22,00*
In British-India stießen Ingenieure im 19. Jahrhundert auf die Anzeichen einer bis dahin unbekannten, mindestens 5000 Jahre alten Hochkultur auf dem indischen Subkontinent.
Erst viel später wurde die Wissenschaft auf diese Entdeckung aufmerksam. Forscher legten Ruinen frei, die den Eindruck erweckten, als seien sie auf dem Reißbrett entworfen worden. Über keine indische Geisterstadt wurde mehr Mysteriöses, Merkwürdiges und Phantastisches berichtet als über diesen Ort...

Michael George: Die Himmlischen und ihre Kinder *Argo, EUR 22,00*
Das Buch beschreibt das Wirken der Himmlischen vom Planeten Nibiru, von ihrer Landung in Mesopotamien vor über 487 000 Jahren bis zur Ablösung des Weltkönigs Marduk durch seinen Konkurrenten Sin im Jahre 539. Seit der „Erschaffung" der Menschen vor rund 340 000 Jahren spielte sich die Geschichte der Zivilisation im Lande der Wächter (Sumer) vor dem Hintergrund des „Kampfes zweier Linien", den Familiengruppen um Enlil und Enki ab.
Mit ausführlicher, genau datierter Zeittafel, einem umfangreichen Anhang mit Stammbäumen, Übersichten und Tabellen sowie zahlreichen Abbildungen und Illustrationen.

Bestellen im Internet: www.magazin2000plus.de

Themen, die die Welt bewegen...

Grazyna Fosar, Franz Bludorf: Zaubergesang *Argo, EUR 23,00*

Die globale Klimaerwärmung und die immer ungenierteren Eingriffe in die Privatsphäre der Bürger gehören zu den dringensten Themen zu Beginn des neuen Jahrtausends. Die Gefahren werden zumeist entweder heruntergespielt oder maßlos übertrieben.

In ihrem neuen Buch gehen Grazyna Fosar und Franz Bludorf diese Bereiche erstmals in sachlicher und wissenschaftlich fundierter Weise an. Ihre Schlußfolgerungen sind mehr als überraschend: Die Methoden des „großen Lauschangriffs" sind längst veraltet. Die neue Nutzung der „Schumann-Wellen" ermöglichen eine totale Bewußtseinskontrolle ganzer Bevölkerungsgruppen

Reinhard Fischer: Reise ins Licht *Argo, EUR 15,00*

Dieses Buch öffnet ein Tor zur Freiheit: Der Leser hinterfragt die Vergänglichkeit der äußeren Gegebenheiten im Gefängnis der Kohäsion von Molekülen und Atomen, er transzendiert Raum und Zeit, „Leben und Tod", indem er der Multidimensionalität seiner Seele bewußt wird.

Das Buch spannt Brücken zwischen wissenschaftlicher Betrachtung und Inspiration, zwischen Außerkörperlichkeit und Meditation, zwischen zeitkritischen Sentenzen und tiefer Hingabe in der Erleuchtung, zwischen Vision und Ratio, zwischen Samadhi und Welt.

Reinhold Lutzmann: Energiequelle Tesla *Argo, EUR 26,00*

Ein umfassend recherchierter Roman, der es sich zur Aufgabe macht, seinen Leser in unterhaltsamer und leicht verständlicher Form an das selbstlose und geniale Wirken eines außergewöhnlichen Ingenieurs, an die Fülle seiner Entdeckungen und Erfindungen und an die Auswirkungen seines Lebenswerkes auf die heutige Gegenwart heranzuführen.

Reinhold Lutzmann: Schlaf schön, Liebling *Argo, EUR 15,00*

Mal ehrlich: Macht es Ihnen nicht auch Spaß, abends vor dem Zubettgehen die ganze Last des Alltags zumindest vorübergehend abzuwerfen? Ist es nicht schön, in einen unbeschwerten Schlaf hinüberzuwechseln mit dem beruhigenden Wissen, daß es irgendwie doch noch hin und wieder eine ausgleichende Gerechtigkeit gibt? Lassen Sie sich vom Autor in dieses kleine Paradies entführen, das nur Ihnen alleine gehört! Versuchen Sie es mit einem Betthupferl der besonderen Art, und sagen Sie einfach zu sich selbst: „Schlaf' schön, Liebling..."

Douglas Spalthoff: Wenn Flugzeuge vom Himmel fallen *Argo, EUR 24,00*

In diesem Buch werden unglaubliche und mysteriöse Ursachen und Hintergründe von Flugzeugkatastrophen bzw. Flugunfällen genannt, die in der Öffentlichkeit weitestgehend unbekannt sind. Es werden in dieser erstmals gebündelten Art der Berichterstattung u.a. Aussagen und Untersuchungsergebnisse von Piloten, Flugpersonal, Fluglotsen, Sprechern des Militärs, Regierungsbeamten, Mitarbeitern von Geheimdiensten, Wissenschaftlern, Forscher-Organisationen, seriösen Zeugen und Veröffentlichungen aus den Medien dargestellt. Wundern Sie sich bitte nicht darüber, daß auch sogenannte UFOs irdischer und außerirdischer Art eine Rolle spielen werden.

Bestellen im Internet: www.magazin2000plus.de

Themen, die die Welt bewegen...

Hartwig Hausdorf: **Geheime Geschichte II – Die Verschwörung bei Tageslicht**, *Eur 22,00*

Nach dem außergewöhnlichen Erfolg des ersten Bandes stellt der Autor in diesem Buch weitere spektakuläre Ereignisse und Phänomene vor, die in der traditionellen Geschichtsschreibung entweder ignoriert oder manipuliert wurden. Dies betrifft nicht nur die Vergangenheit, sondern auch unsere aktuelle Realität. Noch nie war es so einfach, mit offensichtlich willfährigen Massenmedien Vorfälle und Ereignisse in die Welt zu setzen, deren reale Existenz von den Zuschauern nicht überprüft werden kann. Hartwig Hausdorf ist es wieder gelungen, hierzu zahlreiche Hintergründe aufzudecken, die den Leser verblüffen und vielleicht auch verunsichern werden: Können wir der Berichterstattung in den Medien wirklich noch Glauben schenken?

Wolfgang Eberle: **Erfahrungen und Hintergründe der UFO-Realität**

Seit über 25 Jahren beschäftigt sich der Autor mit der Erforschung und Beobachtung des UFO-Phänomens. Unzählige Nachtstunden verbrachte er bei seinen Himmelsbeobachtungen und konnte dabei zahlreiche spektakuläre Aufnahmen machen, die in diesem Buch zum großen Teil erstmals veröffentlicht werden. Nehmen Sie teil an einem Erfahrungsschatz, der sich in jahrelanger, ernsthafter Forschungsarbeit angesammelt hat. Die Resonanz auf mehrere Publikationen des Autors, umfangreiche Vortragstätigkeit und ein reger internationaler Austausch sind in diesem Buch umfassend dargestellt und erläutert.

May Bach: **Dialog mit einer anderen Welt – Im biologischen Internet der All-ten**, *EUR 24,00*

Die Autorin beschreibt in diesem autobiografischen Werk ihre übersinnlichen Erfahrungen mit der geistigen Welt. Levitationen, automatisches Schreiben und Zeichnen, Channelbotschaften und tiefgreifende Erlebnisse mit geistigen Wesenheiten brachen in eine heile, konventionell bürgerliche Welt ein, denen die Autorin zunächst genauso skeptisch und misstrauisch gegenüberstand, wie es der eine oder andere Leser vielleicht zunächst auch tun wird. Nach jahrelangem Zögern entschied sie sich nun doch, andere Menschen an ihren Erlebnissen zu beteiligen. Lassen Sie sich entführen in eine transzendente Welt, die den meisten Menschen zwar unsichtbar erscheint, aber vielleicht dennoch umso näher sein kann.

Dr. Maren Hoffmann: **Die heilende Kraft der Liebe**, *25,00 EUR*

Geistiges Heilen gilt immer noch als Hokuspokus, auf den nur verzweifelte Kranke hereinfallen können. Kritiker bezeichnen es bis heute als pure Scharlatanerie und behaupten, es fehle jeder wissenschaftliche Wirkungsnachweis. Christos Drossinakis bemüht sich seit nunmehr 10 Jahren, dieses Vorurteil zu widerlegen. Inzwischen gilt er als meistgetesteter Heiler der Welt. Kein anderer ist häufiger und intensiver von Ärzten und Wissenschaftlern beobachtet und geprüft worden. Dieses Buch macht die sensationellen Forschungsergebnisse mit Christos Drossinakis erstmals öffentlich. Ohne Zweifel werden diese eines Tages als Meilensteine auf dem Weg zur Ergründung des Phänomens "Geistiges Heilen" gewürdigt werden.

Eckhard Weber: **Der Kornkreis-Code – Verborgene Botschaften in mysteriösen Zeichen**, *EUR 29,00*

Die erste umfassende Enzyklopädie zu einem der meistdiskutierten Phänomene unserer Zeit. Der Autor konnte nicht nur zahlreiche Kornkreise in seiner nordhessischen Heimat, quasi direkt vor seiner Haustür, dokumentieren, sondern unternahm auch zahlreiche Forschungsreisen. Neben den Erkenntnissen aus seinen Exkursionen auf vier Kontinenten bietet er neben dieser bisher einmaligen Dokumentation mit über 200 farbigen Abbildungen auch eine Einführung in die Heilige Geometrie und entschlüsselt damit einen großen Teil der immer komplexeren Formationen. An diesem Grundlagenwerk mit vielen großformatigen bisher unveröffentlichten Bildern wird kein Leser vorbeikommen, der sich ernsthaft für dieses Phänomen interessiert.

Bestellen im Internet: www.magazin2000plus.de

Themen, die die Welt bewegen...

Johannes Jürgenson, Das Gegenteil ist wahr – Band 1
Geheime Politik und der Griff nach der Weltherrschaft, *Argo*, Euro 23,00

Jürgenson zeigt, daß die Bewußtseinskontrolle durch Drogen, Subliminals und ELF-Wellen seit den 50er Jahren erforscht und seit 1980 eingesetzt wird. Entführungen, Menschenversuche und Viehverstümmelungen, getarnt als die Tat "Außerirdischer", gehören zum Repertoire der Geheimdienste. Der Autor präsentiert eine Fülle von Fakten leicht lesbar und mit ironischerDistanz. Ein etwas anderes Sachbuch.

Johannes Jürgenson: Das Gegenteil ist wahr – Band 2
UFOs und Flugscheiben als Waffen im Kampf um globale Macht, *Argo*, EUR: 23,00

Der zweite Band des Autors J. Jürgenson, der verblüffende Antworten auf Fragestellungen gibt, die seit Jahren durch die „Aufklärungsliteratur" aufgeworfen wurden.
Welches Geheimnis steckt wirklich hinter den UFOs? Wurden Thesen über Außerirdische bewusst von den Geheimdiensten lanciert, um von irdischen Entwicklungen abzulenken. Findet die Raumfahrt tatsächlich so statt, wie es uns in den Medien vorgeführt wird? Lassen Sie sich von den manchmal sicherlich auch unbequemen Erkenntnissen verblüffen und erfahren Sie, welcher „Krieg" auf dieser Erde wirklich stattfindet.

Markus Schlottig: Der Schlüssel zum Garten Eden –
Das Band, das Himmel und Erde verbindet, *EUR: 19,00*

Der Autor zeigt in diesem Buch ein völlig neues Bild des astronomischen und geistigen Verständnisses unserer Vorfahren zwischen Rhein und Oder. Die verkannte und weitgehend vergessene germanische Mythologie wird in Verbindung mit Prophetie und verlorengegengenem Wissen zu einem neuen Gedankengebilde verknüpft, das seinen Ursprung in der Vergangenheit des Menschen hat und auch neues Licht auf die Götter-Überlieferungen aus anderen Kulturkreisen wirft.

Hans Endres: Goethes Vision von der Zeitenwende, *EUR: 18,00*

Die Vision die er in seinem Märchen von der weißen Lilie und der grünen Schlange niedergelegt hat, ist leider sehr wenig bekannt. Es gab schon viele Deutungsversuche dieses esoterischen Werkes, die jedoch aufgrund der vielschichtigen Symbolik bisher nur unzureichend waren. Nachdem sich diese Vision nun in der Realität immer mehr verwirklicht, ist es Dr. phil. habil. Hans Endres gelungen, eine umfassende Entschlüsselung dieser Vision vorzulegen, die sich mit dem Übergang vom Fische- in das Wassermann-Zeitalter beschäftigt. Die Erläuterungen sind jeweils auf der gegenüberliegenden Seite zum Originaltext, so daß der Leser einen direkten Einblick in die Methodik der rosenkreuzerischen "Geheimsprache" erhält.

Alle diese Bücher erhalten Sie beim Argo-Verlag

Argo-Verlag
Sternstraße 3
87616 Marktoberdorf

Besuchen Sie uns im Internet
www.magazin2000plus.de

Telefon: 0 83 49/9 20 44-0
Telefax: 0 83 49/9 20 44-49

E-Mail: mail@magazin2000plus.de